공공부문 ESG 전략

홍형득
박보식 · 사득환
양세훈 · 오수길

DY 도서출판 대영문화사

머리말

ESG는 환경(Environmental), 사회(Social), 거버넌스(Governance)의 약자로, ESG경영은 환경에 대한 책임을 다하는가, 고객 및 주주·직원에게 얼마나 기여하는가, 지배구조는 투명한가 등의 비재무적인 측면에 대해 다각적으로 대응하고 관리하는 것이다.

지금 세계는 ESG혁신중이다. ESG의 용어는 2000년대 초에 UN의 한 보고서(Who cares wins-connecting financial markets to a changing world)에서 처음 등장하였는데, 한국 사회에서는 2020년 11월 국민연금의 ESG 투자확대 발표 이후 불붙기 시작하였다. 그 후 한국의 ESG열풍은 코로나를 겪으면서 더욱 관심이 고조되었고, 빠르게 확산되고 있다. 공사 부문을 막론하고 새롭게 등장하고 있는 ESG환경에 대응하고, 발상의 전환을 위한 다양한 시도들이 이루어지고 있다. ESG는 이제 더 이상 생소한 용어가 아니며, 기업에게만 적용되는 용어도 아니다.

ESG 경영은 리스크 회피라는 방어적인 측면뿐만 아니라 새로운 기회로 활용하기 위한 전략적인 측면이 강조되고 있다. 장기적인 대규모 사업장들은 대부분 ESG를 둘러싼 의식이 전반적으로 변화하고 있으며, 각자의 방식으로 ESG 경쟁력을 차별화하기 위해 최선을 다하고 있다. 이제 ESG는 선택이 아닌 필수가 되었다.

미래는 빠른 변화와 불확실성의 시대인 만큼 그 역동성과 가능성의 폭이 더욱 확대될 것이며, 적극적으로 새로운 이슈를 선점하고 대응해 나가는 국가나 기관에게 더 많은 기회가 주어질 것이다. 역사학자 아놀드 토인비(Arnold Toynbee)는 인류문명은 도전과 응전의 역사라고 했다. 인류의 흥망성쇠는 그 사회가 직면한 도전에 어떻게 응전했는지에 따라 좌우된다는 것이다. 그동안 인류는 다양한 도전과 그 도전을 극복하기 위한 노력을 계속 해 왔다.

현재 글로벌 ESG정책은 미국과 유럽연합(EU)이 정책 이니셔티브를 주도하고, 글로벌 기업들이 따라가는 모양새로 추진되고 있다. 미국과 유럽연합이 법제화를 시작하면서 기업들이 ESG경영을 선언하고, 관련 협력업체들의 경영기조에 영향을 미치고 있다. EU는 특히 다양한 규정을 통해 ESG 정책 도입에 적극적인 의지를 보여주고 있다. EU회원국 기업들은 2025년(2024년 회계년도 자료)부터 지속가능경영 정보를 공개해야 한다.

우리 정부와 기업도 글로벌 트렌드에 발맞춰 ESG전략을 마련하고 실행에 박차를 가하고 있으나 아직은 갈 길이 멀어 보인다. 2023년10월 정부(금융위원회)는 미국 등 주요국의 ESG 공시 의무화 지연과 국내기준인 IFRS-ISSB(국제지속가능성기준위원회) 공시기준이 2023년 6월에야 확정된 점 등을 이유로 당초 2025년 상장 대기업부터 도입할 예정이었던 ESG 공시 의무를 2026년 이후로 연기하기로 했다. 기업들의 ESG 준비 상황을 고려하고, 국제 동향과 국내시장 여건을 감안하여 단계적으로 확대해 나갈 계획이다. 한국경영자총협회(경총)나 한국경제인

협회(한경협)도 연기를 건의한 것으로 알려졌다. 아울러 2050년까지 전력 100%를 재생에너지로 쓰자는 글로벌 캠페인 'RE100 이니셔티브'에 가입한 국내 기업들이 2022년 사용한 전력량은 서울시 전체 전력 사용량보다 많으나 국내사업장에서의 재생에너지 사용률은 매우 저조한 것으로 나타났다. 첨단 공정일수록 전력이 더 많이 필요하기 때문에 국내 기업들이 반도체 클러스터 등 첨단 시설을 가동하면서 계획대로 RE100 목표를 달성하려면 다양한 전략과 준비가 필요하다.

기업이 아닌 공공부문에서의 ESG는 어떻게 가져가야 할 것인지는 논의들이 산발적으로 이루어지고 있으나 아직도 체계적으로 진행되지 않고 있으며 관련 저서들도 나오지 않는 상황이다. 본 저서는 그동안 정부업무평가위원회 정부업무평가, 기획재정부 공공기관 경영평가, 각 부처 기타공공기관 경영평가 및 지방공기업 경영평가 등 다양한 공공기관 평가를 수행하고, 지속가능발전 관련 연구를 진행해온 각 대학의 교수와 연구자들이 오랜 기간 발표하고 토론한 결과들을 바탕으로 전문영역별로 집필한 공공기관 ESG전략 지침서이다. 공공기관들에게 ESG란 무엇이며, 왜 ESG가 필요한가, 그리고 공공기관의 ESG 실제에 관한 내용들을 9개의 장으로 구성하였다. 제1장 공공부문 ESG경영의 개념과 의의, 제2장 SDGs와 ESG, 제3장 ESG와 성과관리, 제4장 ESG 주요 공시, 제5장 E영역의 주요 지표와 성과관리, 제6장 S영역의 주요 지표와 성과관리, 제7장 G영역의 주요 지표와 성과관리, 제8장 ESG와 리스크관리, 제9장 공공기관의 경영평가와 ESG 전략으로 이루어져 있다.

이제 ESG는 개념적인 이해나 원론적인 방향성을 논의하고 보여주기식으로 대응하기보다는 전략적으로 이해하고 체계적으로 조직의 미래에 활용할 필요가 있다. 이 책을 통해 공공기관들이 ESG에 적극적으로 대응하고 ESG역량을 높이는데 많은 기여를 할 수 있기를 기대한다.

2024년 2월

저자를 대표하여 홍형득 드림

차 례

제 2 장 SDGs와 ESG: 목표체계의 전환 (오수길)

제 3 장 ESG와 성과관리 (박보식)

제 4 장 ESG 주요 공시 (박보식)

제 9 장 공공기관의 경영평가와 ESG 전략 (사득환)

제1장

공공부문 ESG경영의 개념과 의의

제 1 장

공공부문 ESG경영의 개념과 의의

제 1 절 ESG의 등장과 확대

최근 ESG가 민간기업뿐만 아니라 공공부문에서도 많은 관심을 받고 있다. ESG는 새롭게 등장한 개념이 아니라 '지속가능발전(Sustainable Development)'의 의미에서 부터 발전된 낯설지 않은 개념이다,[1] ESG는 기업경영에 친환경(Environmental), 사회적 책임경영(Social), 거버넌스 개선(Governance)을 적용해야 한다는 의미를 담고 있다. ESG경영에 대한 국민들의 인식 역시 ESG활동에 부정적인 기업의 경우 제품을 의도

1) 지속가능발전이란 미래 세대의 욕구를 충족시킬 수 있는 능력을 저해하지 않으면서 현재 세대의 욕구를 충족시키는 발전(development that meets the needs of the present without compromising the ability of generations to meet their own needs)(1987년 세계환경개발위원회(WCED)에서의 용어 정의)

적으로 구매하지 않는다는 응답이 높게 나타나는 등 빠르게 확산되고 있다(대한상의, 2021). 이처럼 기업들의 사회적 책임과 역할수행 여하에 따라 소비자들의 소비행태도 변하고 있으며, 기업들은 사회적 가치 제고를 위해 많은 노력을 하고 있다. ESG는 자본주의의 큰 흐름을 바꾸고 있으며, 기업이 추구해야 할 새로운 경영환경이 되고 있다.

ESG의 등장은 1970년대에 그들이 투자하고 있는 기업의 환경 및 사회적 책임성 문제에 관심을 가지고 있던 투자자들의 노력으로 나타나게 되었다(Richardson 2009). 기업의 사회적 책임에 대한 기대가 시대에 따라 변화해 왔다. ESG는 2004년 UN 글로벌 콤팩트(UN Global Compact)가 작성한 보고서(Who Cares Win)에서 공식적으로 처음 사용되었다.[2] 코로나19 등으로 급격한 사회변화를 겪으면서 기후변화, 공중보건, 환경보호 등 ESG에 대한 중요성 인식과 함께 관심이 증가하였다.

ESG의 근원적인 개념으로 지속가능성에 대한 이해를 통해 더욱 용이하게 할 수 있다. 지속가능성 용어는 1713년 처음으로 사용되었으며, 현재 사용되고 있는 개념은 1987년 유엔환경계획(UNEP)의 보고서(우리 공동의 미래, Our Common Future)이후 광범위하게 논의되기 시작하였다. 이후 기업의 사회적 책임(Corporate Social Responsibility, CSR)과 공유가치창출(Creating Shared Value, CSV)라는 개념과 함께 ESG에 대한 인식이 보편화되고 확산되고 있다.

구글트렌드 검색어를 통한 2004년이후 ESG의 관심도 변화를 보면 [그림 1-1]과 같다. 2004년 UN의 보고서를 통한 공식적인 용어의 사

2) 유엔 글로벌 콤팩트(United Nations Global Compact)는 전 세계 기업들이 지속가능하고 사회적 책임을 지는 기업 운영의 정책을 채택하고 그 실행을 국제기구에 보고 하도록 하는 세계 최대의 기업시민 이니셔티브

용이후 많은 관심을 받아왔다. 특히 2019년 코로나 등 급격한 환경변화로 ESG에 대한 관심이 폭발적으로 늘어나고 있는 모습을 볼 수 있다. 한국의 경우는 2004년을 기점으로 2~3년 많은 관심을 받아오다 2020년 후반부터 많은 관심을 보이고 있어 글로벌 경향과는 1년 정도 늦은 것으로 나타났다.

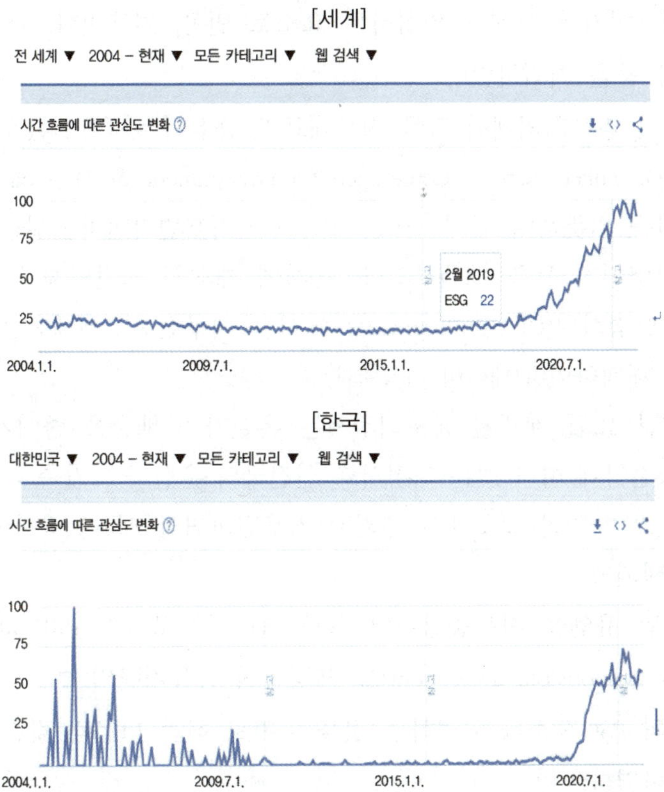

출처: 검색일: 2022.10.9.

[그림 1-1] **구글트렌드 검색을 통한 ESG이슈 등장과 변화(한국과 전세계)**

ESG는 오랫동안 지구가 부딪쳐온 다양한 사회문제의 해결과정에서 서서히 등장하였다. 1972년 발간된 로마클럽 보고서 The limits to growth(성장의 한계)에서 인류가 지속성장을 위하여는 성장과 속도를 늦춰야 한다고 주장하며 지구의 미래에 관한 염려를 한 바 있다. 1987년 UNEP에서 채택한 Our Common Future(우리 공동의 미래)라는 브룬트란트 보고서에서 지속가능한 발전(Sustainable Development) 개념을 처음 제시하였다. 여기서 장래를 위협하는 요소로 빈곤, 기후변화, 환경파괴, 인구증가 등을 지적하였다.

1992년 리우회의에서 각국 정부대표가 중심이 된 '유엔환경개발회의(UNCED: United Nations Conference on Environment & Development)는 리우선언을 비롯하여 의제 21(Agenda 21)·기후변화협약·생물다양성협약·산림원칙 등을 채택하였다. 동시에 개최된 민간단체가 중심이 된 '지구환경회의(Global Forum '92)'에서는 지구헌장·세계민간단체협약 등을 채택하였다(네이버 지식백과).

1997년 12월 채택된 교토의정서는 온실가스 배출을 줄이기 위해 기후변화협약에 따라 맺은 의정서로 선진국의 온실가스 감축 목표치를 규정하였으며 일본 교토에서 개최된 기후변화협약 제3차 당사국 총회에서 채택되었다.

2006년 유엔은 사무총장이던 코피아난 주도로 UN PRI(PRI: Principles for Responsible Investment)를 제정하여 금융기관의 투자의사결정 시 기업의 ESG요소를 고려하는 것을 골자로 하는 다음과 같은 6원칙에 서명하였다.

- 투자 분석과 의사결정과정에 ESG 이슈를 적극 반영한다.
- 투자 철학 및 운용원칙에 ESG 이슈를 통합하는 적극적인 투자가

가 된다.

- 투자 대상 기업에 ESG 이슈들의 정보공개를 요구한다.
- 투자산업의 PRI준수와 이행을 위해 노력한다.
- PRI 이행에 있어서 그 효과를 증진시킬 수 있도록 상호 협력한다.
- PRI 이행 관련 세부활동과 진행 상황을 외부에 보고한다.

Porter & Kramer(2011)가 Harvard Business Review에 게재한 논문 "Creating Shared Value(공유가치창출)"에서 CSV개념이 등장하였다. CSV란 "기업들이 사회문제 해결을 통해 경제적 성공도 달성하는 새로운 방법"이라고 정의하고, CSV는 "이미 창출된 가치를 공유하는 것"이 아니라 "새로운 가치를 창출해서 이를 공유하는 것"에 초점이 있다고 하였다. CSV는 Michael Poter의 CSR(Corporate Social Responsibility, 기업의 사회적 책임)관련 논의와 함께 주목을 받기 시작했다.

2015년 제21차 당사국총회(COP21, 파리)에서 2020년부터 모든 국가의 신기후체제 근간이 될 파리협정(Paris Agreement)이 채택되었다. 교토의정서에서는 선진국에만 온실가스 감축 의무를 부과하였으나 파리협정으로 모든 국가가 참여하는 보편적인 체제가 되었다. 파리협정은 모든 국가가 2020년부터 기후행동에 참여하여야 하며, 5년 주기의 이행점검과정을 통해 점차 그 이행을 강화하도록 하였다. 모든 국가가 자체적으로 정한 온실가스 감축목표를 5년 단위로 제출하고 자발적으로 이행토록 하였다. 파리협정은 2016년 11월 4일 공식 발효되었다.

2019년 미국 200대 대기업 최고경영자로 구성된 협의체인 비즈니스 라운드테이블(Business Roundtable, BRT)은 기업목적에 대한 새로운 패러다임을 담은 선언문을 발표하였는데, 여기에 주주뿐만 아니라 고객 · 노조 · 거래기업 · 채권자 · 정부 · 사회일반에 이르기까지 이해관계자 모두 기업의 중요한 이해관계자라는 이해관계자 자본주(Stakeholder Capitalism)의 관점이 담겨있다. 이는 주주에 대한 배려보다는 기업과 관련된 모든 종사자와 공존 공영하는 것을 경영목표로 하였다.

이해관계자 자본주의는 지금은 보통명사화된 4차산업혁명을 창시한 클라우드 슈밥이 그의 저서 자본주의 대예측－이해관계자 자본주의(2022)에서 우리가 지향해야 할 새로운 자본주의로 이해관계자 자본주의를 이슈화하고 있다. 이해관계자 자본주의는 주주보다는 모든 기업 종사자와 공존공영하는 것을 목표로 실적이나 능력에 따른 차등대우보다는 이익을 고루 배분하고, 기업이 근로자의 복지재원 상당 부분을 부담해야 한다는 것이다. 이처럼 ESG태동의 역사를 정리하면 〈표 1-1〉에서 보는 바와 같다.

〈표 1-1〉 ESG 태동의 역사

년도	지속가능경영 이슈
1972	로마클럽 보고서 The limits to growth(성장의 한계)
1987	UNEP 브룬트란트 보고서, Our Common Future(우리 공동의 미래) - 지속가능한 발전(Sustainable Development)
1992	리우회의 '유엔환경개발회의(UNCED: United Nations Conference on Environment & Development)'와 '지구환경회의(Global Forum '92)'
1997	교토의정서
2006	유엔투자기관원칙 UN PRI
2011	Porter & Kramer "Creating Shared Value(공유가치창출)", CSV Michael Poter의 CSR(Corporate Social Responsibility, 기업의 사회적 책임)
2015	파리협정(Paris Agreement)
2019	비즈니스 라운드테이블(Business Roundtable, BRT), 이해관계자 자본주(Stakeholder Capitalism)의 관점
2020	Covid 19 사태로 기후변화, 공중보건, 환경보호 등 ESG 이슈 관심 증가

2020년 이후 Covid-19사태를 겪으면서 기후변화, 공중보건, 환경보호 등 ESG 이슈들에 대한 관심이 증가하고 있다. 세계금융 위기이후 기업을 바라보는 시각이 변하기 시작했고, 지구온난화, 대기오염 등의 기후 이슈와 인종차별, 인권보호 등의 사회적 이슈까지 대두되면서 기업의 사회적 책임이 강조되고 있다. 기업의 환경이 실적보다는 주주의 이익, 직원 복지에 대한 책임, 공공선에 대한 기여를 해야 하고, 소비자 역시 사회적 공헌도가 높은 기업의 제품을 우선적으로 찾기 시작했다(김재필, 2021).

이처럼 COVID-19 역시 경제적, 사회적, 환경적인 영향과 함께 ESG 경영에도 영향을 미치고 있다. 첫째, 경제적인 영향은 COVID-19로 인한 경제적 충격으로 기업 수익성이 감소하고, 이로 인해 기업들은 경제적 지속 가능성 보장을 위한 경영전략 재검토와 ESG경영을 통해 기업의 재무적 안정성과 지속 가능성을 향상시키려는 노력이 강조되었다. 둘째, 사회적인 영향은 COVID-19가 사회적으로 다양한 문제를 야기하고 있어 기업들은 이에 대한 책임감을 느끼며, 사회적 가치와 책임을 증진시키기 위한 노력을 강화하고 있다. 셋째, 환경적인 영향은 COVID- 19로 인해 많은 나라들이 경제활동을 줄이고, 교통량이 감소하는 등의 환경적 영향이 발생하였다. 이러한 상황에서 기업들은 환경문제에 대한 더욱 적극적인 대처와 환경 친화적인 경영을 추진하고 있다. 따라서 COVID-19는 ESG경영에 대한 인식과 중요성을 높이는 계기가 되었으며, 기업들은 ESG경영을 통해 위기 상황에서도 지속가능한 경영을 추진해야 한다는 인식이 더욱 높아졌다.

제 2 절 | ESG의 개념과 구성요소

ESG는 환경(Environment), 사회적 책임(Social responsibility), 거버넌스(Governance)의 영문 첫 글자를 조합한 단어로, '지속가능한 발전'에서 기업의 지속적인 성장 및 생존과 직결되는 핵심가치들로 기업 경영에서 지속가능성을 달성하기 위한 3가지 핵심 요소들이다.

ESG는 일반적으로 환경(Environmental)(예: 기후 변화, 에너지 및 물 사용, 탄소 배출), 사회적 책임(Social Responsibility)(예: 공정거래 원칙, 인권, 제품 안전성, 양성 평등, 보건 및 안전) 및 기업 거버넌스(Governance)(예: 이사회의 독립성, 부패 및 비리, 보고 및 공개, 주주 보호) 등과 관련된 다양한 문제를 다루고 있다(Jeremy, 2013: 530). ESG는 일반적으로 윤리경영과 사회적으로 책임있는 투자로 경영관리역량(Management Competence), 위기관리(Risk Management) 및 비재무적 성과(Non-financial Performance) 등의 복합적인 요소로 구성되어 있다(Boerner, 2011; Kiernan, 2007; Jeremy, 2013: 530 재인용).

환경 항목(E)에는 기후변화 대응을 위한 '탄소중립'이 대표적이며 에너지 효율, 재생에너지 사용 등이 포함된다. 2050년까지 탄소 순배출량이 Zero(0)가 되는 탄소중립 사회로의 전환이 목표이다. 우리나라는 2030년까지 2017년도 대비 24.4% 감축을 목표로 하고 있다. 특히 중요한 이슈는 자원 사용과 오염물질 배출을 최소화해 기업의 영업 활동이 지구에 미치는 영향을 줄이는 것이다(김재필, 2021; 포춘코리아 ESG 100, 2022). 자원 사용관련 사항은 에너지 사용량, 수자원 사용량, 재생

〈표 1-2〉 ESG 개념과 구성요소

	개념
환경 Environmental	기후변화 대응, 탄소배출 저감, 자원 절약, 재활용 촉진, 청정 기술 개발, 그린 빌딩/스마트 성장, 환경오염 및 유독물질 배출, 천연자원/농업 등
사회 Social	노동환경 개선, 사회적 약자 보호, 인권 존중, 고용 평등 및 다양성 지향,
거버넌스 Governance	투명한 기업 운영, 고용 평등, 법과 윤리 준수, 반부패 및 공정성 강화 이사회, 임원 보수, 정치 후원, 기타 지배구조 등

에너지 사용 등이 핵심이다. 오염물질 배출은 온실가스, 대기오염물질 배출량과 폐기물 배출량, 폐기물 재활용 비율이 주요 고려요소들이다. 따라서 환경과 관련된 평가요소는 대상 기업의 에너지 효율 정책, 자원 소비 감축, 배출량 감축 목표제 등 제도 도입 여부가 중요한 사항이다.

사회적 이슈(S) 항목에는 크게 근로환경, 노사관계, 이해관계자 만족, 지역사회 기여, 노동환경, 성평등 문제에 대한 대응 등이 주요사항이다. 사회적 약자 보호, 인권 존중, 고용 평등 및 다양성 지향, 노동환경 개선 등 근로환경, 노사관계, 지역사회 기여와 같은 이슈들이 포함된다. 기업 내부적인 이슈와 외부적 이슈로 구분할 수 있는데, 내부적 이슈는 직원 만족도, 노동조합 가입률 등 근로 여건과 여성직원 비율, 장애직원 비율과 같은 요소들이 핵심이다. 외부적 이슈는 지역사회 기여, 제품 책임, 고객 만족 등이 주요사항이다. 최근에는 사회적 이슈를 다루는 사회적 논쟁 항목도 포함되고 있다. 근로자들의 환경과 건강 및 안전이슈와 인재 확보가 비즈니스를 성장시키는 매우 중요한 화두 중의 하나로 등장했다. 기업들은 임직원들의 안정된 고용과 건강한 노동 환경에 우선 순위를 두어야 한다.

거버넌스(G)는 경영진이 올바른 의사결정을 하도록 이사회의 지원과 주주권리 보호, 투명 경영의 이슈를 평가한다. 이사회 구조 및 다양성, 경영진 보수, 주주권리 보장과 같은 이슈들이 중요하게 다뤄진다. 구체적으로 거버넌스의 투명성, 의사결정구조의 운영, 독립성과 내부통제, 감사의 선진화, 이사회의 구조, 위원회의 구성과 운영 등에 대해서 명확한 체계를 정립하고, CEO와 최고 의사결정 구조와의 건강한 기업가치를 창출하기 위한 조직 간의 유기적인 역할과 책임을 정립하는 것이 거버넌스 영역의 핵심이다. 거버넌스는 독립성과 투명성을 원칙으로 최고 의사결정 과정에서 기업의 리스크를 최소화하고, 조직 내외 이해관계자들과의 소통까지 포함하는 매우 포괄적인 경영관리의 과정과 시스템이다. 결국 거버넌스는 투자자 및 이해관계자의 입장에서 신뢰할 수 있는 건강한 인프라 환경이라고 할 수 있다.

제 3 절 ESG와 CSR 및 SD의 유사점과 차이점

1 ESG와 CSR(기업의 사회적 책임)

ESG를 정확하게 이해하기 위하여는 CSR(Corporate Social Responsibility, 기업의 사회적 책임) 경영과의 유사점과 차이점을 구분할 필요가 있다. CSR경영은 기업의 사회적 책임을 의미하는 것으로 이해관계자에게 법적, 경제적, 윤리적 책임을 감당하는 경영을 의미한다. 즉, 기업활동에 영향을 주고 받는 이해관계자에게 법적, 경제적, 윤리적 책임을 감당하는 경영을 의미한다.

CSR은 기업 이해관계자들이 기업에 대한 기대와 요구 등 사회적 역할을 하기 위한 활동이라고 할 수 있다. CSR은 '기업이 사회적 책임을 완수하기 위한 활동을 경영에 통합하는 것'이다. 즉, 기업 관점에서 기업이 자발적으로 이익의 일부를 사회에 환원함과 동시에 거버넌스에 관한 정보를 정해진 지침에 따라 공개한다.

CSR경영은 기업이 사회적 책임을 완수하기 위한 활동을 경영에 반영하는 것이다. 기업 관점에서 기업이 자발적으로 이익의 일부를 사회에 환원하고, 동시에 거버넌스에 관한 정보를 공개한다.

기업이 자발적으로 사업 영역에서 이해관계자들의 환경 및 사회적 요구를 파악하여 기업 경영에 적극 반영하는 등의 활동을 통해 기업 이해 관계자들과 지속적인 상호작용을 한다는 점에서 ESG와 기본적인 성격은 같다. 특히 기업의 활동과정에서 이해관계자들과 지속적으로 소통하고 기업의 지속가능한 경영이 가능하게 한다는 점이 비슷하다. 따라서 ESG와 CSR의 전략적 실천을 통해 기업 경쟁력을 향상하고, 기업의 가치를 높일 수 있는 부분과 일맥상통한다.

ESG는 장기적인 수익을 목표로 투자자들이 의도적으로 장려하는 반면에 CSR은 단기적인 성격이 강하다. ESG는 주주 및 외부에서 기업에 정보공개 및 사회적 책임을 강요함으로 더욱 강력하고 주도적으로 기업의 경영에 영향력을 미치게 된다(이진성 외, 2022). ESG(환경 · 사회 · 거버넌스)의 방향은 사회와 기업 모두가 이익을 만들어 내는 구조가 되어야 한다. 즉, 투자자 관점에서 바라본 사회적 책임이며, 투자를 하기 위해서는 정량적 지표도 필요하다. 따라서 ESG 활동은 다양한 방법으로 계량화 · 정량화된다. 이것이 CSR과 ESG의 결정적 차이라고 할

〈표 1-3〉 ESG와 CSR 비교

구분	ESG	CSR
목적	기업활동 전반에 친환경, 사회적 책임, 지배구조 개선 등을 도입하여 지속가능한 발전 도모	기업의 사회적 책임을 의미하며, 사회에 기여하고자 하는 목적으로 진행되는 기업의 부가활동
활동	기업 경영, 재무 활동에 환경, 사회 등 ESG 요소 연동	봉사, 기부, 환경보호 등 사회공헌 활동
단기적 효과	주주, 잠재적 투자자, 투자매체 등에 영향, ESG 현황을 수치로 발표	소비자, NGO, 임직원 등에 긍정적 이미지 부여, 충성도 및 기업이미지 상승
장기적 효과	기업의 재무 안정성으로 연결	기업의 평판향상, 매출증대에 기여
단점	기업의 신념과 실천의 노력을 저해하는 한계	진정성이 없는 보여주기식 활동 가능성(사회적 논란 덮기용 기부 등)

자료: 이진성 외, 2022.

수 있다. 이처럼 ESG와 CSR를 비교하면 〈표 1-3〉과 같다.

2 ESG와 SD(지속가능발전)

SD(지속가능발전, Sustainable Development)은 현재와 미래 세대가 그들의 필요를 골고루 충족시키면서 지속적으로 살아갈 수 있는 발전방향을 재정립하는 것을 의미한다. SD는 1987년 세계환경개발위원회(WCED)가 발표한 보고서(Brundtland Report), "우리 공동의 미래"(Our Common Future)에서 '미래 세대가 그들의 필요를 충족시킬 능력을 저해하지 않으면서 현재 세대의 필요를 충족시키는 발전'(development that meets the needs of the present without compromising the ability of generations to meet their own needs)이라고 정의하면서 본격적으로 사용되기 시작하였다(지속가능발전 포털: http://ncsd.go.kr). 이후 1992년 리우회의에서 SD에 대한 전 세계적인 관심이 높아졌으며, 이 회의에서 '지속가능한 개발'에 대한 첫 번째 국제적 합의인 '지속가능한 개발에 관한 세계적 행동 계획(Agenda 21)'이 채택되었다. 이를 계기로 SD는 환경문제 뿐만 아니라 경제적, 사회적 측면을 모두 고려한 개념으로 자리잡게 되었다.

지속가능한 성장의 3P는 People(사회), Planet(환경), Profit(경제)로 구성된다. 이 세 가지 요소는 모두 서로 영향을 주고받으며, 모두 균형적으로 고려해야 한다. People(사회)는 기업의 활동이 사회에 미치는 영향을 의미한다. 기업은 이를 고려하여 사회적 책임을 다하고, 사회의 요구에 부응하는 제품과 서비스를 제공해야 한다. Planet(환경)는 기업의 활동이 지구 환경에 미치는 영향을 의미한다. 기업은 이를 고려하여 환경보호에 노력해야 하며, 친환경 제품과 서비스를 제공하고 지속가능한 경영을 실현해야 한다. Profit(경제)는 기업이 경제적인 가치를 창출하는 것을 의미한다. 기업은 이를 통해 사회적 가치 창출과 환경보호를 위한 투자를 지속적으로 할 수 있다. 경제적 가치 창출은 기업이 지속적으로 성장하고 발전하는데 중요한 역할을 한다.

지속가능발전 담론은 이후 시대적 조류와 국제사회 공통의 노력을 통해 더욱 구체화되고 있으며, 우리나라에서는 2008년 제정된 지속가능발전법에서 해당 개념을 '현재 세대의 필요를 충족시키기 위하여 미래 세대가 사용할 경제·사회·환경 등의 자원을 낭비하거나 여건을 저하시키지 않고 서로 조화와 균형을 이루는 것을 뜻하는 지속가능성 개념에 기초하여 경제의 성장, 사회의 안정과 통합 및 환경의 보전이 균형을 이루는 발전'이라고 정의하였다.

지속가능발전목표(UN-SDGs)는 2015년 제 70차 UN총회에서 2030년까지 달성하기로 결의한 의제 지속가능발전의 이념을 실현하기 위한 인류 공동의 17개 목표이다. '2030 지속가능발전 의제'라고도 하는 지속가능발전목표(SDGs)는 '단 한 사람도 소외되지 않는 것(Leave no one behind)'이라는 슬로건과 함께 인간, 지구, 번영, 평화, 파트너십이라는 5개 영역에서 인류가 나아가야 할 방향성을 17개 목표와 169개 세부목표로 제시하고 있다(http://ncsd.go.kr/unsdgs).

SDG는 빈곤 퇴치, 불평등 해소, 일자리 창출, 경제성장, 지속가능한 발전, 기후변화 문제 해결 등을 주된 내용으로 하고 있다. UN은 SDG를 통해 일자리 창출, 성평등, 경제성장, 기후변화, 지속가능성, 평화와 안보 등 보편적인 주제로 확대하였다. SDG의 17개 목표 중 목표 5(성평등), 목표 8 · 12(지속가능성), 목표 13(기후변화 대응)이 ESG 활동과 연관성이 높다. SDG는 특정 기업이나 국가만이 달성해야 할 목표가 아니라 지구상의 모든 사람이 실행하고 지켜야 할 약속이라고 할 수 있다(김재필, 2021).

ESG, CSR, SD는 모두 기업의 사회적 책임과 지속가능한 경영에 대한 개념으로서 공통점이 있다. 그러나 각각의 용어들은 서로 다른 시대와 배경에서 등장하면서 각각의 특성을 가지고 있다. ESG는 환경, 사회, 거버넌스 세 가지 측면의 요소를 강조하며, 기업의 사회적 책임과 지속가능한 경영에 대한 평가 지표로 사용된다. 기업의 경영 성과 평가, 투자 결정 등 다양한 분야에서 사용되고 있다. CSR는 기업의 사회적 책임과 지속가능한 경영에 대한 개념으로서, 경영 활동을 통해 사회와 환경 등 다양한 이해관계자들의 이익을 고려하는 것을 강조한다. 주로 기업의 윤리경영, 사회공헌 활동, 환경보호 등을 다루며, 기업이 이를 실천하면서 공공이익을 추구하고 경제적 가치를 창출하도록 하는 것을 목적으로 한다. SD는 지속가능한 발전(Sustainable Development)의 준말로서, 경제적, 사회적, 환경적 측면에서의 발전을 평가하고 지원하는 개념이다. 기업 뿐 아니라 정부, 비정부기관 등 모든 조직의 지속가능한 발전을 추구하고자 한다. SDGs(Sustainable Development Goals)는 유엔에서 선언한 지속가능한 발전을 위한 17개의 목표로, 기업의 ESG경영과 맞닿아 있다. 이러한 차이점과 공통점을 종합해 보면, ESG는 기업의 사회적 책임과 지속가능한 경영을 평가하는 지표로서, 환경, 사회, 거버넌스 세 가지 측면에 초점을 둔다. CSR는 기업의 사회적 책임과 지속가능한 경영을 추구하는 개념으로서, 기업의 윤리 경영, 사회공헌 활동, 환경보호 등을 다룬다. SD는 지속가능한 발전을 추구하는 개념으로서, 경제적, 사회적, 환경적 측면에서의 발전을 평가하고 지원한다.

이처럼 CSR, SD는 ESG와 지향성은 다르지 않으나 다른 형태로 기업의 사회적 책임활동의 방향을 제시하고 평가한다. 기업, 정부, 비영

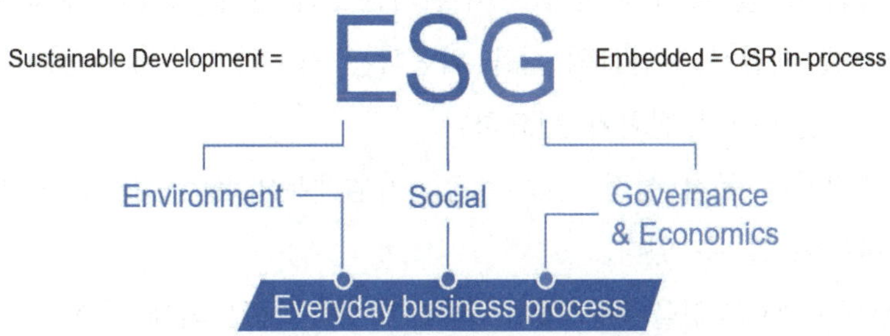

자료: https://deltathailand.com/en/blog-detail/3/57/Delta-SD

[그림 1-2] ESG, CSR 및 SD

리단체, 개인 등은 전 세계 대상의 SDG 목표를 대상으로 다양한 사회적 활동을 하고 있다.

제 4 절 | ESG경영의 특징과 공공부문의 역할

ESG경영은 그 개념과 속성을 감안하면 투자자 관점에서 단순한 이익 창출을 넘어 사회적으로 긍정적인 가치를 만들어내기 위한 경영전략이라고 할 수 있다. 이제 ESG경영으로 비재무적인 측면의 기업가치 평가를 위한 글로벌 표준이 만들어지고 있다. 기업들이 전통적인 경영방식인 이윤추구와 비용절감과 효율만을 추구해서는 변화된 상황에 생존할 수 없다.

ESG경영은 기관이 사회적 책임과 역할을 다하면서 본연의 임무를 수행하는 것이다. 기업들이 전면에 나서 단순 기업홍보를 위한 자선활동이 아니라 사회적 책임경영을 위한 기업경영의 명확한 비전을 가지고 기업가치를 높여야 한다. 기후위기를 포함한 글로벌 난제(Wicked Problem)를 해결하고 인간의 삶을 위협하는 지구의 위험에서 벗어나기 위하여는 근본적인 변화가 필요하다.

ESG경영은 목적 설정, 전략 수립, 자원배분의 실행, 평가 등의 단계로 나누어 볼 수 있다.

첫째는 ESG경영을 추구하기 위해 재무적 가치 외에 사회적 가치 제고를 기업의 목적으로 추가해야 한다. 기업이 추구하는 방향에 따라 재무적 가치와 사회적 가치의 비중이 달라질 수 있다.

둘째, 재무적 가치와 사회적 가치의 최적 자원배분 전략수립으로 재무적 가치와 사회적 가치의 결합을 추구해야 한다.

셋째, ESG 자원 배분 전략에 따라 세부 ESG 항목별로 인적, 물적 자원을 배분 및 실행해야 한다.

넷째, ESG 자원 배분을 통해 실현한 재무적 성과, 사회적 성과를 측정하고 해당 성과들이 세 가지에 부합하는지를 평가하고 그 결과를 전략과 실행에 피드백하는 과정이 필요하다(박영석 외, 2021).

2008년 글로벌 금융위기(GFC)로 이례적인 수준의 정부개입이 이루어지고, 광범위한 사회적인 변화를 가져왔다(Nicholson et al., 2011). 특히 전 세계적으로 경제 위기이후 기업의 책임, 윤리적 행태, 위기관리 및 광범위한 이해관계자에 대한 전략적 관리역량 등에 대한 관심이 증가하였다. ESG경영은 불확실성 시대의 복합적인 변화환경에 책임있는 역할을 하고 지속적 경영을 담보할 수 있느냐 하는 것이다. 지속적

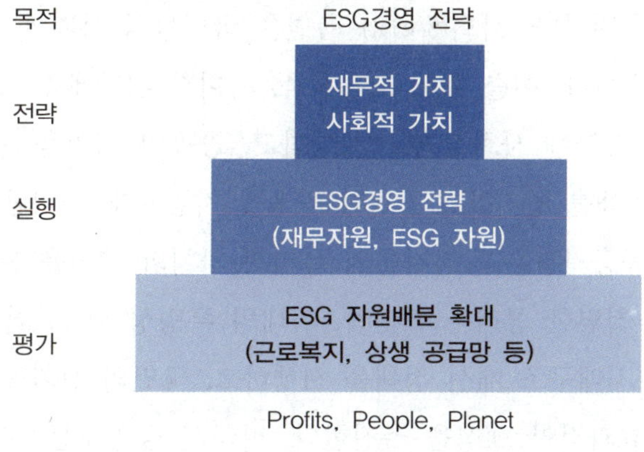

자료: 박영석 외, 2021.

[그림 1-3] ESG경영전략

인 성장을 보장받을 수 있는 기업은 환경과 사회 문제 해결을 위해 앞장서며 투자자들의 장기적 수익을 추구하고, 기업 활동이 사회적 이익에 긍정적인 영향을 줄 수 있는 기업이다. 그러므로 각 기업은 ESG에 대한 올바른 이해와 이를 어떤 방식으로 경영에 접목하고 투자에 활용해야 할 것인가를 고민해야 한다.

ESG경영은 재무적인 이익의 극대화를 추구하는 기존의 기업경영 방식과는 매우 다른 접근으로 기회요인과 동시에 위험요인으로 작용하고 있다. ESG경영을 위해서는 기업의 비전과 목표, 전략 등 경영체계 전반에서 ESG에 맞게 재설계 작업이 이루어질 필요가 있다.

공공부문에서 ESG경영의 특징은 다음과 같은 세 가지 측면에서 살펴볼 수 있다. 환경(Environmental) 측면에서 공공기관은 대기오염, 수질오염, 폐기물 관리 등의 환경 문제를 해결하기 위한 적극적인 대응이 필요하다. 이를 위해 재생에너지 적용, 친환경 차량 도입 등의 에너지 및 환경정책을 시행하고, 환경문제에 대한 연구와 교육 등을 지속적으로 추진한다. 사회(Social) 측면은 국민들의 복지와 안전을 지키는 것이 중요하다. 이를 위해 고용창출, 사회적 취약계층 지원, 공공 안전 확보 등 다양한 사회정책을 시행하고, 공공의 이익을 지키기 위해 불공정한 거래를 방지하고 공정한 경쟁을 지향한다. 거버넌스(Governance) 측면은 공공기관은 공직자들의 윤리적 가치와 책임을 지켜야 한다. 이를 위해 청렴한 공직문화 정착, 거래의 투명성 확보, 적극적인 내부감사 등의 지배구조 개선 정책을 시행하고, 국민의 신뢰를 얻기 위해 투명하고 효과적인 행정을 추진한다. 따라서 공공부문에서의 ESG는 대중과의 신뢰와 안전, 공공의 이익을 지키는 것을 목표로 하며, 환경, 사회, 거버넌스 측면에서 다양한 전략과 노력을 기울이고 있다.

민간기업에서의 ESG와 공공기관에서의 ESG 차이는 민간기업과 공공기관 모두 ESG(Environmental, Social, and Governance) 측면에서의 책임과 역할을 가지고 있지만, 둘 사이에는 몇 가지 차이점이 있다. 우선 법적 요구사항의 차이점으로 공공기관은 정부의 규제와 법적 요구사항에 따라 ESG 문제에 대한 책임을 지고 있으나 민간기업은 이러한 요구사항에 대한 법적 의무가 덜하다. 그러나 최근에는 민간기업도 기업경영에 ESG 이슈를 고려하지 않으면 안된다. 기업 가치의 차이점은 공공기관은 정부의 역할과 사회적 책임을 수행하는 것이 기본 가치이지만 민간기업은 주주 가치 창출과 이익 추구를 목표로 한다. 그러나 최근에는 기업 가치와 사회적 가치를 균형있게 고려하는 것이 점점 더 중요시되고 있다. ESG 전략의 차이점은 공공기관은 사회적 책임과 환경문제에 대한 해결책을 고민하고 실행하는데 많은 노력을 기울이고 있다. 반면에 민간기업은 주로 자사의 비즈니스에 맞는 ESG 전략을 개발하고 실행하여 사회와 환경문제를 해결하면서도 이익 창출에 도움을 줄 수 있는 방식으로 추진된다.

따라서 민간기업과 공공기관은 서로 다른 상황과 책임을 가지고 있으며, 각각의 역할에 따라 ESG 문제에 대한 다른 전략과 우선순위를 가질 수 있다. 그러나 모든 기업은 지속가능한 기업경영을 위해 ESG 문제에 대한 적극적인 대응과 책임을 지속적으로 강화해 나가야 한다.

제 5 절 | 공공부문 ESG경영 필요성과 사례

공공부문에서 ESG경영이 필요한 이유는 첫째는 사회적 책임과 공공성의 강화이다. 공공부문은 국민의 세금으로 운영되고, 국민의 복지와 안전을 보장하는 중요한 역할을 맡고 있다. ESG경영은 이러한 사회적 책임과 공공성을 강화하며, 국민의 신뢰를 얻을 수 있는 방법이다.

둘째는 재무적 가치 창출이다. ESG경영은 사회적 책임을 수행하면서도 재무적 가치를 창출할 수 있는 방법이다. 사회적 책임을 수행하는 것이 기관의 지속적인 성장과 사회적 이익 창출에 긍정적인 영향을 미칠 수 있다.

셋째는 지속가능한 발전이다. 공공부문은 국가와 지역의 지속 가능한 발전을 추진하는 데 중요한 역할을 한다. ESG경영은 이러한 지속가능한 발전을 추진하는 데 필수적인 요소이며, 국가의 경제적, 사회적, 환경적 문제를 해결할 수 있는 방법 중 하나이다.

넷째는 법적 요구사항의 준수이다. 최근에는 ESG경영이 법적 요구사항으로 제시되고 있다. 예를 들어, 국내에서는 공공기관 ESG경영을 법적으로 의무화하는 등 법적 규제가 강화되고 있다. 따라서 공공부문에서도 ESG경영이 필요하며, 이를 통해 사회적 책임과 공공성을 강화하고, 재무적 가치를 창출하며, 지속가능한 발전을 추진할 수 있다.

공공부문에서 국가 혹은 지방정부 차원에서 ESG경영의 사례는 다양하게 존재한다. 싱가포르 정부의 국가기관 ESG 프레임워크 구축으로 싱가포르 정부는 국가기관의 ESG 실천을 장려하기 위해 2018년

ESG 프레임워크를 발표하였다. 이를 통해 정부 기관들은 ESG 요소를 자체적으로 검토하고, 관리하고, 보고하며, 개선할 수 있도록 지원한다. 이를 통해 싱가포르 정부는 지속가능한 발전을 실현하고, 사회와 환경의 이슈를 처리하는 방식에서 민간기업과 같은 역할을 수행하고 있다.

지방정부 차원에서는 뉴욕시의 지속가능성 검토를 위한 지침 제정이다. 뉴욕시는 2018년에 공공부문에서의 ESG경영을 장려하기 위해 '지속가능성의 철저한 검토를 위한 지침(Green Book)'을 제정하였다. 이 지침은 기업과 동일하게 ESG 관점에서의 위험관리와 기회확보를 추구하며, 지속가능성을 고려한 모든 공공부문 계약 및 투자에 대한 철저한 검토를 요구하고 있다. 이를 통해 뉴욕시는 지속가능한 발전을 위해 적극적인 역할을 수행하고 있다. 위와 같이 공공부문에서 ESG경영을 적용한 사례들은 점점 더 많아지고 있다.

한국의 중앙정부 부처와 지방자치단체에서도 ESG경영을 실천을 위한 다양한 전략들을 동원하고 있다. 윤석열 정부가 ESG경영을 국정과제로 삼으면서 국내 기업들뿐만 아니라 공공부문에서도 분주하다. 정부는 ESG경영 도입과 관련해 지원을 약속했지만 기업들의 부담과 정부의 정책적인 설계가 필요하다.

환경부는 '그린뉴딜'이라는 정책을 통해 환경과 에너지 관련 분야에서 ESG경영을 추진하고 있다. 이를 위해 신재생에너지 보급, 탄소중립화 추진, 기후변화 대응 등의 정책을 전개하고 있다. 국토교통부는 '그린교통 2050'이라는 비전을 선언하여 지속가능한 교통정책을 추진하고 있다. 이를 위해 전기자동차 보급, 친환경 대중교통 확대, 스마트시티 구축 등의 정책을 추진하고 있다. 농림축산식품부는 지속가능한 농업을 추진하기 위한 '순수농촌지도'라는 제도를 도입하였다. 이를 통해 농업생산성 향상, 지역경제 활성화, 환경친화적 농업 등의 목표를 달성하고 있다.

지방자치단체에서 ESG경영을 실천하는 사례는 다양하다. 서울특별시는 '서울형 ESG경영'이라는 경영전략을 수립하여 환경, 사회, 지배구조 등의 측면에서 ESG경영을 추진하고 있다. 특히 서울시는 2050년 탄소중립도시로 발전하는 것을 목표로 산업부문, 건물부문, 교통부문 등에서 탄소배출을 줄이는 정책을 전개하고 있다. 서울특별시 강남구는 2019년 ESG경영 활성화를 위한 강남구 ESG경영 지침을 수립하였다. 이를 바탕으로 환경, 사회, 건강, 경제 등 4대 ESG 분야를 선정하고 이를 추진하고 있다. 구체적으로는 에너지 절감을 위한 노력과 도시재생사업을 통해 건강하고 활기찬 지역을 만들고자 하고 있다.

인천광역시 서구는 지속가능한 발전을 위해 2019년 ESG경영 지침을 수립하였다. 이를 바탕으로 환경, 사회, 건강, 경제 등 4대 ESG 분야를 선정하고 이를 추진하고 있다. 신재생에너지를 활용하여 에너지 절감을 추구하고자 하며, 건강증진을 위한 운동시설을 확충하고자 하였다.

경상남도 양산시는 지속가능한 도시 발전을 위해 2019년 ESG경영 활성화 계획을 수립하였다. 이를 토대로 시민 · 중소기업 · 환경 · 복지 등 4대 ESG 분야를 선정하고 42개의 세부과제를 수립하여 추진하고 있다. 깨끗한 자연을 유지하고, 재난안전대책을 강화하여 안전한 지역을 만들고자 하고 있다.

그 외 공공기관들 중 한국도로공사는 '그린K-Road'라는 브랜드를 선보이며 지속가능한 도로건설을 추진하고 있다. 이를 위해 친환경 도로 건설, 탄소배출 감축 등의 정책을 전개하고 있다. 한국전력공사는 지속가능한 전력생산을 위해 '그린에너지 비전 2030'을 선언하고, 이를 위해 신재생에너지 보급, 탄소배출 감축 등의 정책을 전개하고 있다.

아울러 ESG경영에 대한 관심과 표준이 늘어나면서 기업의 ESG 등급을 평가하는 평가기관이 국내외적으로 많이 늘어나고 있다. 글로벌 ESG 표준, 프레임워크, 데이터 공급업체까지 포함하면 ESG 관련 기관의 수는 더 늘어난다. 대표적인 글로벌 ESG 평가기관에는 MSCIl Morgan Stanley Capital International, Sustainalytics, Refinitiv, Robeco-SAM, Bloomberg 등이 있다. 국내에는 한국ESG기준원(KCGS)을 비롯해 서스틴베스트, 대신경제연구소 등이 있고 언론기관, 신용평가사들, 온라인 전문 ESG 평가기관들도 최근 ESG 평가에 관여하고 있다. 한편 2021년 11월에 개최된 제26차 유엔기후협약당사자국총회(COP26)에서 글로벌 ESG 공시기준을 마련하기 위해 국제지속가능성기준위원회(ISSB) 설립을 공식화했다. 우리나라에서도 기업들이 보다 더 쉽게 ESG를 적용할 수 있도록 'K-ESG 가이드라인 1.0'을 통해 국내 ESG표준지표를 제시하고, 2022년 공공기관의 ESG통합공시 기준을 개정했다.

제 6 절 | 공공부문 ESG경영의 미래와 과제

ESG경영은 민간뿐만 아니라 공공부문에서도 장기적인 성장과 사회적 가치 창출을 위한 필수적인 요소로 인식되고 있다. 미래에는 ESG 역량을 높이는 것이 경쟁력과 신뢰성 확보에 중요한 역할을 할 것으로 예상된다. ESG경영이 단순한 이미지 메이킹에서 벗어나 실제적인 변화를 이끌어내는 것이 필요하다. 공공부문의 ESG경영의 미래와 수요는 다양한 측면에서 발생할 것으로 예상된다.

첫째, 환경적 측면에서는 기후변화와 생태계 파괴 등의 문제가 여전히 대규모로 발생하고 있다. 이에 대응하여 공공부문은 친환경적인 인프라 구축과 탄소 배출량 저감, 자원 절약 등의 환경보호 활동을 강화할 필요가 있다. 또한, 지속가능한 도시 계획 및 교통체계 구축 등도 중요한 과제 중 하나이다.

둘째, 사회적 측면에서는 인종차별, 불평등, 인권침해 등의 문제가 여전히 남아 있다. 공공부문은 이러한 문제를 해결하기 위해 공정한 정책과 서비스 제공, 사회적 책임 수행 등을 강화해야 한다. 또한, 다문화, 다양성 존중 및 인권 보호를 위한 노력도 필요하다.

셋째, 거버넌스 측면에서는 투명성, 책임성, 윤리적 거래 등의 요구사항이 더욱 강조된다. 공공부문은 효율적인 운영과 관리를 위해 이러한 요구사항을 충족하면서 정책결정 및 이행에 있어서도 적극적으로 거버넌스 측면을 강화해야 한다. 이러한 과제들을 해결하면서, 공공부문은 ESG경영을 통해 사회적 가치 창출과 지속가능한 성장을 동시에 추구해야 한다. 더불어, 공공부문의 ESG경영 성과는 국민의 생활 개선과 지속가능한 사회 발전에 큰 기여를 할 것으로 기대된다.

미래 공공부문의 ESG경영 과제는 첫째는 투명성 확보와 정보공유 과정의 개선이다. 공공부문은 세금과 국민의 예산을 관리하는 기관이기 때문에 투명성과 공정성이 매우 중요하다. 따라서 ESG경영에서는 공공부문의 성과와 책임을 적극적으로 공개하고 이를 공유하는 과정을 개선해 나가야 한다.

둘째는 미래 세대를 위한 지속가능한 경영 전략 수립이다. 공공부문은 장기적인 비전과 미래 지향적인 경영전략을 수립하고 이를 바탕으로 지속가능한 경영을 추진해 나가야 하며, 미래 세대를 위한 지속가능한 환경을 조성하는 것이 필수적이다.

셋째는 고객 중심의 서비스 개선과 혁신이다. ESG경영에서는 기업의 고객 중심의 서비스 개선과 혁신이 매우 중요하게 다루어지고 있다. 공공부문 역시 이와 마찬가지로 국민을 위한 서비스 혁신을 추진해야 한다.

넷째는 전문성 있는 인재 양성 및 다양성 확보이다. 공공부문은 전문적이고 역량을 보유한 인재양성과 다양한 측면에서의 다양성을 확보하여 조직의 유연성과 창의성을 높여야 한다.

다섯째는 기술혁신과 디지털 전환이다. ESG경영에서는 지속가능한 경영을 위해 기술혁신과 디지털 전환이 필수적이다. 공공부문도 이와 같은 기술혁신과 디지털 전환을 추진하여 경영의 효율성과 투명성을 높이고 국민에게 더 나은 서비스를 제공할 수 있도록 노력해야 한다.

공공부문에서 ESG경영을 통한 지속가능한 발전을 위한 방안으로 다음과 같은 노력들이 함께 이루어져야 한다. 우선은 다양한 이해관계자들의 참여 확대로 공공부문에서는 다양한 이해관계자들의 참여를 통해 적극적으로 의견을 수렴하고 이를 반영하여 지속가능한 발전을 추진해야 한다. 이를 위해 협력적인 관계 구축, 국제기준 준수 등의 활동을 추진해야 한다. 다음으로는 탄소배출 저감 및 에너지 절약이다. ESG경영에서는 탄소배출 저감 및 에너지 절약 등 환경 보전 활동이 중요한 과제로 공공부문에서는 주도적으로 예산 확보와 재원 조달, 에너지 효율성 증대를 위한 시설개선 등을 통해 이를 추진해야 한다. 셋째는 청렴한 조직문화 조성으로 공공부문이 청렴한 조직문화를 조성하여 투명하고 효율적인 업무 수행을 추진해야 한다. 이를 위해 직무 수행에 대한 모범적인 행동강령과 윤리적 기준을 정하고, 그를 준수할 수 있도록 교육과 훈련을 제공할 필요가 있다. 넷째는 ESG경영에서는 혁신적이고 창의적인 정책 추진이 중요한 과제 중의 하나이다. 공공부문에서 창의적인 아이디어를 수집하고 이를 실현하기 위한 체계적인 기획과 실행을 추진해야 한다. 이를 위해 공공부문은 기존 업무 프로세스를 개선하고, 새로운 아이디어를 수용할 수 있는 시스템을 구축해야 한다. 다음은 지속가능한 경제성장을 추진하기 위한 정책과 규제 등을 마련해야 한다. 이를 위해 지속가능한 경제 모델을 개발하고, 이를 지원하기 위한 시스템을 구축하고, 지속가능한 경제 성장을 추진하기 위해 지역사회와의 협력도 중요한 과제라고 할 수 있다.

참고문헌

김재필(2021). 『ESG혁명이 온다』. 서울: 한스미디어.

박영석 외(2021). 『기업의 ESG경영촉진을 위한 금융의 역할』. 자본시장연구원.

이진성 외(2022). 『ESG경영의 이해와 실제』. 서울: 원더북스.

포춘코리아(2022). 『포춘코리아 ESG 100: 기업경영의 핵심 ESG』.

Galbreath Jeremy(2013). ESG in Focus: The Australian Evidence. *Journal of Business Ethics*, 118(3): 529-541.

Kiernan M. J.(2007). Universal Owners and ESG: leaving money on the table?. *Corporate Governance: An International Review*, 15(3): 478-485.

Porter, M. E. & M. R. Kramer(2011). Creating Shared Value: How to Reinvent Capitalism and Unleash a Wave of Innovation and Growth. *Harvard Business Review*(Jan/Feb): 62-77.

Richardson B. J.(2009). Keeping Ethical Investment Ethical: Regulatory Issues for Investing for Sustainability. Journal of Business Ethics, 87: 555-572.
http://ncsd.go.kr/unsdgs. https://deltathailand.com/en/blog-detail/3/57/Delta-SD

제2장

SDGs와 ESG: 목표체계의 전환

제 2 장

SDGs와 ESG: 목표체계의 전환

제 1 절 서론

전 세계적으로 지속가능발전은 이미 주류화(mainstreaming) 되었다. 특히 2015년 9월 유엔총회에서 193개 유엔 회원국 만장일치로 채택하여 2030년까지의 목표연도와 15년간의 이행 목표치를 설정한 지속가능발전목표(Sustainable Development Goals, SDGs)는 그야말로 지속가능발전이 인류 보편의 가치가 되었다고 할 만하다. 유엔개발계획(UNDP)은 네팔 카트만두에 본부를 둔 예띠항공(Yeti Airlines)과 파트너십을 맺고, 항공기 표면에 SDGs를 표시하고 공동 이니셔티브를 수행하는가 하면, 삼성전자는 UNDP와 함께 '삼성 글로벌 목표(Samsugn Global Goals)'라는 앱을 만들어 스마트폰을 통해 사용자의 행동과 인식을 변화시키는 데 SDGs를 활용하고 있다.

직접적으로 한국의 지속가능발전 역사는 1992년 브라질 리우자네이루에서 개최된 유엔환경개발회의(UN Conference on Environment and Development, UNCED(리우회의)에서 '의제21(Agenda 21)'과 '지방의제21(Local Agenda 21)'이 채택된 이후 ICLEI가 5년 후인 1997년 전 세계 지방의제21 추진 현황을 점검하는 데 대응하면서 시작되었다고 할 수 있다.[1] 이에 따라 시민사회의 문제제기와 함께 당시 주무부처인 환경부와 지방자치단체들이 민관협력 거버넌스로서 지방의제21 추진기구를 만들어 지역의 의제를 발굴하고 실천하는 과정이 한국 지속가능발전사의 핵심이었던 것이다.

리우회의의 후속 작업으로 1992년 12월 유엔 지속가능발전위원회(UN Commission on Sustainable Development, UNCSD)가 구성된 이후 한국에서는 1996년 8월 '의제21 국가실천계획'을 발표하였고, 2000년 9월에는 대통령자문 지속가능발전위원회(Presidential Commission on Sustainable Development)를 설치한 바 있다. 2006년 10월에는 제1차 국가지속가능발전전략 및 이행계획이 수립되었고, 2007년 8월에는 '지속가능발전기

---

1) ICLEI(Local Governments for Sustainability, 지속가능성을 위한 세계지방정부협의회 이클레이)는 지방정부를 회원으로 하는 국제조직으로, 1990년 유엔의 지원을 받아 자문기관으로 발족하였으며, 리우회의 개최의 산파 역할을 했다. 본래 명칭은 'International Council for Local Environmental Initiatives, 자치단체국제환경협의회)'였다가 2003년부터 현재의 명칭으로 불린다. 현재 전 세계 131개국 2,500여 도시 및 지방정부가 회원으로 있는 글로벌 지방정부 네트워크이다. 한국에서는 1995년 한국지방자치단체국제화재단이 가입했고, 2002년 재단 내에 한국사무소가 개소되었다. 한국사무소는 2006년에는 제주특별자치도로, 2012년부터는 수원으로 옮겨졌다. 그리고 2023년부터는 고양시와 수원에 한국사무소가 있다. 2023년 현재 국내 회원 지방정부는 56개이다. 한국지방자치단체국제화재단은 2009년에 해산되었다.

본법'이 제정되어 2008년부터 시행되었다. 그러나 2010년 '저탄소 녹색 성장기본법'이 제정되면서 '지속가능발전기본법'이 일반법인 '지속가능 발전법'으로 격하되었다. 이후 2021년 12월 다시 '지속가능발전기본법'이 제정되어 2022년 7월 5일 시행됨에 따라 국무조정실이 주무 부처가 되어 오늘에 이르고 있다.

'지속가능발전기본법'의 제정은 지속가능발전 추진을 위한 가장 중요한 진전 중의 하나였고, 상당수의 지방자치단체에서는 '지속가능발전기본법'에 따라 지속가능발전 기본전략과 추진계획을 새롭게 수립하거나 기존 전략을 수정하면서 지속가능발전과 SDGs 달성을 위해 노력하고 있다. 이는 공공부문의 여러 기관에서도 마찬가지인데, 선도적인 기관들에서는 지속가능발전 또는 SDGs 달성을 내걸고 지속가능경영을 추진해 왔다. 그런데 갑작스럽게 등장한 'ESG' 또는 'ESG 경영'이 기존의 지속가능경영을 강화하기보다 어떤 측면에서는 그간의 과정에 혼란을 주고 있는 실정이다.

이 글은 여기에 문제의식을 두고 ESG 경영 논의가 지속가능발전의 흐름 속에서 등장한 개념임을 설명하는 데 목적이 있다. 지속가능발전에 기여하기 위한 경영분야의 노력이 ESG경영이라는 것이다. 특히 이 글은 ESG 경영이 국제사회의 흐름 속에서 수세적인 대응으로 자리 잡는 수준을 넘어 SDGs와의 적극적인 연계를 통해 공공부문의 성과관리에도 활용될 수 있음을 주장할 것이다. 더욱이 공공부문은 (지역사회의) 기업부문이 ESG 관련 국제 규제에 대처할 수 있도록 지원하는 것은 물론, 기업의 능동적인 대응이 기업과 국가의 품격과 역량을 한층 높이는 데 기여할 수 있다고 인식할 필요가 있다는 점도 지적할 것이다.

제 2 절 | 세계지속가능발전사와 지속가능발전목표(SDGs)

1972년 스웨덴 스톡홀름에서는 114개국 1,200여 명의 대표단이 모인 가운데 유엔인간환경회의(United Nations Conference on the Human Environment, UNCHE)가 개최되었다. '오직 하나뿐인 지구(Only One Earth)'를 표어로 내세운 이 회의에서는 1970년 준비회의에서 채택된 '인간환경선언(Declaration on the Human Environment)'이 공식 선언되었다. 이 선언은 자연환경을 비롯해 경제개발, 인구문제 등을 포함하여 인간환경을 규정하였다. 그리고 이 선언에 따라 환경분야의 국제협력을 촉진하기 위한 유엔환경계획(United Nations Environment Programme, UNEP)이 설치되었다.

UNCHE에서 인디라 간디 당시 인도 수상은 연설을 통해 '가난이 최악의 오염'이라고 문제를 제기함으로써 경제와 환경이 양립할 수 있을까 하는 유엔 차원의 고민을 촉발했다. 오랜 논의를 통해 1983년 그로 할렘 브룬트란트(Gro Harlem Brundtland) 노르웨이 전 수상을 위원장으로 하는 유엔 차원의 세계환경개발위원회(World Commission for Environment and Development, WCED)가 만들어졌는데, WCED의 활동 결과물로 나온 것이 바로 '지속가능발전(sustainable development)' 개념을 정립한 '우리 공동의 미래(Our Common Future)'(WCED, 1987) 보고서이다.[2)]

'우리 공동의 미래'에서는 지속가능발전을 '미래 세대의 필요를 충

2) 위원장의 이름을 따 '브룬트란트 보고서(The Brundtland Report)'라고도 한다.

족시킬 잠재력을 훼손하지 않으면서 현재 세대의 필요를 충족시키는 발전'이라고 정의했다. 유엔 차원에서는 이후 1992년 브라질 리우데자네이루에서 185개국 대표단과 114개국 정상 및 정부 수반들이 '환경적으로 건전하고 지속가능한 발전(Environmentally Sound and Sustainable Development, ESSD)'을 주제로 유엔환경개발회의(UNCED)를 개최함으로써 기후변화협약, 생물다양성협약, 사막화방지협약 등 3대 협약과 함께 '의제21'을 채택하였다.

2012년에는 다시 리우데자네이루에서 유엔지속가능발전회의(UN Conference on Sustainable Development, UNCSD)를 개최하여 빈곤 근절이라는 맥락에서의 녹색경제를 추구하고, 지속가능발전을 이행하기 위한 새로운 틀을 만들기로 합의하였다.[3] 지속가능발전을 이행하기 위한 새로운 틀은 2000년 빈곤 퇴치를 목표로 유엔이 채택한 '새천년개발목표(Millennium Development Goals, MDGs)'를 대체할 새로운 목표와 체제를 만들자는 것이었다. 2015년으로 목표연도가 끝나는 MDGs에 대한 평가 결과, 개발도상국을 대상화하는 정도의 목표로는 지속가능성을 높이는 데 한계가 있는 것으로 나타났다.

15년간의 새로운 목표 설정과 이행을 위해서는 모든 나라가 참여하는 인류 보편의 가치 수준의 합의가 필요했고, 실행력을 높일 수 있어야 했다. 이를 위해 유엔은 국가 간 논의 및 점검기구로서 각국의 장관급으로 유엔 고위급정치포럼(UN High-level Political Forum on Sustainable Development, HLPF)을 설치했다. 그리고 1992년 리우회의의 '

3) 1992년 리우회의 이후 20년만의 회의라 하여 리우+20회의라고 부르는 이 회의에서는 '우리가 원하는 미래(The Future We Want)'라는 제목의 성명이 발표되었다.

의제21(Agenda 21)'에서 규정한 여성, 아동 및 청소년, 원주민, NGO, 지방정부, 노동자, 기업, 과학기술, 농민 등 '9개 주요 그룹(9 Major Groups)'과 함께 2012년과 2013년 유엔총회에서 새롭게 주요 이해당사자 그룹으로 추가된 노인, 지역공동체, 이주민, 민간자선단체, 재단, 교육 및 학술단체, 장애인 그룹 등 16개 그룹이 참여하는 MGoS(Major Groups & other Stakeholders) 프로세스를 거쳐 2015년 9월 지속가능발전목표(SDGs)를 수립하기에 이른다.

유엔인간환경회의(UNCHE)에서부터 유엔 SDGs 수립에 이르는 세계지속가능발전사를 [그림 2-1]과 같이 요약할 수 있다. 여기에 1952

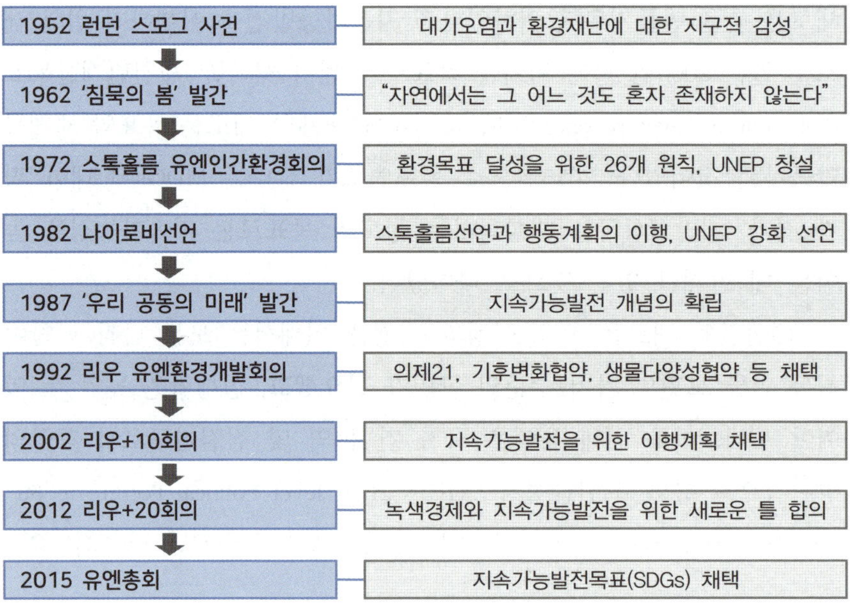

자료: 오수길, 2020: 39.

[그림 2-1] 국제회의 중심으로 본 세계지속가능발전사

년 런던 스모그 사건, 1962년 미국 생물학자 레이첼 카슨(Rachel Carson)의 '침묵의 봄(Silent Spring)' 출간, 1982년 나이로비선언, 2002년 리우+10회의를 포함해볼 수 있다. 런던 스모그 사건은 18세기 산업혁명 이래 끊임없이 제기되어온 환경문제에 대한 경고를 외면한 대가로서 대기오염에 의해 1만 명이 넘는 사망자를 낸 사상 최악의 공해 사건이다. '침묵의 봄'은 살충제 DDT의 무분별한 사용이 생태계 파괴와 연결됨을 입증하여 '자연은 어느 것도 따로 존재하지 않는다'라는 교훈을 보여준 저작으로 1969년 미국 환경법이 제정되는 데 기여했다. 1982년 나이로비선언과 2002년 요하네스버그에서 개최된 리우+10회의의 요하네스버그선언은 각각 스톡홀름선언과 리우선언의 이행을 촉구한 선언이라 할 수 있다.

환경에 관한 첫 번째 세계회의인 1972년 유엔인간환경회의의 '인간환경선언'은 인간환경의 보전과 개선을 위한 원칙을 제시한 것으로, 7개 항으로 된 선언과 26개 항으로 된 원칙으로 구성되어 있다. 선언 1항에서는 각국이 환경을 보호하고 개선하는 데 우선순위와 필요성을 염두에 두면서 개발할 수 있어야 한다고 명시하면서 일반적으로 산업화나 기술발전과 관련이 있는 선진국의 환경문제를 고려할 때, 개발도상국과의 격차를 줄이기 위해 노력해야 한다고 주장했다. 또한 선언 6항에서는 현재와 미래 세대를 위해 인간환경을 보호하고 개선하는 것이 인류의 필수적인 목표, 즉 평화와 전 세계의 확고하고 근본적인 경제·사회 발전의 목표가 되었다고 하였다. 그리고 선언 7항에서는 이러한 환경목표를 달성하기 위해 시민과 지역사회, 모든 수준의 기업과 기관들이 책임을 받아들이고 공동의 노력을 공평하게 분담해야 한다고 역설했다.

원칙 1에서는 "인간은 존엄과 안녕의 삶을 보장하는 양질의 환경에서 자유, 평등, 적절한 삶의 조건에 대한 기본권을 가진다"라는 기본권을 명시한 뒤 "동시에 현세대와 미래세대를 위해 환경을 개선하고 보호해야 할 엄중한 책임"을 강조했다. 원칙 2에서부터 원칙 26까지는 〈표 2-1〉과 같은 쟁점들을 담고 있는데, 이후 국제회의마다 반복적으로 검토되고 강조되는 내용이라 할 수 있다. 그리고 지속가능발전의 핵심 주제이기도 하다.

〈표 2-1〉 유엔 인간환경선언의 원칙과 주요 내용

원칙	주요 내용
1	• 존엄과 안녕의 삶을 보장하는 양질의 환경에서 자유, 평등, 적절한 삶의 조건에 대한 인간의 기본권 • 현세대와 미래세대를 위해 환경을 개선하고 보호해야 할 엄중한 책임
2	• 현세대와 미래세대를 위한 천연자원의 보호 계획과 관리
3	• 지구의 재생 가능한 자원 생산 능력의 유지, 회복, 개선
4	• 야생동식물과 그 서식지 보호를 위한 책임과 경제개발 계획에서의 중시
5	• 재생 불가능한 자원의 고갈위험 대비
6	• 환경용량을 넘어서는 유독성 물질의 배출 중단 및 환경오염에 반대하는 국민들의 정당한 투쟁에 대한 지지
7	• 해양의 생물자원에 대한 피해와 해양환경 손상을 초래하는 물질에 의한 해양오염 방지
8	• 바람직한 생활환경과 노동환경 확보와 생활의 질 향상에 필요한 경제·사회발전
9	• 개발도상국의 저개발로 인한 환경상의 결함과 자연재해 극복 노력에 대한 시의적절한 원조
10	• 개발도상국의 1차 생산품 및 원재료의 가격안정과 그에 따른 충분한 수익 보장
11	• 모든 사람의 더 나은 생활조건을 위해 환경상의 조치가 개발도상국의 현재 또는 미래 개발가능성을 방해하지 않도록 각국과 국제기구의 적당한 조치
12	• 개발도상국의 특수사항과 개발계획에 환경보호를 포함할 때 발생하는 비용을 감안하여 추가적인 기술 및 자금 원조

13	• 합리적인 자원관리와 환경개선을 위해 개발계획 입안 시 인간환경 보호와 개발이 양립할 수 있도록 종합적으로 조정
14	• 환경 보전과 개발 사이의 마찰을 조정하는 합리적인 계획
15	• 환경에 미치는 악영향을 회피하고 모두에게 사회 · 경제 · 환경적으로 이익이 되게 하는 주거 및 도시화 계획
16	• 과다한 인구집중이 환경과 개발에 악영향을 미치거나 인구 과소로 인간환경 개선과 개발에 악영향을 미치는 지역에서 기본권을 침해하지 않는 인구정책 실시
17	• 환경의 질 개선을 위해 적절한 국가 기관에 환경자원에 맞는 계획, 관리, 규제를 위임
18	• 환경위험 판별과 회피 제어, 환경문제 해결을 위해 경제 · 사회 발전에 기여하는 과학기술을 활용
19	• 개인, 기업, 지역사회의 환경 보호 및 개선에 대한 생각과 책임 있는 행동의 기반으로서 젊은 세대와 성인에 대한 환경교육 • 언론의 환경보호 및 개선 필요성에 대한 교육 정보 제공 역할
20	• 모든 나라, 특히 개발도상국에서의 환경문제에 관한 국내 또는 다국가 간 과학적 연구개발 • 환경문제 해결을 위한 과학지식과 경험의 자유로운 확산 지원과 협조 • 경제적 부담 없이 개발도상국의 환경에 관한 기술 활용
21	• 유엔헌장과 국제법 원칙하에서 각국 자원을 자국의 환경정책에 따라 개발할 주권 보장 • 자국의 관할권이나 통제권 내 활동이 타국이나 국가 관할권 한계를 넘어선 지역의 환경에 피해를 주지 않도록 조치할 책임
22	• 각국의 관할권 내 활동이 관할권 밖에 미친 오염과 환경상의 피해자에 대한 책임 및 보상에 관한 국제법의 발전
23	• 최선진국의 기준이 개발도상국에서는 부적절하고 사회적 비용을 초래하는 경우가 있으므로 각국의 가치체계와 국제사회의 합의 기준의 적용한도를 고려
24	• 각국의 주권과 이익을 고려하면서 환경에 대한 악영향을 예방, 제거, 감소, 규제하기 위한 다국간 규정, 양국 간 규정 등의 협력
25	• 국제기구의 환경보호 및 개선을 위한 상호 조정되고 효율적이며 역동적인 역할을 할 수 있도록 보장
26	• 인간과 환경이 핵무기나 기타 대량파괴 수단의 영향에서 벗어나도록 적절한 국제기구에서 이러한 무기의 제거와 완전한 파기에 합의하도록 노력

1992년 리우회의 '환경과 개발에 관한 리우선언(The Rio Declaration on Environment and Development)은 전문에서 "스톡홀름에서 채택된 유엔 인간환경선언을 재확인하고 이를 더욱 확고히 함"을 전제로 하였고, "각 나라, 사회의 주요 부문, 그리고 사람들 간의 새로운 수준의 협력을 창출하여 새롭고 공평한 글로벌 파트너십을 확립하고, 모두의 이익을 존중하고 글로벌 환경 및 개발체계를 온전하게 보호하는 국제협약을 체결하며, 우리의 터전인 지구의 필수불가결하고 상호의존적인 성격을 인식"한다고 밝혔다. 그리고 27개 원칙에서는 〈표 2-2〉와 같은 내용들을 포함하였다.

〈표 2-2〉 환경과 개발에 관한 리우선언의 원칙과 주요 내용

원칙	주요 내용
1	• 인간을 중심으로 한 지속가능발전 논의 • 자연과 조화를 이룬 인간의 건강하고 생산적인 삶 보장
2	• 유엔헌장과 국제법 원칙하에서 각국 자원을 자국의 환경정책에 따라 개발할 주권 보장 • 자국의 관할권이나 통제권 내 활동이 타국이나 국가 관할권 한계를 넘어선 지역의 환경에 피해를 주지 않도록 조치할 책임
3	• 환경과 개발에 대한 현세대와 미래세대의 요구를 공평하게 충족시킬 수 있는 개발
4	• 개발과정의 중요한 일부를 구성하는 환경보호를 개발과정과 분리해서 고려하지 않음
5	• 생활 기준의 불일치를 줄이고 대다수 사람의 필요를 충족시키기 위해 지속가능발전에 필수조건으로서 빈곤 근절을 위한 협력
6	• 개발도상국, 특히 최빈국과 환경적으로 가장 취약한 국가들의 특수상황과 필요에 우선순위를 두면서 모든 나라의 이익과 필요를 다루는 환경과 개발 분야의 국제 행동
7	• 각국은 지구생태계의 건강과 온전함을 보전, 보호, 복원하기 위한 글로벌 파트너십 정신으로 협력해야 함

	• 선진국이 지구환경에 끼친 영향과 기술 및 재정을 고려하여 환경악화에 대한 각국의 공통된 그러나 차별적인 책임을 적용
8	• 지속 불가능한 생산과 소비패턴을 줄이고 제거 • 적절한 인구정책을 촉진
9	• 과학 · 기술 지식의 교환을 통한 과학적 이해를 개선하고, 새롭고 혁신적인 기술을 포함한 기술의 개발, 적용, 확산, 이전을 증진함으로써 지속가능발전을 위한 내재적 역량구축을 강화
10	• 지역사회의 유해물질 및 처리에 관한 정보를 포함하여 공공기관의 환경정보에 대한 각 개인의 접근과 의사결정과정에 대한 참여 기회 보장 • 널리 가용한 정보를 가공하여 대중의 인식과 참여를 장려하고 피해 구제와 배상을 포함한 사법적 · 행정적 절차에 대한 효과적인 접근을 보장
11	• 환경과 개발의 맥락을 반영하는 환경 기준, 관리 목적, 우선순위 등 각국의 효과적인 환경 입법을 시행
12	• 환경악화 문제를 적절히 다루기 위해 모든 나라에서 경제성장과 지속가능발전으로 이어지는 데 도움이 되고 개방적인 국제 경제체계를 장려 • 환경적 목적을 위한 무역 정책 수단이 국제무역에 대한 자의적이거나 부당한 차별적 조치 또는 위장된 제약이 되지 않게 방지 • 수입국 관할권 밖의 환경문제를 처리하기 위한 일방적인 행동을 회피 • 국경을 초월하거나 전 지구적 환경문제에 대처하는 환경적 조치는 가능한 한 국제적 합의에 기초해야 함
13	• 각국은 오염이나 기타 환경 피해의 희생자들을 위한 책임과 배상에 관련된 국가 법률을 개발 • 각국은 자국의 관할권 내에서 또는 관할권을 넘어선 영역에 대한 통제권 범위 내에서의 활동에 의해 초래된 환경 피해의 악영향에 대한 책임과 배상에 관련된 국제법을 개발하기 위해 신속하고 좀 더 단호한 방식으로 협력해야 함
14	• 각국은 심각한 환경악화를 초래하거나 인간의 건강에 유해한 것으로 밝혀진 활동과 물질을 다른 나라로 재배치하거나 이동시키는 것을 억제하거나 예방하기 위해 효과적으로 협력해야 함
15	• 환경을 보호하기 위해 각국의 역량에 따라 사전 예방 조치를 널리 적용 • 심각하거나 돌이킬 수 없는 피해 위협이 있을 때, 충분한 과학적 확실성이 부족하다는 것이 환경악화를 막기 위한 비용효과적인 조치를 연기할 이유가 되어서는 안 됨
16	• 각국 당국은 공익을 고려하면서도 국제무역과 투자를 왜곡시키지 않으면서 원칙적으로 오염자가 오염의 비용을 부담해야 한다는 접근방법을 고려하여 환경비용의 내부화, 경제적 수단의 활용을 증진하도록 노력해야 함

17	• 환경에 대한 심각한 악영향을 끼칠 수 있거나 권할 국가 당국의 결정에 따라야 하는 제안된 활동에 국가적인 수단으로서 환경영향평가가 취해져야 함
18	• 각국은 다른 국가들의 환경에 갑작스럽게 위해를 초래할 수 있는 자연재해나 기타 긴급사태를 즉각 알려야 함 • 영향을 받는 국가에 대한 국제사회의 모든 노력이 취해져야 함
19	• 각국은 국경을 넘어 환경에 심각한 악영향을 끼칠 수 있는 활동으로 피해 예상 국가들에 시의적절하게 알리고 관련 정보를 제공하며, 초기 단계에 성실하게 협의해야 함
20	• 여성은 환경관리와 개발에서 중요한 역할을 수행 • 여성의 충분한 참여가 지속가능발전을 달성하는 데 필수
21	• 지속가능발전을 달성하고 모두를 위한 더 나은 미래를 확보하기 위한 글로벌 파트너십을 형성하기 위해 청년의 창의성, 이상, 용기가 결집되어야 함
22	• 토착민과 그들의 공동체, 그리고 여타의 지역 공동체는 그들의 지식과 전통적인 관행으로 환경관리와 개발에서 중요한 역할을 수행 • 각국은 그들의 정체성, 문화, 이익을 인식하고 적절히 지원하고, 지속가능발전의 달성에 그들의 효과적인 참여를 보장해야 함
23	• 억압, 지배, 점령하에 있는 사람들의 환경과 자연자원이 보호되어야 함
24	• 전쟁은 본질적으로 지속가능발전을 파괴 • 각국은 무력 분쟁 시 환경을 보호하기 위한 국제법을 존중하고 필요한 경우 추가적인 개발에 협력해야 함
25	• 평화, 개발, 환경보호는 상호의존적이며 불가분의 관계
26	• 각국은 모든 환경분쟁을 유엔헌장에 따라 평화적이고 적절한 수단에 의해 해결해야 함
27	• 각국과 국민은 이 선언문에 구현된 원칙을 이행하고 지속가능발전 분야의 국제법을 한층 발전시키기 위해 성실하고 파트너십 정신으로 협력해야 함

제 3 절 | SDGs 달성과 목표 간의 연계(Nexus Approach)

2015년 9월 25일 유엔총회 제4차 본회의에서 채택된 유엔 정상회의 결과문서인 '우리 세계의 전환: 지속가능발전을 위한 2030 의제(Transforming Our World: the 2030 Agenda for Sustainable Development)'에서는 다음과 같은 전문을 내걸고 17개 SDGs와 169개 세부목표(targets)를 발표했다.

> 본 의제는 사람, 지구 그리고 번영을 위한 행동계획이다. 이것은 또한 더 큰 자유 안에서 보편적 평화의 증진을 추구한다. 우리는 절대빈곤을 포함한 모든 형태와 차원의 빈곤을 근절하는 것이 가장 큰 글로벌 도전과제이자 지속가능발전을 위한 필수적 요건임을 인식한다.
>
> 모든 국가와 이해관계자들은 협력적 파트너십 속에 다음 계획을 이행할 것이다. 우리는 빈곤과 결핍의 횡포로부터 인류를 해방시키고, 지구를 치유하며 보호할 것을 결의한다. 우리는 세계가 지속가능하고 회복력 있는 길로 옮겨 가기 위해 시급히 필요한 담대하고 전환적인 조치를 취할 것을 결의한다. 우리는 이러한 공동의 여정을 시작하면서, 이 여정에서 누구도 소외되지 않을 것임을 서약한다.
>
> 우리가 오늘 발표하는 17개 지속가능발전목표(SDGs)와 169개 세부목표는 이 새로운 보편적 의제의 규모와 포부를 보여준다. 이 목표들은 새천년발전목표(MDGs)를 기반으로 MDGs가 달성하지 못한 것을 완성하고자 한다. 이 목표들은 모든 사람의 인권 실현과 성평등, 모든 여성, 소녀의 권익신장을 추구한다. 이 목표들은 통합적이고 불가분하며, 지속가능발전의 세 가지 차원인 경제, 사회, 환경의 균형을 이루고 있다.

본 목표와 세부목표들은 인류에게 그리고 지구에 대단히 중요한 분야에서 향후 15년간의 행동을 촉진시킬 것이다.

자료: 수원지속가능발전협의회(2017). 『우리 세계의 전환: 2030 지속가능발전 의제』.

결과문서의 선언서문 18항에서는 "우리는 오늘 통합적이고 불가분한 17개 지속가능발전목표와 169개 세부목표들을 발표한다. 세계 지도자들이 이처럼 광범위하고 보편적인 정책 의제에 대해 공동의 행동과 노력을 서약한 것은 전례 없는 일이다"라고 밝히고 있는데, 전문에 명시된 바 이들 목표는 사람(People), 지구(Planet), 번영(Prosperity), 평화(Peace), 파트너십(Partnership) 등 소위 5P축을 중심으로 도출된 것이다(〈표 2-3〉 참조).

〈표 2-3〉 SDGs 5P축의 내용

축	내용
사람 (People)	우리는 모든 형태와 차원의 빈곤과 기아를 종식하고, 모든 사람이 존엄과 평등 속에, 그리고 건강한 환경에서 자신의 잠재력을 실현할 수 있도록 보장할 것을 결의한다.
지구 (Planet)	우리는 현재와 미래세대의 필요를 지원할 수 있도록 지속가능한 소비와 생산, 천연자원의 지속가능한 관리, 기후변화에 대한 시급한 조치를 통해 지구를 황폐화로부터 보호할 것을 결의한다.
번영 (Prosperity)	우리는 모든 사람이 풍요롭고 성취감 있는 삶을 향유할 수 있도록, 그리고 자연과의 조화 속에 경제, 사회, 기술의 진보가 이루어지도록 보장할 것을 결의한다.
평화 (Peace)	우리는 공포와 폭력이 없는, 평화롭고 공정하며 포용적인 사회를 조성할 것을 결의한다. 평화 없이 지속가능발전은 있을 수 없으며, 지속가능발전 없이 평화는 있을 수 없다.

파트너십 (Partnership)	우리는 굳건한 국제연대의 정신에 기초하고, 특히 최빈곤층과 가장 취약한 계층의 요구에 초점을 맞추며, 모든 국가 이해관계자들이 참여하는, 지속가능발전을 위해 글로벌 파트너십을 활성화함으로써 본 의제의 이행에 요구되는 수단을 동원할 것을 결의한다.

자료: 수원지속가능발전협의회(2017). 『우리 세계의 전환: 2030 지속가능발전 의제』.

결과문서의 전문에서는 지속가능발전목표의 이러한 상호연계성과 통합적 특성이 의제의 목적을 실현하는 데 결정적으로 중요하다고 명시하고 있다. 이는 17개 목표에 대해 통합적으로 접근하여 연계할 수 있어야 SDGs를 달성할 수 있음을 강조하는 것이라 할 수 있다. Johan Rockström과 Pavav Sukhdev는 2016년 '스톡홀름 EAT 식량 포럼'에서 이러한 연계 접근방법(nexus approach)을 [그림 2-2]와 같이 표현했는데, 목표 간의 연계가 없이는 '웨딩 케이크(wedding cake)'를 만들 재료

자료: http://sdgtoolkit.org/tool/sdg-birthday-cartoon
https://www.stockholmresilience.org/research/research-news/2017-02-28-contributions-to-agenda- 2030.html

[그림 2-2] SDGs 목표 간 연계의 의미

를 놓치거나 적절히 배합하지 못할 것이라고 지적한 것이다. 이것은 또한 유엔 목표가 있고, 이를 고려하는 국가별 목표가 있으며, 이를 고려하는 지역 목표와 기관의 목표가 있는 이유를 말해주는 것이기도 하다.

Gladwin et al.(1995)은 지속가능발전을 정의한 다양한 연구를 분석함으로써 지속가능발전의 개념적 특성을 포괄성, 연계성, 형평성, 안전성, 신중성 등으로 정리한 바 있다. SDGs 웨딩 케이크를 만들 때 이러한 특성들을 고려해 볼 수 있을 것이다. 17개 목표, 그리고 169개 세부목표나 240여 개의 지표를 연계하여 각 기관이 기여할 바를 찾거나 중점목표 또는 핵심목표를 정할 때 참고할 수 있다.

첫째, 포괄성이란 시간적으로는 현세대만이 아니라 미래 세대까지를 고려하고, 공간적으로는 지역에서부터 국가, 지구까지를 고려하자 한다는 의미에서 시간적 · 공간적 포괄성이라 할 수 있다.

둘째, 연계성이란 경제 · 사회 · 환경을 통합적으로 고려해야 한다는 것으로, 문제의 원인에 대한 분석에서부터 문제를 극복한 새로운 시스템을 구성하는 데 이르기까지 이러한 관점을 견지해야 한다는 것이다.

셋째, 형평성이란 세대 내 문제만이 아니라 세대 간, 나아가 생물종 간의 정의, 공정성, 균등함 등을 말하는 것이라 할 수 있다. 세대 내, 세대 간, 생물종 간의 차원에서 비용을 전가하지 말자는 것이다.

넷째, 안전성이란 물리적 재해, 생태계나 자원의 한계로부터 발생하는 위험으로부터 보호해야 한다는 의미이다. 그런데 이러한 위험은 인권이나 참여 권리가 축소됨으로써 발생할 수 있는 위험까지도 포함하는 것이다.

다섯째, 신중성이란 형평성 있고 안전한 사회를 만들려면 정치 · 사회 · 기술 등과 관련된 의사결정이 신중해야 한다는 의미이다. 이를 위해서는 어떤 정책의 영향을 받는 시민들이 그 의사결정 과정에 참여할 수 있어야 할 것이다.

ESG경영 역시 한편 SDGs의 달성과 연계하여 이해할 필요가 있다. [그림 2-3]에서 보는 바와 같이 SDGs의 17개 목표는 ESG 각 영역에서 연결될 수 있다. 각 기관과 조직의 활동을 환경과 기후위기 대응(E), 사회적 책임과 가치(S), 지배구조 측면에서의 운영원리나 민관협력(G)의 관점에서 SDGs의 달성에 어떻게 기여할 수 있을지 모색해 보는 것이다.

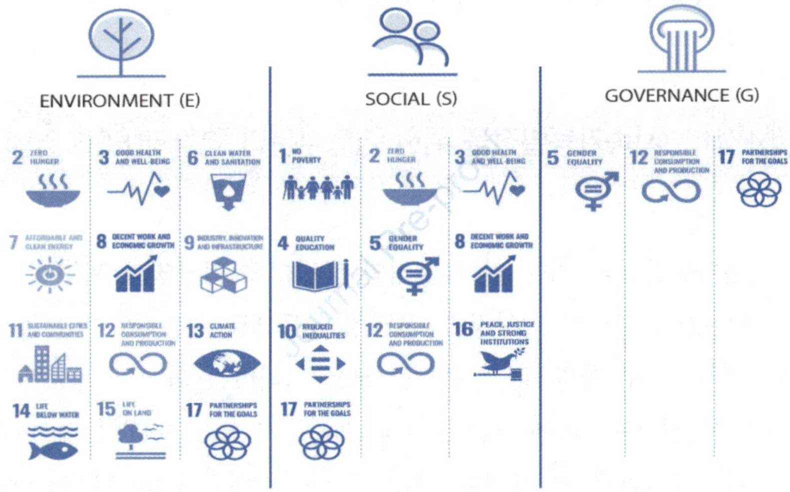

자료: Khaled, Raneem, Heba Ali, Ehab K. A. Mohamed(2021).

[그림 2-3] **ESG와 SDGs의 연계**

Sachs et al.(2019)이 순환성(circularity)을 고려하고 악순환(decoupling)을 배제하면서 SDGs를 달성할 수 있는 6가지 전환점(entry points)을 제시한 것도 같은 맥락에서 이해할 수 있다. 여기에는 다음과 같은 전환점들이 포함된다. 각 기관과 조직이 이러한 전환점을 만들고 설정해 본다면, 이것 자체가 ESG경영의 목표나 전략이 될 수 있다.

- 교육, 젠더, 불평등
- 보건, 웰빙, 인구 변동
- 에너지 탈탄소화, 지속가능한 산업
- 지속가능한 식량, 토지, 물, 해양
- 지속가능한 도시와 공동체
- 지속가능발전을 위한 디지털 혁명

제 4 절 | 지속가능발전을 위한 기업부문의 역할과 ESG 경영

지속가능발전을 위한 전 세계적인 노력이 기업경영과 관련해서는 지속가능경영, 사회적 책임경영, 윤리경영 등으로 수용되었다고 볼 수 있다. 가령 사회, 환경, 경제 부문을 모두 고려하는 회계의 틀로서 '지속가능경영의 3대 축(the triple bottom line, TBL 또는 3BL)'이 제시되기도 했다. 1994년에 이 용어를 만든 것으로 알려진 John Elkington은 자본주의를 재고하기 위한 새로운 틀로서 TBL을 제창한 것이 단순한 회계 도구로 전락한 것을 비판하며, 지속가능성의 목표가 손익 측면에서만 측정될 수는 없다고 지적한 바 있다(Elkington, 2018). 즉, 자본주의와 시스템의 변화, 경제, 사회, 생물권의 재생에 기여해야 한다는 것이다.

기업 활동이 진공상태에서 이뤄지는 것이 아니기 때문에 그것은 늘 경제와 사회, 그리고 의사결정의 문제와 얽혀 있을 수밖에 없고, 이에 대한 대응이 맞물려 왔다. 가령 1989년 미국 알래스카에서는 유조선 엑슨 밸디즈호(Exxon Valdez)가 좌초하여 1,100만 갤런에 이르는 원유를 유출함으로써 사상 최악의 석유 유출사고를 기록한 바 있다. 10만 마리의 바다새와 100만 마리가 넘는 해양동물이 희생된 이 사고 이후 사회적 책임 투자자들과 환경 운동가들이 모여 설립한 환경책임경제연합(Coalition for Environmentally Responsible Economies, CERES)이 기업의 환경윤리기준을 정해 발표한 CERES 원칙, 일명 밸디즈원칙(Valdez Principles)이 만들어졌다. 이 원칙은 생물권(生物圈, biosphere) 보호, 자연자원의 지속가능한 이용, 폐기물 감소와 처리, 에너지 보존, 위험 감소, 안전한 제품과 서비스, 환경 복원, 대중에 대한 정보 제공, 관리 책임, 감사와 보고 등을 포함한다.

한편 1991년부터 UNEP은 전 세계 주요 금융회사들과 함께 지속가능발전을 위한 금융 부문의 역할을 제고하기 위해 1992년 'UNEP 금융 이니셔티브(UNEP Finance Initiative, UNEP FI)'를 설치한 바 있다. 이는 금융부문 최초의 지속가능성을 위한 조직이라 할 수 있으며, 현재 170조 달러 이상을 운용하는 500개 이상의 은행, 보험사, 투자자와 함께 지속가능하고 포용적인 시장 관행을 선도하기 위한 지침을 제공하고 있다.

1997년에는 CERES가 UNEP과 협약을 맺고 Tellus Institute와 함께 미국 보스턴에서 GRI(Global Reporting Initiative)를 설립하였다. GRI는

"기업이 책임있는 환경 행동 원칙을 준수하도록 보장하는 책임 메커니즘을 만드는 것"을 목표로 했는데, 이후 사회, 경제, 거버넌스 이슈를 포함하였고, 2000년 GRI 가이드라인 첫 번째 버전(G1)을 발표하였다. 이것이 지속가능성 보고를 위한 최초의 글로벌 프레임워크라 할 수 있다. 2001년에는 GRI가 비영리기관이 되었고, 2002년 G2, 2006년 G3, 2013년 G4로 업데이트하였다. 2016년에는 가이드라인에서 지속가능성 보고에 대한 최초의 글로벌 표준이라 할 수 있는 GRI Standards로 전환하였다. 이후 2019년 조세 표준, 2020년 폐기물 표준, 2021년 보편적 표준, 2021년 부문 표준 등을 발표하고 있으며, 현재 GRI 표준은 100개 이상의 국가에서 10,000개 이상의 조직이 사용하고 있다.

현재 167개국 23,800여 개 기업과 기관이 참여하고 있는 유엔글로벌콤팩트(UN Global Compact, UNGC)는 세계의 비즈니스 리더, 기업, 유엔기구, 노동 및 시민사회단체 대표들이 2000년 7월 뉴욕에 있는 유엔본부에 모여 창설한 이니셔티브이다. UNGC는 "UNGC의 핵심 가치를 기업의 운영과 경영전략에 내재화하여 지속가능성과 기업시민의식 향상에 기여하도록 권장하고 이를 위한 실질적인 대안을 제시"하는 것을 목적으로 한다. UNGC의 10대 원칙은 다음과 같이 정리할 수 있다.

〈표 2-4〉 UNGC 10대 원칙

분야	원칙	내용
인권	1	기업은 국제적으로 선언된 인권 보호를 지지하고 존중해야 한다.
	2	기업은 인권 침해에 연루되지 않아야 한다.
노동	3	기업은 결사의 자유와 단체교섭권을 실질적으로 인정해야 한다.
	4	기업은 모든 형태의 강제노동을 배제한다.
	5	기업은 아동노동을 실질적으로 철폐한다.

	6	기업은 고용과 업무에서 차별을 근절한다.
환경	7	기업은 환경문제에 대한 예방적 접근을 지지한다.
	8	기업은 환경적 책임을 증진하는 조치를 수행한다.
	9	기업은 환경친화적 기술의 개발과 확산을 장려한다.
반부패	10	기업은 부당취득과 뇌물 등 모든 형태의 부패에 반대한다.

자료: http://unglobalcompact.kr

2002년 국제금융공사(International Finance Corporation, IFC)는 Citigroup, ABN AMRO, Barclays, West LB와 함께 논의하여 2003년 6월에 공식화된 적도원칙(Equator Principle, EP)을 확립했다. 이는 "금융기관이 프로젝트에 자금을 조달할 때, 환경과 사회적 위험을 식별, 평가, 관리하기 위한 공통 기준 및 위험 관리 프레임워크"라 할 수 있다. 금융기관이 자금을 조달하는 프로젝트가 사회적 책임을 다하는 방식으로 운용되고 건전한 환경 관행을 반영하게 함으로써 해당 프로젝트가 생태계와 지역사회에 부정적인 영향을 미치지 않도록 하자는 것이다. EP에 참여하는 금융기관들(Equator Principles Finanacial Institutions, EPFIs)은 총 프로젝트 자본 비용이 1,000만 달러 이상인 프로젝트 재정 자문 서비스와 프로젝트 금융에 이 원칙을 적용하도록 되어 있다. EP는 운영 환경의 변화와 새로운 모범을 반영하여 정기적으로 업데이트되는데, 2020년 10월 현재 EP4를 최신 버전으로 하고 있다.

2005년에는 당시 Kofi Anna 유엔 사무총장이 투자 업계, 정부 간 기구, 시민사회 전문가 70명의 도움을 받아 12개국 20명으로 구성된 투자자 그룹과 함께 논의를 시작하여 2006년 유엔 책임투자원칙(UN PRI)이 마련되었다. PRI는 "경제적으로 효율적이고 지속가능한 글로벌 금융 시스템이 장기적이고 책임있는 투자에 대한 보상을 제공할 뿐만 아니라 환경과 사회 전체에 이익이 되어 장기적인 가치를 창출할 것" 이라고 한다. 여기에는 다음과 같은 원칙들이 포함된다.

- 우리는 ESG 이슈를 투자분석과 의사결정 과정에 포함할 것이다.
- 우리는 능동적인 소유자가 되어 ESG 이슈를 소유권 정책과 관행에 포함할 것이다.
- 우리는 우리가 투자하는 기업의 ESG 이슈를 적절히 공개할 것이다.
- 우리는 투자 업계 내에서 원칙의 수용과 이행을 장려할 것이다.
- 우리는 원칙 이행의 효과성을 높이기 위해 함께 노력할 것이다.
- 우리는 원칙 이행을 위한 활동과 진척 상황에 대해 각자 보고할 것이다.

이처럼 ESG에 대한 강조나 ESG경영 활동은 상대적으로 오랜 역사를 갖고 있는 셈이다. 우리나라의 경우 2020년 자산운용사 블랙록(Blackrock)의 CEO인 Lawrence Douglas Fink의 연례 서한으로 촉발된 대기업들의 대응이 ESG경영 확산의 중요한 계기가 되었다. 그래서 ESG경영의 역사가 몇 년 되지 않은 것처럼 받아들여지기도 하지만, 실제로는 이처럼 오랜 노력 속에서 축적되어 온 결실이라 할 수 있다. 'ESG경영'이라는 용어로 정립된 것은 총 관리 자산 6조 달러 이상을 가진 ABN Amro 등 9개국 총 18개 금융기관이 참여하여 작성하고 총 20개 금융기관들이 이서한 2004년의 보고서 '*Who Cares Wins: Connecting Financial Markets to a Changing World*'를 통해서였다.

이 보고서는 "환경 · 사회 · 거버넌스 쟁점들을 분석, 자산관리, 증권 중개에 좀 더 잘 통합하기 위한 금융산업계의 권고안"이라고 할 수 있는데, 당시 유엔 사무총장이었던 Kofi Annan의 초청을 받은 금융기관들이 공동으로 노력한 결과이다. 이 보고서는 스위스 정부가 보고서 작업에 자금을 제공했고, UNGC가 주관하여 나올 수 있었다. 이 작업에 참여한 금융기관들은 세계화가 진척되면서 더욱 연결되고 경쟁이 치열해지는 세계에서 환경, 사회, 거버넌스 문제에 잘 대응하고 관리해야만 기업의 전반적인 경영의 질이 제고될 수 있다고 보았다. 리스크에 대한 적절한 관리, 규제 조치의 예측, 새로운 시장에 대한 접근 등을 통해 강력하고 탄력적인 투자 시장에 기여함과 동시에 주주가치를 높이면서도 지구 사회의 지속가능발전에 기여할 수 있다고 본 것이다 (World Bank Group, 2004).

이 보고서는 기업, 규제기관, 증권사, 투자자, 자산운용사, 분석가, 회계사, 재무 자문, 컨설턴트 등 금융 시장의 다양한 주체들의 인식을 제고하고, 상호 이해와 협력을 증진하고자 각 주체의 역할도 제시했다 (World Bank Group, 2004, 요약문). 분석가는 ESG 요소를 연구에 적절히 포함하여 필요한 투자 노하우, 모델, 도구를 창의적이고 사려깊은 방식으로 발전시켜야 한다. 금융기관은 장기적인 목표의 수립, 조직의 학습과 변화 과정 도입, 분석가를 위한 적절한 훈련과 인센티브 시스템 마련 등 연구 및 투자과정에 ESG를 좀 더 체계적인 방식으로 통합시켜야 한다. 기업은 ESG 원칙과 정책을 이행하여 리더십을 발휘하고, 관련 성과에 대한 정보와 보고를 일관되고 표준화된 형식으로 제공해야 한다. 투자자는 ESG 각 측면을 포함하는 연구를 요청하고 보상하며, 잘 관리된 기업에 보상을 제공해야 한다. 자산운용사는 투자 결정에

ESG 각 측면에 대한 연구를 통합하고, 중개자와 기업이 더 나은 연구와 정보를 제공하도록 장려해야 한다. 연기금 수탁자와 선정 컨설턴트는 운용사를 선정할 때 ESG 이슈를 고려해야 하고, 정부와 다자간 기관은 지속가능발전의 원칙에 따라 연기금 투자를 고려해야 한다. 컨설턴트와 재무 자문가는 ESG 각 측면에 대한 연구를 산업 차원의 연구와 결합하고, 금융 시장의 주체들과 기업이 ESG에 대한 보고를 개선할 수 있게 경험을 공유해야 한다. 규제당국은 재무 분석의 통합성을 지원하기 위해 예측 가능하고 투명한 방식으로 법적 프레임워크를 형성해야 한다. 증권거래소는 모든 상장 기업에 대해 ESG 기준을 상장 세부 정보에 포함해야 한다. 비정부조직(NGO)은 기업에 대한 객관적인

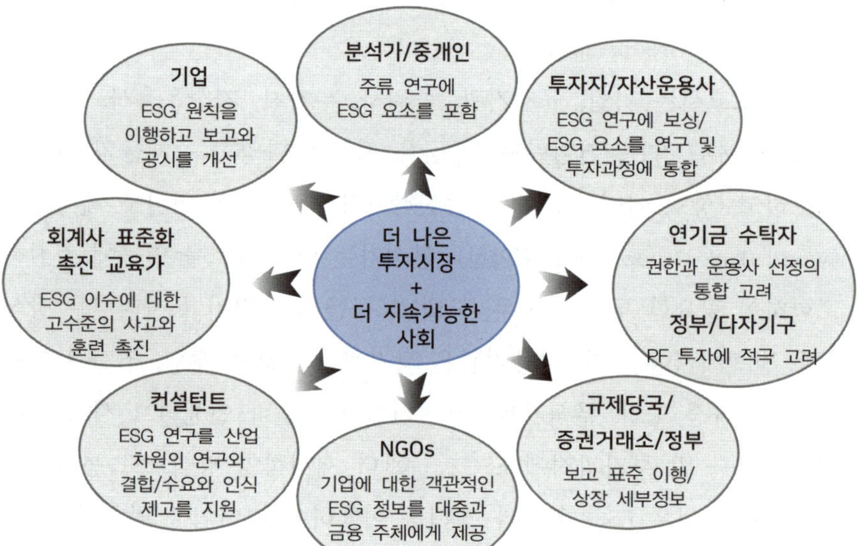

자료: World Bank Group, 2004: v.

[그림 2-4] ESG를 위한 금융 시장 주체들의 역할

정보를 대중과 금융계에 제공해야 한다. 이를 [그림 2-4]와 같이 정리할 수 있다.

제 5 절 | SDGs의 달성과 공공부문의 ESG 대응

황인창 · 백종락 · 이윤혜(2023)는 정부와 지방자치단체가 ESG경영 정책을 마련함으로써 기업과 공공부문이 사회 규범의 변화와 기후 및 환경문제에 효과적으로 대응하도록 지원할 필요성을 제기했다. 시장 실패를 보완하여 명령통제 방식의 환경정책을 구성한다는 식의 전통적인 정부 역할을 넘어 외부 변화에 대한 대응 역량이 부족할 수밖에 없는 중소기업과 소상공인이 적극적으로 ESG경영에 나설 수 있도록 함으로써 시장에서 살아남을 수 있게 지원할 수 있다는 것이다. 이처럼 기업이나 공공기관의 리스크를 관리하여 가치 창출에 기여한다면, 궁극적으로 사회, 도시, 국가의 지속가능성을 제고하는 데 도움이 될 수 있다는 것이다. 단기적으로는 교육 프로그램을 개설하고, 공공 조달에 ESG 요소를 반영할 수 있을 것이며, ESG 경영진단이나 전략 수립, 데이터 구축 등을 지원할 수도 있다. 중 · 장기적으로는 ESG 평가나 공시에 대한 대응 또는 컨설팅을 지원할 수 있고, 중소 · 중견기업의 ESG 지원 플랫폼을 구축할 수 있다고 한다.

2022년 4월 서울시 산하 27개 공공기관(6개 공기업과 21개 출연기관) 경영평가 담당 부서장급 직원 대상의 설문조사에 따르면(황인창 · 백종락 · 이윤혜, 2023: 10), ESG 경영에 대한 인식 수준과 중요성에 대한 인식은 높은 편이지만, 전통적인 사회적 공헌과 달리 ESG 전반에 대해서는 성과관리나 평가체계에 잘 반영되어 있지 않은 것으로 나타났다. 공공기관의 경우 경영평가로 관리되는 지표에 대해서만 기관 차원의 관심이 높은 데다 법률과 조례에 따라 운영되는 특성상 예산에 반영되어 있지 않은 ESG 요소에는 추가적인 재정 지원이 요구된다는 평가인 것이다. 이는 공공기관의 기관별 특성에 맞는 가이드라인을 개발하고 이를 경영평가 지표에 적절히 반영할 필요가 있음을 보여준다.

〈표 2-5〉는 SDGs와 ESG 경영을 위한 각 부문의 역할을 중앙정부, 지방자치단체, 공공기관, 기업 차원으로 구분하여 정리한 것이다. SDGs와 관련하여 중앙정부는 지속가능발전기본법에 따라 지속가능발전 국가기본전략과 추진계획을 수립하고 이행한다. 지방자치단체는 '지

〈표 2-5〉 SDGs와 ESG 경영을 위한 부문별 역할

	중앙정부	지방자치단체	공공기관	기업
SDGs	• 20년 단위의 지속가능발전 국가기본전략의 수립과 이행(지속가능발전기본법 제7조) • 5년 단위의 지속가능발전 추진계획의 수립과 이행(지속가능발전기본법 제9조 1항)	• 국가기본전략과 조화를 이루는 지속가능발전 지방기본전략의 수립과 이행(지속가능발전기본법 제8조) • 5년 단위의 지속가능발전 지방추진계획의 수립과 이행(지속가능발전기본법 제9조 3항)	• SDGs 핵심 목표 선정 및 이행	• 지속가능발전의 기본원칙과 지속가능경영에 기초한 환경적·사회적·윤리적 책임(지속가능발전기본법 제5조 2항)
ESG	• 감독 및 지원 제도 마련 • 중소·중견기업 ESG 경영 지원	• 감독 및 지원 제도 마련 • 지역 내 중소·중견기업 ESG 경영 지원	• ESG 경영 수행 • 지역 기업 ESG 경영 지원	• ESG 경영 수행

속가능발전기본법'과 지속가능발전기본조례에 따라 지방기본전략과 추진계획을 수립하고 이행한다. 공공기관은 정부나 지방자치단체가 수립한 지속가능발전 기본전략과 추진계획을 달성하기 위해 기관의 특성에 맞춰 핵심 목표를 선정하고 이를 이행한다. 기업은 지속가능발전기본법에 명시된바, 지속가능발전의 기본원칙과 지속가능경영에 기초한 환경적 · 사회적 · 윤리적 책임을 다하기 위해 노력한다. ESG경영과 관련해서는 중앙정부와 지방자치단체는 기업의 ESG경영에 대한 감독 및 지원 제도를 마련하면서 중소 · 중견기업의 ESG경영을 지원한다. 공공기관은 자체 ESG경영을 수행하면서도 지역 기업의 ESG경영을 지원한다.

세계경제포럼(World Economic Forum, 2023. 1. 12)은 세계 인구의 약 60%가 거주하는 도시가 세계 에너지 소비량의 3분의 2를 차지하여 세계 탄소 배출량의 70% 이상을 배출한다고 지적하면서 ESG 프레임워크를 통해 도시와 지방정부가 사회 · 환경문제를 해결하면서 SDGs를 달성하는 데 기여할 수 있다고 주장한 바 있다. 특히 도시와 지방정부는 규제, 전략 계획, 재정 및 융자, 서비스 제공, 모니터링 등에서 중요한 역할을 수행할 수 있으며, ESG 각 영역에서 다음과 같은 조치를 취할 수 있을 것으로 정리했다(〈표 2-6〉 참조).

〈표 2-6〉 도시와 지방정부의 행동을 위한 ESG 프레임워크

영역	초점	의의
E	규제	이동 수단, 에너지, 물, 폐기물 등 다양한 부문에서 배출량을 감소하는 규제의 형성과 채택을 가속화
	전략 계획	도시 마스터플랜과 같은 전략적 도시계획에 넷제로와 기타 핵심적인 환경 목적을 통합

	서비스 제공	도시가 넷제로 목표를 달성하는 데 도움이 되는 서비스를 시의적절하게 제공
S	규제	지역의 사회적 결속과 취약계층의 포용성을 증진하기 위한 정책과 규제를 개발
	전략 계획	명확한 이행계획과 가시적인 조치를 통해 지역의 사회문제를 지역의 전략 계획에 반영
	서비스 제공	사회의 모든 구성원에게 적절하고 포괄적인 도시 서비스를 제공
G	생태계 거버넌스	민간 부문과 기타 정부 기관뿐만 아니라 시민사회단체, NGO, 국제 다자간기구와 같은 다양한 이해당사자들 간의 파트너십을 촉진
	투명성과 책무	도시의 의사결정, 예산, 진척 상황 갱신에 대한 적절하고 공개된 의사소통을 통해 정책과 사업의 투명성과 책무를 보장
	재정과 융자	사회·경제적 발전과 환경보호를 장려하는 프로젝트와 계획에 재정과 융자를 효율적으로 배분
	공급망 관리	공급자들의 사회적·환경적 영향을 고려하는 (조달 정책과 같은) 공급망 관리 정책을 채택
	모니터링과 감독	다양한 환경적·사회적 매개변수에 걸쳐 도시의 성과에 대한 효과적인 감독과 모니터링을 수행

자료: World Economic Forum(https://www.weforum.org), 2023.12.1. 검색, 정리.

2019년 제정된 지속가능발전기본조례에 따라 2020년부터 지속가능발전위원회를 운영하고 지속가능발전 기본 및 이행계획을 추진해 온 광명시는 SDGs와 ESG 경영에 대한 지방자치단체의 역할을 충실히 수행해 오고 있다 할 수 있다. 광명시는 이를 위해 2018년 지속가능발전팀을 전담조직으로 구성하였고, 2020년 17대 목표, 39개 세부목표, 115개 지표, 268개 단위 사업으로 이루어진 지속가능발전목표와 이행계획을 수립하였다. 2022년에는 '지속가능발전기본법' 시행에 따라 지속가능발전기본조례를 전면 개정하였고, 2023년부터는 SDGs 17대 목표를 탄소중립, 순환경제, 사회적경제, 평생학습, 양극화 해소, 자치분권 등 6대 분야에서 중점적으로 추진하고 있다(〈표 2-7〉 참조). 또한 ESG 체계를 효과적으로 연계하기 위해 SDGs의 115개 지표 중 공공기관 경영평가 지표와의 연관성을 고려하여 33개 ESG 평가 지표를 선정하여 운용하고 있다(〈표 2-8〉 참조).

〈표 2-7〉 광명시 SDGs 6대 분야 지속가능발전사업

분야	지속가능발전 사업
자연과 경제생태계를 살리는 지속가능한 탄소중립도시	• 1.5℃기후의병 조직 및 운영 • 탄소중립 시민실천 포인트 지원 • 시민햇빛발전소 운영 • 공유플랫폼 기반 시민주도형 그린뉴딜 사업 • 넷제로 카페 운영 • 에너지 지킴이 탄소중립 매니저 • 가정용 미니태양광 보급 지원 • 에너지공간 혁신, 녹색건축 활성화 • 탄소를 흡수하고 쉼을 제공하는 정원도시 • 기아 자동차상생협약(AutoLand 광명 수소복합충전소) • 시민 20% 이상 탄소중립 교육 확대
새활용 산업 저변 확대 순환경제	• 업사이클 클러스터 조성 • 다회용기 사업 실시 • IoT 기반 재활용품 무인 수거함 운영 • 친환경 자원회수시설 건립 • 업사이클 소재 거점 마련과 순환경제 및 ESG 활성화를 위한 MOU
일자리 창출에 기여하는 창업・사회적경제 기업 육성	• 사회적협동조합, 공정무역 활성화 • 전통시장, 골목상권 지원 • ESG친화형 스타트업 육성과 펀드 조성 • 창업지원센터 운영
도시의 경쟁력은 시민으로부터, 평생학습	• 광명시민 평생학습지원금 지원 조례 • 광명 자치대학 운영 • 소모임 학습공간 활성화 • 찾아가는 장애인 평생학습 운영 및 강사・활동가 양성

	• 시민 디지털 창작공간 광명시 메이커 스페이스, 게임창작소 • 디지털 배움터
인구변화와 양극화 해소를 위한 돌봄강화	• 청년복합문화공간 설립 운영 • 청년 생각펼침 공모사업 • 50억 청년숙의예산제 • 청년 기본소득 및 청년 면접정장 지원 사업 • 인생다모작지원센터 건립 • 광명노인건강케어센터 조성 • 1인가구지원센터 운영 • 주거복시 시원
행정서비스의 투명성과 시민의 참여를 보장하는 자치분권	• 17개 동 주민자치회 결성 및 주민세 환원사업 • 광명시민 500인 원탁토론회 • 시민참여 커뮤니티 운영 • 시장직속 5개 시민위원회 운영 • 동행정복지센터를 생활문화복합공간으로 확대

자료: 광명시 내부 자료.

〈표 2-8〉 광명시 ESG 평가 지표

분야	지표
E	• 식생활교육 사업예산 및 참가자 수 • 유수율 • (신)재생에너지 공급률 • 전략자립도 • 공공분야 녹색제품 구매율 • 생활폐기물 재활용률 • 업사이클 교육 참여자 수 • 미세먼지 기준 초과일 수 • 친환경자동차 보급률 • 기후변화 교육 이수자 수 • 온실가스 배출량(공공부문) • 도시공원 조성 면적 • 1인당 녹지면적 비율 • 하천 수질등급 유지율 • 도시 소생태계 조성 수
S	• 복지사각지대 발굴 달성률 • 광명형 생애복지 수혜율

	• 아이돌봄서비스 이용률 • 마을학습공간 및 학습공동체 수 • 학습공동체 성장지원 프로그램 수 • 문화예술 공연 및 전시 개최 수 • 여성안전환경 조성 개선율 • 공공기관 육아휴직 신청 및 남성직원 육아휴직 이용률 • 방과후 초등돌봄센터 수 • 사회적경제기업 수 및 역량강화 교육 횟수 • 사회적경제기업 우선구매 증가율 • 스타트업 및 미래산업 창업 발굴 건수 • 광명형 교통복지율 • 지역안전등급지수 • 인권교육 및 민주시민교육 예산액 및 횟수
G	• 광명시 청렴도 • 주민세 마을사업 예산 및 지원건수 • 주민참여예산 반영 건수 및 예산액

자료: 광명시 내부 자료.

기후대기, 환경시설, 물토양, 자원순환, 국민건강 분야의 핵심 사업을 추진하고 있는 한국환경공단은 2010년 도입한 지속가능경영 체계를 단계적으로 발전시켜 오고 있으며(〈표 2-9〉 참조), 2015년 유엔 SDGs 수립 이후에는 '자연과 사람의 지속가능한 미래를 지키는 K-eco'라는 비전을 설정하여 4대 전략과 16개 목표를 지속가능발전목표로 선정하였다(〈그림 2-5〉 참조). 그리고 최근에는 'K-eco가 그린 ESG, 함께 더 나은 미래로'라는 ESG 경영 비전을 수립하여 3대 방향과 10개 전략과제를 중심으로 전사적 차원의 ESG경영을 추진하고 있다(〈그림 2-6〉 참조). 이는 기관의 목표체계를 정립한 뒤 이를 수행하기 위한 ESG 경영체계를 효과적으로 제시한 사례라 할 수 있다.

〈표 2-9〉 한국환경공단 지속가능발전 로드맵

K-eco 지속가능경영 발전모델	1단계(~2010년)	2단계(~2019년)	3단계(~2025년)	4단계(~2030년)
	Engaging in CSR	Competitive Advantage	Legitimacy & Reputation	Value Creation
	지속가능경영 도입	전략적 접근	정착	가치 창출
거버넌스	지속가능경영 전담조직 부재	지속가능경영 전담조직 운영	주요 의사결정시 지속가능경영 요소 고려	이사회 성과(KPI)와 사회적 가치 목표의 연동
전략	지속가능경영 전략 부재	지속가능경영 전략 및 성과지표 수립	업무별 전략방향 및 목표치 설정	전략적 임팩트 분석
시스템	부서별 별도 업무 추진	지속가능경영 통합 성과관리	경영시스템과 지속가능경영시스템 일원화 달성	지속가능경영 시스템 상시 가동
내부인식	지속가능경영 필요성 인식 미흡	지속가능경영 인식 확산	지속가능경영 중요성 내재화	지속가능경영 관리 문화 내재화
외부소통	지속가능경영 보고서(2010) 발간	이해관계자 소통채널 통합 관리	지속가능경영보고서 발간 정착 및 이해관계자 피드백 경영 반영	국민이 체감하는 적극적인 소통

자료: 한국환경공단홈페이지(https://keco.or.kr) 검색일 2023.12.1.

비전

자연과 사람의 지속가능한 미래를 지키는 K-eco

구분				
전략	깨끗하고 쾌적한 자연환경	안전하고 지속가능한 생활환경	협력하고 공존하는 사회환경	투명하고 존중하는 조직환경
목표	편안하게 숨 쉴 수 있는 대기환경 조성	민감취약계층의 환경복지 증진	대국민 소통으로 국민신뢰 강화	일하기 좋은 직장 문화 조성
	건강하고 안전한 물관리	국민과 근로자의 생명안전권 보장	양질의 일자리 창출 및 경제발전	부패 없는 청렴문화 정착
	환경재해 예방 및 복원	책임 있는 폐기물 관리	상생을 통한 공공경제 기반 구축	사람 중심의 인권존중 문화 구현
	기후변화 대응 역량 강화	공단 내부의 환경영향 최소화	사회 기여를 통한 지역 발전	화합하는 노사관계 구축
SDGs	깨끗한 물과 위생, 산업 혁신과 인프라, 지속가능한 도시와 공동체, 기후변화 대응, 육상 생태계 보호, 글로벌 파트너십	건강과 복지, 지속가능한 청정에너지, 불평등 해소, 지속가능한 도시와 공동체, 책임 있는 소비와 생산, 기후변화 대응	양질의 교육, 양질의 일자리와 경제성장, 산업 혁신과 인프라, 불평등 해소, 지속가능한 도시와 공동체, 글로벌 파트너십	건강과 복지, 양질의 교육, 성평등, 산업 혁신과 인프라, 불평등 해소, 평화, 정의 및 제도 구축
사회적 가치	지역경제	건강복지	참여	인권, 노동
	사회적약자 지원	안전	일자리	책임 · 윤리
	환경	환경	상생협력	사회적약자 지원
			공동체 복원	지역경제

자료: 한국환경공단홈페이지(https://keco.or.kr) 검색일 2023.12.1.

[그림 2-5] **한국환경공단 지속가능발전목표**

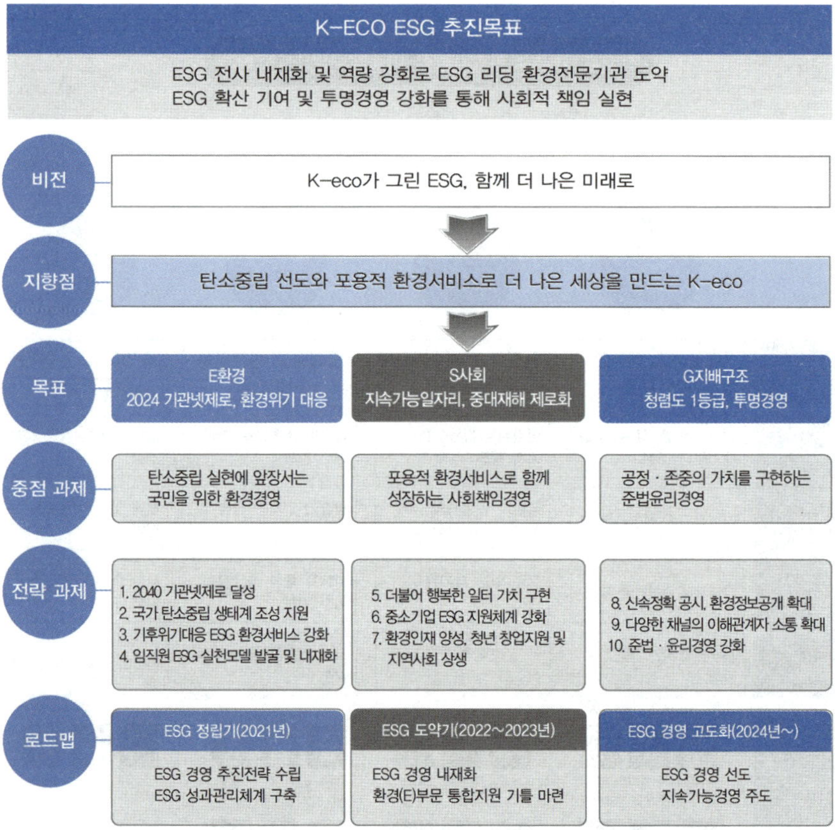

자료: 한국환경공단홈페이지(https://keco.or.kr) 검색일 2023.12.1.

[그림 2-6] **한국환경공단 지속가능발전목표**

참고문헌

관계부처합동(2022.12.27.). 기업 경쟁력 제고와 지속가능 경제구축을 위한 ESG 인프라 고도화 방안.

오수길(2020). 환경행정으로서의 지속가능발전 거버넌스. 환경행정연구회 편. 『환경행정학』, 개정판. 서울: 대영문화사.

황인창 · 백종락 · 이윤혜(2023). 공공의 관점에서 본 ESG 경영: ESG 경영 도입과 실천 확산 전략. 『정책리포트』, 376. 서울연구원.

Elkington, John(2018.6.25). 25 Years Ago I Coined the Phrase "Triple Bottom Line." Here's Why It's Time to Rethink It. *Harvard Business Review.*

Gladwin, T. N., Kennelly, J. J., & Krause, T. S.(1995). Shifting Paradigms for Sustainable Development: Implications for Management Theory and Research. *Academy of Management Review*, 20(4): 874-907.

WCED(1987). *Our Common Future.* Oxford: Oxford University Press.

World Bank Group(2004). *Who Cares Wins: Connecting Financial Markets to a Changing World.* Washington, D.C.: World Bank.

World Economic Forum(2023.1.12). *11 Ways Cities Can Adopt an ESG.*

제3장

ESG와 성과관리

제 3 장

ESG와 성과관리

제 1 절 서론

ESG는 기업이 환경보호에 앞장서고, 사회적 약자에 대한 지원과 사회공헌 활동을 활발히 하며, 법과 윤리를 철저히 준수하는 윤리경영을 실천하는 기업경영 방식이다.[1)]

ESG라는 용어는 유엔 글로벌 콤펙트(UN Global Compact, 2004)의 보고서[2)]를 통하여 처음 등장한 이래로, 전 세계적으로 ESG에 대한 관심과 투자가 급속히 확산되고 있다.

---

1) 우리문화신문(2021.3.6), "기업들 너도나도 ESG 경영, 왜 중요한가?"
2) ESG라는 용어는 2003년 유엔환경계획 금융이니셔티브(UNEP FI)에서 처음 사용했으며, 2005년 유엔글로벌 콤펙트(UNGC)에서 공식 용어를 사용하였다(이것이 ESG디, 2021).

코피 아난(Kofi Annan) 전 UN 사무총장은 2004년도에 세계 각국의 금융회사에 지속가능한 투자를 위한 가이드라인 개발에 동참할 것을 요청하였다. 그 후 유엔 글로벌 콤팩트(UNGC)[3]에서는 사회책임투자에 대한 글로벌 이니셔티브의 설립을 결의했고, 그 결과가 2006년에 결성된 것이 유엔책임투자원칙(UN PRI)이다.

PRI(Principles for Responsible Investment)는 세계 기관투자가들의 책임투자 흐름을 이끌고 있는 가장 큰 이니셔티브이다. PRI는 '책임 투자를 위한 원칙'을 말하며, 이름 그대로 6개의 투자원칙인데, PRI의 실체는 전 세계 기관투자자들이 책임투자에 관한 6개 원칙을 실천하기 위해 협력하는 기관 투자자들의 네트워크이다. 유엔책임투자원칙(UN PRI)에 가입을 서명한 기관이 2022년 3월을 기준으로 4,902곳에 달하며, 계속 증가하는 추세에 있다.

이처럼 PRI 서명기관의 수가 급격히 증가함에 따라 PRI는 서명기관의 책임투자에 대한 최소자격 요건을 부과하고, 해당 요건에 미달하는 경우 2년간의 유예 및 시정 기간 이후 재평가를 거쳐 PRI 자격을 박탈하는 조치를 도입하였다.

그 후 ESG를 산업 및 사회 전반에 걸쳐 확대시킨 기폭제 역할을 한 것은 2020년 초 공개한 글로벌 자산운영사 블랙록(Blackrock) CEO인 래리 핑크(Larry Fink) 회장의 연례 서신이다.[4]

ESG의 개념은 환경(Environmental), 사회(Social), 거버넌스(Governance)

---

3) UNGC는 코피 아난 유엔 사무총장이 사회적 책임을 강조하며 2000년 7월에 출범시켰다. 여기서는 기업경영에 관하여 인권, 노동기준, 환경, 반부패 등에 관한 10대 원칙을 가지고, 이를 기업들이 준수 해 줄 것을 요구하였다.

4) 블랙록(Blackrock)은 7조 달러(약 8,120조 원)가 넘는 자산을 운영하는 세계 최대 자산운영사이다.

의 앞 글자를 딴 것으로, 기업의 비재무적인 요소인 환경관리, 사회적 책임, 거버넌스의 건전성을 기준으로 기업의 가치를 평가하는 활동을 말한다. 즉, 경영의 축을 환경과 사회적 책임, 투명경영에 맞추어 지속가능한 성장을 도모하자는 것이다.[5)]

ESG는 사회적 문제를 기업가적 사고를 발휘하여 혁신적으로 해결함으로써 바람직한 방향으로 변화하도록 하는 경영패러다임을 의미하며, 기업의 지속가능성 확보를 위해 더욱 중요해지고 있다(Friede et al., 2015).

이런 것처럼, ESG는 기업의 비재무적 요소인 환경(Environmental), 사회(Social), 지배구조(Governance)를 고려한 기업의 투자 프레임으로서 기업의 주요 의사결정과 장기적 차원의 기업가치에 상당한 영향을 미치게 된다. 즉, ESG는 이윤을 추구함에 있어서 환경과 인류에 대한 배려를 핵심가치로 삼는 경제 및 경영의 철학이자 행동원칙으로 이해할 수 있다.

이런 ESG는 갑작스럽게 등장한 개념이라기보다는 지구의 날 선언(1969), Earth Day 제정(1970), 로마클럽의 '성장의 한계'(1972), 세계환경개발위원회의 '우리 공동의 미래보고서'(1983), 교토의정서 채택(1997), 유엔 글로벌 컴팩트의 인권·노동·환경·반부패의 4대 분야 10대 원칙 발표(2000) 등 환경오염과 기후위기에 대한 자각으로부터 촉발된 지속가능한 발전 담론 하에서 등장한 개념으로 국제사회의 노력과 의지의 산물이라고 볼 수 있다(유훈, 2021).

---

5) 한국거래소는 ESG의 개념을 "기업의 전략을 실행하고 기업의 가치를 높이기 위한 능력에 영향을 미칠 수 있는 환경, 사회 및 지배구조에 관한 요소들을 포함하는 것" 이라고 하였다.

미래는 ESG 이슈에 적극적으로 대응하고, 기회를 선점하고, 문제를 해결하는 기업에게는 도약의 기회가 될 것이다. ESG에 대한 개념을 정리하면 〈표 3-1〉과 같다.

〈표 3-1〉 ESG 개념 이해의 틀

	전통적 경영방식 (비ESG 접근/성장중심 경영)	새로운 경영방식 (ESG 접근/지속가능경영)
이념	재무적 가치, 경제적 가치, 수익성 효율성, 공공성	비재무적 가치, 사회적 가치 책임성, 신뢰성
목적 가치	영업이익, 매출, 수익률 리스크, 설립목적 실현	환경보전, 사회 기여 투명사회 실현
결론	지속가능 기업 및 기관, 사회, 국가실현	

공공영역(public sector)은 공익을 목적으로 경쟁시장이 존재하지 않거나 제한적으로 존재하며, 민주적 절차인 선거에 의해 리더가 선출되며, 법적 환경 및 정치적 환경의 영향을 크게 받는다. 이에 반해 민간영역(private sector)은 자유경쟁이 가능한 시장으로서 이윤 창출과 이윤 극대화를 목적으로 하며, 소유권에 따른 사법적 절차로 리더가 결정되며, 경제적 환경의 영향을 크게 받는다.

1929년에 발생한 대공황은 독과점과 공공재에 대한 무임승차의 문제점을 노출시켰으며, 이로 인하여 정부의 역할이 증대되었고, 그 후 1970년대에 발생한 오일쇼크는 정부의 역할을 고민하게 만들었다. 즉, 정부의 개입은 비효율성과 방만경영으로 인하여 자원의 낭비를 초래하는 결과를 낳았다.

그래서 1980년대 정부의 비효율성을 극복하기 위한 대안으로 신공공관리(New Public Management)가 대두되었으며, 이것은 작고 효율적인 정부를 추구하며 민간의 관리기법을 공공영역에 적극적으로 적용하고, 기관의 민영화, 경쟁의 도입, 성과강조, 파트너십 체결 등을 통하여 고객중심의 운영을 하며, 국민을 만족시키고, 국민에게 실제로 도움이 되고 있는지에 관심을 가지고 있다. 이것이 공공영역에서서 성과관리가 도입된 배경이다.

오늘날 전 세계 대부분의 나라에서는 성과관리 제도를 운영하고 있으며, 성과 관리는 정부운영에서 효율성을 제고하기 위한 조직·개인·정책의 관리방안이라 할 수 있다. 즉, 성과관리란 비전과 전략에 기초해 목표와 활동계획을 수립·시행하고, 결과를 평가·환류하여 성과를 극대화하기 위한 일련의 과정과 노력이라 볼 수 있다.

제 2 절 | 공공부문에서의 ESG 전략

공공기관이란 정부의 투자·출자 또는 정부의 재정지원 등으로 설립·운영되는 기관으로 기획재정부 장관이 매년 지정한 기관을 말한다.

2021년 기준으로 〈표 3-2〉와 같이 총 350개의 기관이 공운법상[6] 관리 대상으로 확정되었다. 지정된 공공기관들은 경영공시, 고객만족도 조사 등을 통하여 투명하게 운영하도록 노력해야 하며, 또한 엄격한 경영실적 평가, 경영지침 적용 등으로 기관 운영의 책임성 및 대국

6) 공운법은 '공공기관 운영에 관한 법률'의 약자로서 기획재정부 장관은 공운법에 근거하여 적용대상이 되는 기관을 지정·해제하거나 구분을 변경하여 지정 또는 신규로 매년 지정한다.

민 서비스의 질을 제고해야 한다.

국가 운영에 반드시 필요한 철도・도로・공항・항만 등 필수 기간 시설을 운영하고, 국가경제의 안정적 발전과 국민 행복을 위한 기금관리・산업진흥・복지・안전관리・환경보호・중소기업 지원 등 공공성이 짙은 업무를 수행하기 위해서는 다양한 분야의 공공기관 설치는 필수적이다(강지수 외, 2022).

우리나라 공공기관은 기본적인 공공서비스를 제공하면서 세계 어느 나라보다 적극적으로 국민경제를 성장시키고, 국민의 삶의 질 제고를 위해 중요한 주체로서 역할을 수행하고 있다. 그래서 우리나라에 ESG가 도입되고 정착되기 위해서는 공공기관부터 모범적인 경영을 시행해야 할 것이다. 지방자치단체 및 유관기관과의 협업으로 지속가능한 ESG 협의체를 구성하여 각 지방자치단체의 자생적인 역량을 강화

〈표 3-2〉 공공기관의 현황(2021년 기준)

구분		2020	2021	증감	신규	해제	변경
1. 공기업		36	36	–			–
	시장형	16	16	–			–
	준시장형	20	20	–			–
2. 준정부기관		95	96	+1			+1
	기금 관리형	13	13	–			
	위탁 집행형	82	83	+1			+1
3. 기타 공공기관		209	218	+9	+12	△2	△1
계		340	350	+10	+12	△2	

자료: 기획재정부, 2021.

하고 혁신할 구체적인 방안을 수립하여야 한다.

ESG의 중요성이 부각됨에 따라 우리나라도 ESG를 적극적으로 도입하고자 노력하고 있다. 산업통상자원부에서는 K-ESG 평가지표를 발표하였고, 기획재정부는 공공기관의 ESG 관련 지표에 대한 정보공시를 추진하고 있다. 이런 정부 정책에 대해 공공기관들도 ESG 도입을 위해 노력하고 있지만, 개별 공공기관의 입장에서는 ESG에 대하여 명확한 정의가 불분명하고, ESG의 평가나 전략에 대한 준비가 잘 이루어지지 않아 대책 마련이 시급한 실정이다.

이제 ESG 이슈는 국가 차원의 핵심과제로 부상하였으며 자본시장과 기업경영을 넘어 사회의 모든 부분에 광범위하게 확산되는 사회적 공동 관심사가 되고 있다.

기획재정부는 공공기관 공시항목에 ESG 관련 항목을 대폭 확대하고, 통합공시를 통해 공공기관의 ESG 경영 선도를 유도하고 있다. 이 중 큰 변화는 지속가능한 발전으로[7] 패러다임을 전환하기 위해 공공기관의 환경·사회·지배구조 등 ESG 공시항목을 대폭 확대하였다. 나아가 2022년 1월 27일부터 시행된 중대재해처벌법[8] 시행과 더불어

---

7) 지속가능한 발전이란 미래세대의 필요를 충족하기 위한 잠재력을 훼손하지 않으면서 현재의 필요를 충족시키는 발전이다(사회적 책임경영품질원. ESG 경영연구회, 2021). 자세히 설명하면, 경제적 효율성, 생태적 안전성 및 사회적 형평성의 상호의존적 상생관계를 중시하는 통합적 발전을 의미한다. 이는 경제적 기회를 늘리고 환경의 질을 높이며 사회복지를 증진시키는 동시적 통합성을 지닌다(김판석·사득환, 1998).

8) 중대재해를 예방하고 시민과 종사자의 생명과 신체를 보호함을 목적으로 제정된 법률로서 '중대재해 처벌 등에 관한 법률'을 약칭으로 '중대재해법'이라고 한다. 산업재해와 환경재해 등으로 지속적인 인명사고가 발생하는 것에 대한 책임의 소재를 분명하게 하고, 재해 예방에 힘쓰며, 책임자에 대한 벌칙과 배상의 규모를 정하려는 취지로 2021년 제정되어, 2022년 1월 27일부터 시행되었다(다

사회 전반의 안전문화 확산을 위해 공공기관은 선도적으로 2021년 공공기관 안전등급 평가제도를 실시하였고, 경영평가 중 재난·안전관리 지표를 최초로 반영한 사항을 발표하였다. 통합 공시 부분에서는 ESG 경영이 핵심인 투명한 정보공개를 위해 그간의 논의 동향을 반영하여 지속적으로 안전·환경, 사회공헌 활동, 상생협력, 일·가정 양립 등 공시항목을 신설·보완하여 왔다.

공공기관의 운영이 안정화되면서 사업의 경제성이 강조되었던 기존 관리 정책은 사회적 가치, 환경보호, 지배구조의 투명성 등으로 무게중심이 전환되고 있다. 이에 정부는 일자리 창출, 지역발전 등의 정책을 통해 공공기관이 시장에서 구심적 역할을 할 것을 기대하고 있다.

또한 공공기관별로 맞춤형 ESG 전략이 필요하며, 나아가 세계적 경영의 흐름인 ESG 경영의 내재화를 이루기 위해 노력하고, 구체적 혁신경영전략 확보 및 실행을 위한 기본 틀 마련에 힘을 쏟아야 한다(강지수 외, 2022).

결론적으로 ESG는 일시적 유행이 아니라 시대의 흐름을 바꾸는 거대 담론이자 시대정신이며, 앞으로 우리에게 다가올 미래에는 ESG를 제대로 이해하지 못하면 경제, 금융, 기업 및 산업을 제대로 이해할 수 없을 만큼 큰 어려움에 직면할 수 있다.

음 백과 사전).

제 3 절 | 성과관리의 개념과 목표

성과관리란 집단 및 개인의 성과를 관리하는 제도라고 할 수 있다. 즉, 개인과 조직에 대한 자원의 투입과 운영과정, 산출결과의 연계, 목표의 설정과 관리, 혁신, 그리고 이를 전반적으로 향상시키기 위한 내용 등이 포함될 수 있다. 다시 말해서 성과관리는 조직의 비전과 전략에 기초해 목표와 활동계획을 수립 · 시행하고, 결과를 평가 · 환류하여 성과를 극대화하기 위한 일련의 과정과 노력을 말한다(조경훈, 2008; 한인섭, 2006).

'정부업무평가법' 제2조에는 성과관리를 "정부 업무를 추진함에 있어서 기관의 업무 중에서 중 · 장기목표, 연도별 목표 및 성과지표를 수립하고, 그 집행과정 및 결과를 경제성, 능률성, 효과성 등의 관점에서 관리하는 일련의 활동을 말한다"라고 규정되어 있다.

이처럼 성과관리란 각 기관이 그 임무 달성을 위해 전략적 관점에서 계획을 수립하고, 한정된 자원을 효율적으로 활용하여 업무를 추진한 후에, 조직의 역량과 성과를 정확히 측정하여 그 결과를 정책의 개선이나 자원 배분, 개인의 성과 보상에 반영함으로써 업무 추진의 효율성 · 책임성 제고를 위해 '계획-집행-점검-평가-환류'가 유기적으로 연계되어 운영되는 일련의 과정을 의미한다.

정부의 성과는 정부가 어떻게 하면 좀 더 효율적으로 또는 효과적으로 업무를 수행할 수 있는지에 대한 것으로 정부가 생겨나면서부터 존재해 왔다고 할 수 있다. 이러한 성과관리는 조직, 개인, 사업 등 다양한 영역을 대상으로 이루어지고 있으며, 정부차원에서 보면 각 부처나 기관에 따라 다르지만, 일반적으로 국민이 안정적이고 행복한 삶을 영위할 수 있도록 기반을 마련해 주는 것이라 할 수 있다.

1 정부 성과관리의 목적

정부 성과관리의 목적은 국정운영의 능률성·효과성 및 책임성 확보를 통해 정책의 품질을 제고함으로써 공공기관이 수행하는 정책을 최종고객인 국민의 만족도를 향상시키는 것이라 볼 수 있으며, 이것을 5가지로 설명할 수 있다(공동성 외, 2013).

첫째, 국민 책무성 강화로서 정부업무 성과관리에서 중요한 것으로 국민의 입장에서 규정되고 평가되어야 한다. 즉, 국민을 위한 성과가 되어야 하며, 정부는 정책 추진과정에서 국민에게 공개하고 국민의 참여를 보장하며 정책 추진 결과에 대하여 국민의 평가를 받음으로써 국민에 대한 책무를 충실히 이행하여야 한다.

둘째, 미래지향적 관리로서 성과관리가 성공적으로 정착되기 위해서는 각 기관들의 성과향상이 지속적으로 이루어지도록 기여하는 도구로서의 역할을 해야 한다. 정부는 장기적 비전을 제시하고 이를 달성하기 위한 전략을 설정하여 체계적으로 실행하여야 한다. 성과관리 제도는 이러한 각 과정을 지원하는 관리시스템이다. 즉, 성과관리 제도는 순환적 구조로 이루어져 평가와 환류가 자연스럽게 이루어지고 이를 통해서 체계적인 업무개선이 지속적으로 이루어져야 한다. 조직구성원들에 대한 미진한 부분에 대해서도 정확한 평가가 이루어지고 이를 보완·강화할 수 있는 능력개발 및 향상 프로그램이 구축되어야 한다.

셋째, 체계적인 업무개선으로서 성과관리의 핵심은 성과가 높은 이유와 낮은 이유를 파악해서 가장 과학적이고 현실적인 대안을 찾아내는 데 있다. 이러한 대안이 축적될 때 장기적으로 조직 역량은 향상되고 업무개선이 체계적으로 이루어질 수 있다.

넷째, 조직구성원의 역량 강화로서 구성원을 처벌하는 차원이 아니라 구성원의 성과가 낮은 경우 그 원인의 문제를 찾아서 파악하고, 향후 성과를 제고할 수 있도록 지원하고 보직을 조정하여 각 개인이 성과를 최대한 발휘할 수 있도록 도와주는 제도이다.

다섯째, 성과중심의 조직문화를 형성하는 것이다. 즉, 성과관리가 잘 정착되기 위해서는 성과중심의 조직문화가 장기적으로 형성되어야 한다. 정실주의, 연공서열, 연고주의의 조직에서 나쁜 관행을 타파하고, 성과중심의 조직문화를 창출해야 한다. 성과중심의 조직문화에는 조직구성원의 능력이 최대한 발휘할 수 있도록 사기를 앙양하고 인사관리 및 보수체계를 합리화하고 상관에 대한 충성에서 국민에 대한 충성으로 변화시키는 조직문화를 만들어야 한다. 다시 말해 조직 내의 개별 구성원들이 성과관리제도의 효과성을 널리 인식하고 성과관리 조직문화가 정착되고 성과평가시 미래 지향적인 관점에서 업무방식 개선과 개인 능력 향상을 위한 로드맵이 제시되어야 한다. 성과관리의 목적은 국민 책무성을 강화하고, 미래 지향적 관리를 하며, 체계적인 업무 혁신을 통하여 조직구성원의 역량을 강화시키고, 성과중심의 조직문화를 만들어야 한다.

공공부분의 성과관리는 민간부문의 성과관리와 차이가 있다. 공공부분은 공공성이라는 가치가 강조되고, 일하는 방식에서 민주성이 전제되며, 국민에 대한 책무성 강화를 위한 제반 절차가 요구되는 등 공공 부문만의 특수성을 가진다는 점에서 민간부분의 성과관리와 다르다.

성과평가는 성과관리의 한 부분으로서 성과관리를 잘하기 위한 정보를 제공하는 역할을 하지만, 동일한 개념은 아니다. 즉, 성과관리를 제대로 하기 위한 방법으로서 '얼마나 잘하고 있는가' 또는 '어느 정도 하고 있는가'에 대한 평가를 하는 것이 중요하다(공동성 외, 2013).

2 성과관리의 미션 및 목표

우선 성과는 특정 정책, 프로그램, 활동 등을 통해 도출되는 결과로서 상황과 환경의 변화를 의미하며, 일반적으로 산출물(output), 성과/결과물(outcome), 그리고 이들을 통해 달성될 영향(impact)으로 구분한다.

효과적인 성과중심 관리를 위해서는 성과중심의 모니터링과 평가가 필수적으로 요구되며, 성과중심 M&E(Results-based monitoring & evaluation)는 특정 프로젝트나 사업을 통해 야기되는 결과를 추적하여 점검 및 입증함으로써 성과중심 모니터링 평가를 가능하게 하는 관리도구이다(KOICA, 2019).

성과관리의 미션 및 목표로는, 첫째로 조직구성원들이 기관에서 무엇을 원하는지를 이해하는데 도움이 되고 운영의 초점을 제공한다.

둘째는 목적과 목표에 관한 성과를 측정함으로써, 정치인과 공공관리자는 그들의 예산이 무슨 목적을 위해 사용되고 있는지를 대중에게 공지할 수 있다.

셋째는 공공부문은 성과를 개선하고 학습하기 위해 성과측정을 이용한다. 성과를 측정함으로써 창출되는 투명성은 기관이 어떤 부문에서 탁월한지, 그리고 개선이 필요한 부문이 어디인지 알려줄 것이다.

넷째로 성과관리는 조직구성원의 보상을 위한 기준을 제공한다. 인센티브와 상벌에 따른 성과의 주의 깊은 요구조건과 모니터링은 공공부문 관리자가 사회의 관심에 맞는 행위의 지속을 보장하기 위해 이용될 수 있다(Newberry and Pallot, 2004). 즉, 성과관리 역량제고에 대한 인센티브를 강화하여 성과주의 문화를 조성할 필요가 있다.

우리나라도 행정관리역량 평가가 있지만 성과관리에 특화된 평가가 아니기 때문에 부처의 성과관리 역량을 평가할 수 있는 항목을 기존 정부 업무평가나 재정사업 평가에 추가하여 우수한 역량을 가진 개인과 조직에 적절한 보상을 제공하여 성과주의 문화를 자연스럽게 정착시켜야 할 것이다.

이상의 내용에 의하면 명확한 성과관리는 목적이 사전에 명확하게 명시되어야 하고, 조직의 구성원은 노력을 결과로 바꾸는 생산기능을 잘 알고 통제할 수 있고, 조직이 바람직한 성과측정치를 선택할 수 있다면 효과적일 수 있다는 것이다(Baker, 2002).

제 4 절 | 정부의 성과관리 유인체계와 체계도

성과관리란 비전과 전략에 기초해 목표와 활동계획을 수립・시행하고, 결과를 평가・환류하여 성과를 극대화하기 위한 일련의 과정과 노력이라 할 수 있다. 성과관리 제도의 운영 자체만으로 조직구성원이 업무에 집중할 수 있는 동기부여가 이루어 질수 있다.

그러나 지속적인 성과향상을 유도하기 위해서는 성과평가 결과에 따른 유인체계를 마련할 필요가 있다. 성과평가 결과의 유인체계로는 개인에 대한 동기부여와 금전적 유인체계, 비금전적 유인체계로 나누어 볼 수 있다. 개인에 대한 동기부여로는 과거에는 인간을 수동적인 것으로 보아 강제적인 유인체계로 운영하였으나, 지금은 자발적으로 성장하고자 하는 욕구를 고려한 욕구체계로 개인을 스스로 정신적 만족, 성취감, 자아실현을 추구하는 존재로 인식하는 성과관리 제도로 변모하고 있다.

이 외에도 개인이 성과를 잘 추구하도록 하기 위해서 명확하고 분명하며, 적절한 도전적인 목표를 설정하는 것이 필요하며, 또한 타인의 성과와 보상을 자신의 것과 비교한 후 공평성의 판단을 내리기도 함으로써 합리적인 평가 및 보상체계를 갖추는 것도 중요하다.

성과평가에 따른 산출된 객관적 결과를 바탕으로 보상이 결정되면 성과관리에 대한 수용과 신뢰를 제고할 수 있다. 금전적 유인체계는 성과에 따라 예산을 증액하거나 보너스를 주거나 승진을 통해 보상을 높이는 것이다. 그러나 한국의 공공기관에서는 연공서열에 의한 운영체계가 익숙해져 있기 때문에 보상의 효용성에 대한 논란이 나타나기도 한다.

비금전적 유인체계로는 피평가자가 목표를 달성한 것에 대하여 스스로 만족하는 것이다. 금전적 보상 외에 사회적 인정이나 명예 등을 추구하는 것으로 금전적인 유인체계가 주어지지 않아도 열심히 노력해서 높은 성과를 거두는 것이다(조경훈 · 박형준, 2021: 114-116).

정부의 성과관리는 〈표 3-3〉과 같이 "성과관리계획 수립-집행 · 점검-평가-환류" 체계로 구성된다.

〈표 3-3〉 정부업무 성과관리 체계도

목차	내용	비고
1. 계획	• 예산, 인력 등 자원투입 • 계획이행 실태분석, 점검	
2. 집행 · 점검	• 중앙행정기관별 자체 평가 및 평가총괄 관련 기관 확인 · 점검 • 국무총리 지시에 의한 특정평가 • 성과지표와 객관적 · 정량적 평가지표 활용	
3. 평가	• 문제정책의 개선-자체평가 및 특정평가 결과 반영 • 예산배분의 활용 • 조직관리 등에 활용 • 개인의 인사 · 성과급에 반영	
4. 환류	• 성과관리 전략계획 (5년 단위) • 성과관리 시행계획 (1년 단위) • 성과지표와 목표치 사전 제시	

자료: 정부업무 평가백서, 2012.

정부 각 기관은 기관의 임무와 목표, 구체적 실행 수단을 포함한 성과관리 계획을 수립하여 목표와 지표를 사전에 제시하고 목표달성을 위한 일련의 활동을 추진한 후 실적을 평가하고 그 결과를 정책과정에 환류하는 과정으로 성과관리를 운영한다.

'정부업무평가기본법'에 의거하여 각 기관은 기관별 목표를 구체화하는 '성과관리 전략계획'과 '성과관리 시행계획'을 수립하며, 정책집행을 통해 사전에 계획된 정책목표를 실현하고 목표를 얼마나 달성하였는지를 자율적으로 평가한다. 정부의 성과관리 절차는 다음과 같이 나누어 볼 수 있다.

1 계획 수립

중앙행정기관은 5년 단위의 '성과관리 전략계획'과 1년 단위의 '성과관리 시행계획'을 수립해야 한다.

성과관리 전략계획의 실행계획인 '성과관리 시행계획'은 중앙행정기관의 장이 '성과관리전략계획'에 기초하여 당해 연도의 성과목표를 달성하기 위하여 수립하는 연도별 시행계획이다.

중앙행정기관의 장은 성과관리계획 수립 시에 국정과제, 부처 업무계획, 대통령 지시사항 등과 긴밀히 연계해야 하며, 계획 수립 후 이를 지체 없이 국회 소관 상임위원회에 보고하여야 한다.

2 집행 · 점검

중앙행정기관은 주어진 자원을 효율적으로 배분하여 정책을 추진하고 과제의 추진과정과 실적 등 이행 상황을 점검하여 목표달성에 차질이 없도록 관리해야 하며, 국무총리실은 중앙행정기관의 성과관리에 대한 확인 · 점검을 통해 정부 내 성과관리 발전을 지원 · 유도해야 한다.

3 평가(자체평가 등)

중앙행정기관은 매년 평가계획을 수립하고, 당해년도 실적을 기준으로 다음해 초에 자체평가를 실시해야 한다.

국무총리는 정부 내에서 지속적 관리가 필요한 경우에는 특정 평가를 실시할 수 있다.

4 평가결과의 환류

기관 차원에서는 정책 개선 또는 예산 편성에 반영하거나 조직관리에 활용하고, 개인 차원에서는 개인성과 및 인사와 연계하여 성과급을 지급할 수 있다. 특히 예산과 연계하여 성과가 미흡한 사업은 10% 이상 예산을 삭감하거나 폐지할 수 있다(공동성 외, 2013: 79-82).

제 5 절 | 정부의 성과관리와 기본원칙

공공부분의 성과관리는 기업과 달리 행정환경의 변화에 대한 공공부분의 대응전략으로 이해할 수 있다. 최근 들어 공공부분의 성과측정 및 관리가 강조되는 이유는 공공정책의 성과에 대한 피드백을 통해 공공정책의 개선과 혁신을 도모하는 데 있다. 즉, 공공부문의 책임성을 확보하고 비효율성을 제거하기 위한 노력은 성과관리(performance management)의 실행에 초점이 맞추어져 있다. 성과관리는 공공부문의 운영목표를 명확히 정의하도록 요구함으로써 사업운영의 합리성을 제고하는 수단이 될 수 있다.

성과관리는 조직의 미션과 목표가 명확하고, 업무 프로세스가 잘 알려져 있고, 조직이 바람직한 성과측정 지표를 선택할 수 있다면, 조직의 성과를 증진시키기 위해 더 많은 노력을 행사하고자 하는 동기가 부여된다는 것이다(Locke & Latham, 1990). 그러나 공공부문에서 이러한 조건이 항상 충족되기는 어렵다. 공공부문의 목표는 다양한 이해관계자에게 봉사하려는 목적을 지니고 있기 때문에 애매하며, 계량적이고 객관적인 방법으로 성과를 측정하기 어려운 경우가 많다(박경원, 2012). 정부의 성과리는 중·장기목표, 연도별 목표 및 성과지표를 수립하고, 그 집행과정 및 결과를 경제성·능률성·효과성 등의 관점에서 관리하는 일련의 활동을 말한다"라고 규정하고 있다.

결론적으로 성과관리는 정부 업무 추진의 효율성·책임성 제고를 위해 '계획-집행-점검-평가-환류'가 유기적으로 운영되는 일련의 과정이라 할 수 있다.

한편, 정부업무 성과관리의 기본원칙은 다음과 같다. 첫째는 '통합 성과관리 체계'의 구축이다. 부분적·단편적 성과관리 방식을 개선하여 기관의 업무 전반을 대상으로 기관·부서·개인의 성과관리가 연계된 통합 성과관리 체계를 구축하도록 하고 있다.

둘째는 최대한 자율성 부여와 엄격한 책무성 확보이다. 정책 등의 계획 수립과 집행에 대해서는 최대한 자율성을 보호하나, 결과에 대해서는 책임이 확보될 수 있도록 하여 정부 업무의 성과와 정책 품질, 국민만족도를 제고하는 것이다. 계획 수립시에는 관련 기관, 이해 당사자 및 조직구성원들과 전략 목표 및 성과 목표를 수립해야 하며 충분한 합의 속에서 이루어져야 한다.

셋째는 목표와 전략에 입각한 사업계획과 업무관리이다. 즉, 효율적인 성과관리를 위해 임무에 대한 명확한 규명과 이를 바탕으로 구체적인 전략과 목표가 사전에 적절히 설정되어야 한다.

넷째는 평가 결과를 정책 개선 및 자원 배분에 환류해야 한다. 제시된 목표와 달성도에 대한 평가결과를 정책 개선, 인사·조직·재정 등에 환류하여 성과와 보상 등을 구체적으로 연계하여야 한다(공동성,

2013: 76-79).

제 6 절 | 공공부문의 성과측정시스템의 활용방안

1980년대 일부 선진국은 국가의 효율성을 높이기 위하여 신공공관리(New Public Management)[9]의 이념에 입각한 정부개혁을 착수하였다. 즉, NPM은 회계논리에 투입이나 과정보다는 결과책임을 강조하고, 공공부문에 다양한 민간부문의 경영방식의 도입을 강조하였다. 공공부문의 효율성과 효과성에 대한 관심이 증가하면서 NPM은 현대 공공부문의 개혁을 선도하는 철학이 되었다(Lapsley, 1999).

공공부문은 민간부문과 비교할 때, 운영목표가 명확하지 않고, 또 명확한 경우에도 목표의 달성인 성과를 평가하기가 쉽지 않다는 문제가 있다. 나아가 공공부문은 다양한 계층과 집단의 의사를 반영하여 목표가 다차원적이고 때로는 목표간에 상충되는 경우도 발생한다. 즉, 공공부문은 정치적 과정을 통하여 생성된 조직이기 때문에 그 운영목표도 여러 정치적인 이해관계가 반영되고, 이에 따라 다양하고 불명확한 가치를 추구할 수밖에 없다. 이로 인하여 공공부문은 산출이나 결과와 같은 성과보다는 투입을 중심으로 통제가 이루어져 왔다. 이런 요인은 절차와 규칙에 의존하는 업무 형태를 유발하기 때문에, 임무의 완수와 효율성 제고를 위한 요인을 낮춤으로서 공공부문의 책임성 부

9) 신공공관리(NPM)의 특징은 정책기능과 집행기능의 분리, 공공부문내 경쟁의 확산(민영화, 외부위탁 등), 성과관리의 강화, 민간회계방식의 도입 등이다(박경원, 2012).

족과 비효율성을 영속시키는 결과를 초래하였다.

최근에는 공공부문의 책임성을 확보하고 비효율성을 제거하기 위한 성과관리(performance management)의 실행에 초점을 맞추고 있다. 성과관리는 조직의 미션과 목표가 명확하고, 업무의 프로세스가 잘 알려져 있고, 조직이 바람직한 성과측정지표를 선택할 수 있다면 성과를 높이는 동기가 부여된다(Locke & Latham, 1990).

그러나 공공부문에서 이런 세 가지 조건이 항상 충족되기는 어렵다. 그 이유는 다양한 이해관계자에게 봉사하려는 목적을 지니고 있기 때문이며, 모호한 책임에 대한 객관적인 방법으로 성과를 측정하기 어려운 경우가 많다.

이런 면을 해결하는 방법이 성과측정시스템(performance measurement systems, PMS)이다. PMS는 조직구성원들에게 달성해야 할 목표와 목적에 관한 정보를 제공하고, 내·외부의 책임에 대한 토대를 마련하고 조직의 목적과 관련된 프로세스에 대해 가치 있는 피드백을 제공한다. 즉, PMS는 효율적이고 효과적인 조직을 촉진하는 핵심이다.

공공부분의 성과관리와 성과측정시스템 이용방식에 관한 연구(박경원, 2012)에 의하면, 성과관리의 수준이 운영목적, 인센티브, 목적 및 탐색적 목적을 위한 이용이 영향을 미친다고 보고하고 있다. 그러나 외부의 압력은 운영목적과 탐색적 목적을 위한 PMS 이용에 정(+)의 영향을 미치고 있는 것으로 나타났으나, 인센티브 목적을 위한 PMS의 이용에는 영향을 미치지 않는 것으로 나타났다.

PMS 이용방식의 효과에 관한 결과는 운영목적 및 인센티브 제공을 위한 성과정보의 이용은 성과를 증진시키는 것으로 나타났으며, 이는 공공부문의 인센티브 목적을 위한 PMS 이용이 조직성과에 해롭지 않다는 것을 의미한다. 성과정보의 탐색적 이용에 대한 강조는 조직의 학습에 기여하는 것으로 나타났다(Kloot, 1997). 따라서 NPM과 같은 방식으로 인센티브 목적뿐만 아니라 운영적 · 탐색적 목적을 위해 PMS를 다양하게 이용하는 경우에 실제로 실용적인 결과를 가져올 것이다.

제 7 절 | ESG 성과창출을 위한 기반 구축

재무중심의 구조와 CEO 중심의 의사결정체계에 익숙한 기업(공기업)에 ESG 전략을 구축하고 성과를 창출하기 위해서는 해결할 과제를 정확하게 인지하고 이를 단계적으로 해결하는 것이 필요하다.

ESG 전략은 기업구조와 조직문화, 그리고 다양한 이해관계자들의 니즈를 제대로 반영할 때 더욱 효과적이다. ESG 성과창출을 위한 핵심은 다음 네 가지로 〈표 3-4〉에서처럼 나누어 볼 수 있다. 첫째는 올바른 목표를 설정하는 것이다. 이것은 조직구성원들이 ESG 발전 방향에 대하여 인지하고 설정된 목표에 대하여 당위성을 공유하는 것이 중요하다. 이런 목표 설정시 조직구성원들에게 ESG 전략이 갖는 새로운 가치와 그 의미를 자주 설명해 주어야 하며, 나아가 회사 경영진과 이사회가 가치 창출에 투자를 집중할 수 있도록 조직을 독려하여야 한다.

ESG 목표를 조직구성원들이 진취적으로 추구하여야 할 목표로 인식하기 위해서는 조직의 리더가 ESG의 희망찬 비전을 보여 주어야 한다. 또한 ESG의 성과는 중장기적인 목표를 설정하여야 한다. 그 이유는 ESG 성과의 근원은 근원적으로 중장기적인 투자와 실행속에서 산출되는 속성이 강하기 때문이다.

둘째는 합리적인 의사결정체계를 갖추고 임직원의 ESG 의식과 역량을 제고하는 일이다. ESG는 경영 의사 결정 및 투자경영을 통합하는 과정으로서 리더십과 더불어 거버넌스의 체계가 ESG의 핵심이라 볼 수 있다. 즉, 그동안 CEO 중심의 Top-Down 형태이었다면 Button-up 형태와 Middle-up 형태를 혼합한 의사결정구조로 접근하여야 한다. 조직구성원이 ESG에 대하여 그 의미와 기치를 조직성장의 원동력이자 좌표로 삼을 만한 기준임을 정확히 인식하는 것이 중요하다. 이를 위해서는 ESG에 관한 기업의 비전, 목표, 경영철학 등을 포함한 프로그램을 설계하여 정기적으로 교육을 실시해야 한다. 이때 CEO가 구성원들에게 ESG의 추진과 실행, 성과달성에 대한 확고한 의지를 통일적으로 보여 주는 것이 중요하다.

셋째는 ESG 정보의 효율적 관리, 분석 및 공개이다. 현명한 투자자들은 해당 기업에서 제공하는 ESG 정보 수준이 얼마나 정교하고 신뢰할 만한가를 기준으로 기업을 평가한다.

정부는 지배구조보고서의 의무공시의 범위를 2026년부터는 모든 유가증권시장 상장회사의 지배구조보고서 공시를 의무화하는 한편, 환경・사회정보공개 가이던스를 제시하겠다고 밝힌 바 있다. 특히 기업은 ESG에 대한 적절한 내부통제를 갖추어서 정성적, 정량적 정보의 정확성과 완전성을 확보하여야 한다.

넷째는 ESG 이해관계자와의 네트워크 구축과 원활한 소통에 주목하여야 한다. 이제 자본주의 경제체제가 주주자본주의에서 이해관계자 자본주의로 전환되고 있는 실정이다.

이해관계자 자본주의는 주주를 포함한 조직구성원, 소비자, 협력업체, 채권자, 지역사회 등 광범위한 이해관계자들이 공동의 주인이라는 시각이다. ESG 성과는 이해관계자들과의 협력을 바탕으로 창출되는 것이기에 당연한 선택이라 할 수 있다.

나아가 다양한 이해관계자와의 열린 커뮤니케이션이 중요하며 투명한 기업경영활동과 상호신뢰를 바탕으로 이루어지는 활발한 교류를 통해 수렴된 의견은 적극적으로 정책에 반영하고 정보를 공개하여야 한다.

〈표 3-4〉 ESG 성과창출 전략

• ESG 목표 설정 • ESG의 새로운 가치설정	• 합리적인 의사결정체계 • 임직원의식 및 역량 제고
• ESG 효율적 정보체계 • ESG 통합분석/관리	• ESG 네트워크구축/연계 • ESG 이해관계자 이슈 통합

제 8 절 성과관리의 미래

1 미래의 행정환경

성과관리 제도는 정부실패로 인한 행정부의 비대화를 해결하기 위한 노력에서부터 시작되었으며 예산관리에 주된 목적을 두고 있었다.

기존의 공공영역에서 조직문화는 위계서열 중심의 경직적인 특성이 지배하였으나, 시간이 흐름에 따라 상대적으로 자유롭고 성과중심의 문화로 안착되어 가는 모습이다. 즉, 4차 산업혁명을 바탕으로 한 정보통신기술의 발달은 우리의 업무 환경에 많은 변화를 주었다. 정부의 많은 부분에서 전자식 행정시스템이 많이 활용되고, 모바일과 인공

지능을 활용한 시스템도 발전하고 있다.

그러나 바람직한 성과관리 제도의 운영을 위해서는 정책이나 업무를 대표할 수 있는 지표를 선정해야 함에도 이런 부분이 잘 이루어지지 않고 있다. 더 다양한 분야에서 실시간으로 즉각적인 정보의 수집과 분석, 공유가 가능하고, 이를 바탕으로 더욱 정확한 측정과 활용이 이루어져야 할 것이다.

또 정부의 역할은 더욱 확대될 전망이며, 이로 인하여 국민들의 생활 전반에 직·간접적으로 더 많은 영향을 받게 될 것이다. 정보통신의 발달은 다른 나라 정부의 업무를 비교하는데 용이하고 정부에 대한 요구와 비판의 수위가 높아질 것이며, 정부의 신뢰도와 지지도는 오히려 하락하는 추세가 나타날 것이다.

이런 현상을 잘 고려하여, 정부는 성과관리 제도를 보다 상황에 맞게 잘 활용하여 정부에 대한 신뢰성을 높이고 국민들의 수용성을 높여서 정부가 안정적으로 정책을 수행할 수 있도록 기여하는 바람직한 도구로 활용되어야 한다.

2 예측가능한 미래

현 시대에서 완전한 예측은 불가능하나 우리가 노력을 통해 극복할 수 있는 사항을 고려하여 바람직한 방향으로 나아가기 위하여 어떤 노력이 필요한지를 파악하는 것이 중요하다.

중앙정부의 성과관리의 제도는 10년 이상의 운영을 통해 상당한 경험을 축적한 상태이며, 사업에 대한 평가도 통합 및 간소화가 많이 이루어지고 있는 추세이나, 지방자치단체의 평가는 아직 많이 미비하며 성과관리 제도의 확산을 통해 잠재력을 끌어올리는 것이 시급한 과제이다. 공공영역의 일부에서 제도의 간소화로 가는 부분도 있지만, 대부분 성과관리를 적용할 수 있는 분야는 앞으로 증가할 가능성이 높다.

평가는 상대평가로 갈 것인가, 아니면 절대평가로 갈 것인가에 대해서 각각의 장단점이 있다. 상대평가는 피평가자를 상대적으로 평가하여 지속적인 경쟁을 유발하여 높은 성과를 이끌 수 있으나, 조직문화를 저해하고 조직 구성원간의 불안감을 조성하여 안정적인 근무를 어렵게 만드는 단점이 있다.

절대평가는 상대평가와 반대되나, 공공영역에서 전반적으로 안정적인 상태라면 조직문화에 해가 될 수 있는 무리한 상대평가를 지양하는 것도 조직의 안정성을 위해 바람직한 방법이라고 사료된다.

미래의 성과관리는 성과 결과에 대한 징벌 또는 포상보다는 컨설팅 중심의 성과관리 제도를 운영하여 제도개선을 위한 방안의 모색과 성과정보 생산에 주력해야 한다고 생각한다. 나아가 특별히 꼭 필요한 비공개를 제외하고 성과정보를 공개하여 국민의 알권리를 충족시키고 창의력 향상에도 기여하여야 한다. 평가의 시기는 1년에 한번이나 두 번의 고정적인 평가방법에서 탈피하여 정보통신기술의 발달과 4차 산업혁명의 물결에 따라 공공영역의 평가도 상시적인 평가로 바꾸어야 한다.

결론적으로 성과관리 제도는 공공성을 강화하는 방향으로 나아가야 한다. 즉, 성과관리는 다양한 공적가치, 공공성, 국민에 대한 기여, 국민의 만족을 위하여 운영하여야 한다. 공공영역에서 성과관리 제도는 국민을 위해 존재하고 운영되어야 한다는 사실을 잊어서는 안 된다 (조경훈 외, 2021).

참고문헌

강지수 외(2022). 『2050 ESG 혁명』. 서울: 라온 아시아.

강홍희(2004). 전략적 성과평가 시스템 구축에 관한 연구. 서경대학교 대학원 박사학위 논문.

공동성 외(2013). 『성과관리』. 서울: 대영문화사.

국무조정실(2015). 『성과지표개발 · 관리메뉴얼』.

기획재정부(2012). 『재정사업 성과지표개발 매뉴얼』.

김판석 · 사득환(1998). '지속가능발전'에 대한 이해와 개념정립. 『한국정치학회보』, 32(4): 71-88.

박경원(2012). 공공부문의 성과관리와 성과측정시스템 이용방식에 관한 연구, 『국제회계연구』, 46: 81-100.

이세구(2003). 성과주의 예산제도 도입에 따른 지방자치 단체의 통합성과 관리대안: 서울시 사례를 중심으로. 『한국지방재정논집』, 8(1): 135-162.

이광희 외 역(2006). 『정책평가와 성과관리』. 서울: 대영문화사.

이윤식 등(2005). 통합성과관리를 위한 평가결과 활용 대안에 관한 연구. 『정책분석평가학회보』, 15(4): 199-225.

조경훈(2008). 개인성과 측정의 문제점과 대응전략에 관한 연구: 행정안전부 공무원을 중심으로. 성균관대학교 국정관리대학원 석사학위 논문.

조경훈 · 박형준(2021). 『성과관리론』. 서울: 한국방송통신대학교 출판문화원.

한인섭(2006). 성과측정체제의 도입 실태와 성과정보 활용의 영향요인: 정부투자기관, 정부산하기관 및 지방공기업을 중심으로. 『한국행정학회보』, 40(3): 245-266.

Behn, Robert D.(2003). Why Measure Performance?: Different Purpose Require Different Measure. *Public Administration Review*, 63(5): 586-606.

Heinrich, C. J(2002). Outcomes-based Performance Management in the Public Sector: Implications for Government Accountability and Effectiveness. *Public Administration Review*, 62: 712-725.

Locke, E. A.(1968). Toward a Theory of Task Motivation and Incentives. *Organization Behavior and Human Performance*, 3: 157-189.

Locke, E. and G. P. Latham(1990). *A Theory of Goal Setting and Task Performance*. Prentice-Hall, Englewood-Cliffs, NJ.

Lapsley, I.(1999). Accounting and the New Public Management: Instruments of Substantive Efficiency or a Rationalising Modernity?", *Financial Accountability & Management*, 15: 201-207.

제4장

ESG 주요 공시

제 4 장

ESG 주요 공시

제 1 절 서론

1 ESG의 중요성

현 세대와 우리의 후대가 살아가야 할 터전이 무너지는 것을 막기 위해 친환경(E) 경영, 사회적 책임(S), 거버넌스(G)인 ESG는 역사적 과제가 되었다. 세계 최대 자산운용사인 블랙록의 ESG 요구 서한이나 2050년 넷제로(Net Zero)[1] 선언은 ESG가 더 이상 피할 수 없는 전 세

1) 넷제로란 순수 값을 뜻하는 형용사 넷(net))과 숫자 0을 가리키는 제로를 합친 말이다. 배출하는 탄소량과 제거하는 탄소량을 더했을 때 배출량이 0이 되는 것을 말한다. 즉, 화석연료 등으로 배출한 만큼의 온실가스(탄소)를 청정에너지 투자 등으로 다시 흡수하도록 해 실질적 온실가스 배출량을 0으로 만든다는 것이다(에듀윌 시사상식, 2021년 9월호).

계적인 현상임을 보여 주는 단면이다.

빌게이츠는 그의 저서 “기후재앙을 피하는 법”에서 오늘날 배출되는 온실가스의 20%는 1만년이 지나도 대기권에 남는다고 하였다. 그래서 지구의 존속을 위해서라면 혁신 역량을 총동원해서 2050년까지 넷제로를 달성해야 한다고 하였다. 즉, 이산화탄소가 배출되는 양과 제거되는 양이 같은 탄소중립이 되려면 온실가스 배출을 줄이는 것 못지않게 이미 나와 있는 온실가스를 어떻게 없애느냐가 중요한 관건이다. 다시 말해서 전 세계의 이산화탄소 배출량은 510억 톤인데 이것을 0으로 만들자는 것이 넷제로의 목표이다(매일경제 ESG 팀, 2021).

ESG경영에서는 특히 기후변화에 대응하기 위한 온실가스(이산화탄소가 주범) 배출을 억제하는데 큰 관심을 가지며, 세계투자기관들도 ESG 투자원칙에 이산화탄소 감축을 강화하고 있다.

이산화탄소 배출량을 줄이기 위한 노력의 하나로 EU(유럽연합)는 지구 온난화 대책에 소극적인 국가에서 만든 제품에 관세를 붙이는 ‘국경탄소세’를 검토하고 있다. 국경탄소세가 도입되면 유럽 시장에서 한국과 일본 기업의 경쟁력이 떨어질 가능성이 크다는 분석이 지배적이다(사회적책임경영품질원 · ESG경영연구회, 2021). 이처럼 우리의 환경은 우리의 삶 속에서 매우 중요하며, 우리가 지키지 않으면 후세대에 큰 재앙으로 남을 수 있다.

ESG경영은 이제 기업의 사회적 책임(CSR) 차원을 넘어 기업 생존을 위한 핵심평가와 투자를 위한 중요한 요소로 인식되고 있다. 많은 선진 기업들이 ESG 경영을 사업계획 전면에 내세우고, 관련 전담부서를 설치하는 등 적극적인 움직임을 보이는 것도 이 때문이며 앞으로 ESG경영의 흐름과 대세는 더욱 가속화될 것이다.

ESG경영은 기업이 재무적 성과에만 집중하는 것에서 벗어나 사회와 소통하고 환경을 보호하면서 지속가능한 조직으로 변모하기 위한 전략적 실행 대안이라 할 수 있다. 나아가 ESG경영의 비전은 글로벌 ESG평가에서 요구하는 다양한 정보를 포함하여야 하며, 기업이 추구하는 미래지향적 가치를 내포하고 있어야 한다.

2 공공기관의 ESG 경영

ESG는 원칙적으로 투자자들을 위한 투자지침이지만, 경영전략의 개념을 넘어 전세계 인류의 지속가능한 성장을 위한 가치를 현실에 구현하는 것을 목표로 하고 있다. 즉, 기업이 단지 제품을 생산하는 생산자로서만이 아니라 우리 사회문제 해결에 보다 적극적으로 참여하기 위하여 ESG가 시작되었다.

공공기관의 ESG 도입의 필요성으로는 정부와 기업의 ESG 선도 추진체 역할을 하며, 공공성과 함께 탄소중립 등 사회적 가치실현과 국가와 사회의 지속가능발전을 도모한다. 또 경영평가나 ESG 대응 기관 간 경쟁력을 강화시키고, 기업의 ESG 경영 활성화의 지원에 중요한 역할을 한다.

ESG 과제의 사례는 〈표 4-1〉과 같이 유엔 책임투자원칙이 공식적으로 제시하는 E, S 및 G 각각의 과제들이다. ESG의 환경 항목에는 기후변화, 자연자원 고갈, 탄소배출, 지속가능한 토지이용, 폐기물, 물 소비량, 메탄 배출량, 생물다양성 등이 있으며, 사회 항목에서는 노동권, 인권, 근무환경, 지역사회 개선, 건강과 안전성 제고가 있으며, 거버넌스 항목에는 기업 구조의 투명성, 이사회의 책임성, 그리고 이해관

〈표 4-1〉 ESG 과제의 사례

환경(E)	사회(S)	거버넌스(G)
기후변동 자원고갈 폐기물 환경오염 삼림파괴	인권 현대의 노예 아동 노동 근로 조건 근로 관계	뇌물과 부패 경영진 보수제도 이사회 다양성 및 구조 정치적 로비활동과 헌금 세금투명성

자료: UN Principles for Responsible Investment.

계자의 참여, 부정부패, 임금 급여, 부정, 이사회 구조, 성실 납세전략, 사이버 보안 문제 등이 포함된다(2050 ESG 혁명, 2022).

이를 좀 더 구체적으로 살펴보면, 환경(Environmental)은 기업이 가장 대표적으로 외부효과를 미치는 영역이다. 경제성장으로 인권이나 인간의 삶의 조건들이 상당 부분 개선되는 경우가 일반적이다. 그러나 환경은 기본적으로 인류의 삶의 질과 일종의 상충 관계를 이룬다. 즉, 하나가 개선되면 다른 하나는 악화되는 경향이 최근까지 나타난 현상이었으나, 미국에서는 이런 현상에 변화가 나타나고 있다.[2)]

사회(Social)는 인권과 삶의 조건과 관련된 항목들이 많다. 사회 항목들은 경제성장과의 관계가 상충적이지 않다. 오히려 올바른 방법으로 경제성장을 이룩하면 사회의 문제해결에 도움이 될 것이다.

거버넌스(Governance)는 주주가 경영자에게 경영권을 위임하여 경영자가 기업의 최고의 의사결정권을 가진다는 것을 전제로 한다. 따라서 이는 주주와 경영자를 중심으로 하는 기업 내부의 관계자가 수평적

2) 미국에서는 놀라운 변화가 나타났는데, 경제가 성장하면 자원과 에너지의 소비량도 함께 증가한다는 것이 일반적인 통념으로 2007년까지는 그런 현상이 미국에서 나타났는데, 2007년을 기점으로 경제가 성장하는 동안 에너지와 자원의 소비량, 나아가서 CO_2의 배출량까지 오히려 감소하였다(박태영 외, 2021).

관계에서 견제와 균형의 원리에 입각하여 상호 협력하여 기업을 이끌어 가는 경영시스템이다(박태영 외, 2021).

이렇듯 ESG는 새로운 국제 경제 질서로 뿌리를 내리고 있다. 투자자들로부터 시작되었지만 공공기관, 정책, 금융, 기업경영, 소비자, 신용평가 등 경제 전반에 펴져 나가면서 자본주의 변화의 물결로 자리 잡아 가고 있다.

공공기관이 ESG경영을 도입하고 전 직원에 대한 인식과 공감대 확산 속에 실효적 운영을 위해서는 가장 먼저 필요한 요건이 CEO의 ESG에 대한 지식정보 축척과 이를 통한 조직내 강력한 CEO 경영을 천명하고 추진하는 의지와 리더십이며, 기존 경영전략과 CEO 추진위원회 설립, ESG 경영선언, ESG 추진전략 수립 등 ESG 정책간의 연계성 확보를 위한 CEO의 ESG 리더십 발휘가 절대적으로 필요하다. 특히 공공기관은 기업 부분과는 달리 정부 및 지자체의 통제에 따른 자율성 제약으로 기관별 성격에 맞는 신축적인 ESG 경영의 어려움이 존재함으로 CEO의 기관별 성격에 맞는 ESG 기본계획 수립과 실천을 위한 리더십이 중요하다(경기연구원, 2022).

향후 기후 변화와 ESG는 한국의 정부와 기업이 경제적으로 크게 발전하기 위한 혁신 어젠다가 될 것이다.

이런 변화와 새로운 콘셉트에서 ESG는 과거 기업의 재무적 성과만을 중시하는 것에서 탈피하여 이해관계자들로부터 요구되는 기대수준과 기업의 지속가능성이 중시되고 있다. 인류와 기업의 지속 가능한 발전을 위해 기업은 재무성과뿐만 아니라 비재무 성과가 필요하다. 즉, ESG 관리가 필요한 것이다.

지속가능성(sustainability)은 현세대의 필요를 충족하기 위해 미래세대가 사용할 경제・사회・환경 자원을 낭비하거나 여건을 저하시키지 않고 '조화와 균형'을 이루는 것을 의미하는 것으로, 이제 지속가능성은 사회적인 요청일 뿐만 아니라 기업이 살아남기 위한 생존전략이기도 하다. 앞으로 지속가능한 경영이 중요해지면서 ESG 경영성과가 기업의 운명을 좌우하는 평가지표로 대두될 전망이다(한국경제신문, 2022).

2019년 정부(기획재정부)가 발표한 새로운 경영평가기준에 의하면, 공공기관은 효율성을 추구하는 것을 넘어 사회적 가치를 만드는 기관으로 변해야 한다고 하였다. 사회적 가치란 일자리 창출, 균등한 기회와 사회 통합, 안전 및 환경, 상생협력 및 지역발전, 윤리경영 등 공공의 이익과 공동체 발전을 우선시하는 가치를 말한다. 즉, 공공기관의 평가는 경제적 가치보다는 사회적 가치를 중시해야한다는 것이다.

제 2 절 | ESG 공시의 의의

1 ESG 공시의 개념

기업의 모든 활동은 공시라는 정보공개 제도를 통하여 투자자들에게 전달된다. 기업공시제도는 기업의 경영과 관련하여 투자자의 투자판단에 영향을 미칠 수 있는 주요 내용을 신속・정확하게 투자자에게 공개하는 제도이며, 크게 법정공시와 수시공시로 나누어 볼 수 있다.

공시는 증권을 발행하거나 상장한 법인 등이 사업내용, 재무상황 등 기업의 경영상황에 관한 내용을 정기적으로 공시함으로써 일반 투자자에게 합리적인 투자판단 자료를 제공하고 자본시장에서 공정한 가격 형성이 이루어지도록 하여 투자자를 보호하고 거래질서를 확립하기 위한 제도이다.[3)]

ESG 공시는 기업의 ESG 관련 현황과 성과를 대외적으로 일목요연하게 알리는 창구이다. 유럽에 이어 미국까지 ESG 공시 의무화를 서두르면서 한국 역시 다급해 졌다. 수출입과 자본 거래 등을 통해 미국, 유럽과 긴밀히 얽혀 있는 한국으로서는 해외 기업 및 투자자를 만족시키는 ESG 공시체계를 갖추는 것이 시급하다(유근석, 2022).

최근 '그린워싱(green washing)'이라는 단어가 자주 등장하는데, 그린 워싱은 기업이 추구하는 바가 친환경이 아닌데도 환경적으로 지속가능성이 있다고 홍보하는 것으로, 겉모습만 ESG인 경우에 빗대어 표현한 단어이다.

이처럼 ESG에 대한 기업 및 일반인들에게까지 뜨거운 관심과 열기에 있는데 반해, 신뢰할 만한 관련 정보를 얻기는 상대적으로 어렵다는 반증이기도 하다.

상장기업이 증권의 발행이나 유통과 관련하여 투자자의 투자판단에 필요한 모든 정보를 공개하도록 하는 기업공시제도의 필요성이 대두되었고, 이런 환경 요구에 따라 금융위원회에서 2021년 1월에 ESG 공시의무화 사항을 발표하였다(사회적책임경영품질원 외, 2021). 즉, ESG에 대한 관심이 높아지고, 탄소감축과 같은 기후 리스크에 대한 논의가 활발해 지면서, 기업들이 공시하는 비재무정보에 대한 관심이 높아지고 있는 실정이다. 기업들이 자발적으로 공시하는 지속가능경영보고

3) 자본시장과 금융투자업에 관한 법률, 제 159조. 금융감독원, 「기업공시 실무안내」, 2020년 12월 24면 참조.

서는 다양한 정보를 포함하고 있으나, 비재무정보의 공시기준이 부재한 상황에서 낮은 이해 가능성과 비교가능성의 문제가 제기되고 있다.

기업의 공시에는 이해관계자 이론(stakeholders' theory)과 자발적 공개이론이 있다. 이해관계자 이론에 의하면, 기업은 고객, 직원, 공급업체, 지역사회와 같이 기업성과에 영향을 미칠 수 있는 여러 이해관계자의 요구를 만족시켜야 한다(Freeman, 1984). 이 이론은 다양한 이해관계자들의 요구로 기업은 ESG에 대한 정보를 공시하며, 이해관계자들은 기업에 큰 영향력을 미치는 자원을 통제하거나 중단할 수 있기 때문에 기업들은 이해관계자들의 요구에 맞추려는 경향이 있다(Wang et al., 2016). 기업의 자발적인 ESG 관련 정보공시는 이해관계자들의 의사결정에 중요한 정보가 되며, 나아가 투자 의사결정에도 영향을 미친다(Balathat et al., 2012).

그리고 자발적 정보공개이론에 의하면, 기업의 자발적 정보공시는 기업과 이해관계자들 간의 정보비대칭을 완화시킨다. 그러나 이성적인 경영자는 불리한 정보를 일정 수준 이하로 숨기려는 경향이 있으며(Hummel and Schick, 2016) 이는 이해관계자들과 기업간에 정보 비대칭성을 높일 수 있다.

2 ESG 공시의 중요성

공시는 공공기관에 대한 투자판단과 평가의 기초가 되는 정보를 제공한다는 점에서 공공기관의 ESG경영을 촉진하기 위한 핵심적인 요소이다.

통합공시를 통해 공공기관의 ESG경영을 선도하고 있다. 통합공시란 2007년부터 공운법에 따라 공공기관의 경영공시 중 주요 사항을 표준화하고 통합하여 공시하고 있으며, 공공기관에 대한 사회적 요구 등 시의성 있는 정보제공을 위해 공시항목을 지속적으로 확대하기로 하였다.[4)]

그간 정부는 2050년 탄소중립 달성과 포용·공정경제로의 대전환을 추진하기 위해 정부 지출 규모의 1.5배 예산을 운용(20년 751조)하는 공공기관의 선도적 역할이 매우 중요하다는 인식을 가지고 공공기관의 ESG경영을 유도하고자 다각도로 노력을 기울려 왔다.

ESG 정보공시의 중대성(Materiality)은 자기 조직에 관련된 주요 과제를 말하며, 기업 활동이 사회 과제에 미치는 영향 정도를 평가하고 우선순위를 매겨 '기업으로서 각각의 과제를 어느 정도 중요하다고 인식하고 있는지'를 알기 쉽게 나타내는 접근법이다(최미화, 2022).

유럽은 ESG 정보공시에 가장 적극적인 국가로 2018년부터 대규모 상장기업 및 공익법인의 비재무정보 공개(NFDR)를 의무화[5)]하였고, 2021년 3월부터 유럽 내 모든 금융기관을 대상으로 '지속가능금융공시(SFDR)'를 의무화하는 지속가능금융공시규제가 시행된다. 우리나라의 경우 2025년부터 ESG 공시가 의무화되었으며, 2020년 기준 114개사가 지속가능경영보고서를 발간한 것으로 조사되었다.[6)]

현재 개별기업들은 기업 고유의 자율적인 판단하에 '지속가능보고

---

4) 2022년 2월 7일자, 기획재정부 보도자료. 07년에는 27에서 21년에는 41개로 증가하였다.

5) 회계연도 평균 근로자수 500인 이상, 자산 2000만 유로 또는 순매출 4,000만 유로 이상의 기업 또는 공익법인에 대해 비재무정보의 의무공시를 규정하고 있다(Non-Financial Reporting Directive, NFDR).

6) 한국표준협회, 연도별 지속가능 보고서 발행현황(https://www.ksa.or.kr/ksi/5011/subview.do)

서'를 작성하고 있다. ESG 공시기준은 재무공시에 있어 IFRS나 GAAP와 같이 보편적으로 통용되는 국제적인 기준이 마련되지 못한 관계로 기업별로 다양한 관점과 방식에 기반한 ESG정보가 공시되고 있는 실정이다. 최근 ESG 투자에 대한 시장의 관심이 높아짐에 따라 보다 객관적이고 표준화된 ESG 정보공시에 대한 요청도 증가하는 추세이다.

제 3 절 | ESG 정보공시의 6가지 원칙

ESG 정보는 목적 적합성과 표현의 충실성을 갖추고, 정보의 정확성을 확보하고 정보의 보고 범위를 명시하여야 한다. 나아가 중립적인 관점에서 긍정 및 부정적 영향을 모두 보고하여 편향된 해석을 방지하여야 한다. 이를 위해 요구되는 원칙은 다음 6가지로 나누어 볼 수 있다.

1 정보의 정확성(Accuracy)

정보는 이해관계자가 기업의 성과를 평가할 수 있도록 정확해야 한다. 정보의 수집 및 분석 등 보고서를 준비하는 과정에서 다양한 오류가 발생할 수 있으므로 정보의 작성자는 정보를 체계적으로 관리하여 오류나 누락을 방지하여야 한다.

2 정보의 명확성(Clarity)

정보공개시 그 내용은 이해관계자의 요구에 맞는 정보를 전달하기 위한 목적으로 작성되어야 하고, 이해관계자가 쉽게 이해할 수 있는 방법으로 제공되어야 한다. 특히 실질이 없는 워싱이나 잘못된 정보로 인해 오해가 발생하지 않아야 하며, 특히 다양한 이해관계자의 요구에 부합하는 정보가 작성되어야 한다.

3 비교가능성(Comparability)

정보는 일관된 방법을 적용하여 정보를 공개하여야 하며, 타 기업과의 목표와 성과를 비교할 수 있어야 한다. 다른 기업과의 비교 가능성을 높이기 위해서는 글로벌 표준방식을 적용하는 것이 바람직하다.

4 정보의 균형(Balance)

정보의 완전성을 보장하고 이해관계자가 조직 전반의 성과를 합리적으로 평가할 수 있으려면 기업에 유리한 정보뿐만 아니라 불리한 정보도 정확히 알려야 한다. 부족한 부분이 있더라도 투명하고 공정하게 공개하여 다양한 이해관계자의 충분한 이해를 받기 위해서는 중장기적인 안목과 함께, 단기 성과를 추구하는 경영문화를 지양하는 것이 매우 중요한 요건 중의 하나이다.

5 정보의 검증가능성(Verifiability)

정보는 검증이 가능하도록 정의, 수집 및 기록되어야 하며, 정보의 공개는 재무보고서와 유사한 내부통제 절차를 따라야 한다. 평가나 측정이 형식적인 ESG에서 벗어나, 독립적인 제3자 검증기관의 검증을 거치는 것이 바람직하며 검증수준, 범위 및 과정 등을 보고서에 명시하는 것이 바람직하다.

6 정보의 적시성(Timeliness)

이해관계자들이 정보를 효과적으로 활용할 수 있도록 정보를 정기적으로 공개하는 것이 필요하다. 즉, 정보는 재무보고서 발간 이후 최대한 빠른 시기에 ESG 정보를 공개하는 것이 필요하나, 법률의 위반이나 분쟁의 발생으로 해당 사안이 사법심사의 대상이 되는 경우에는 이해관계자에게 어느 시점에 정보를 공개하는 것이 적절한지 판단하기 어려운 경우도 있다(강지수 외, 2022).

또한 거래소는 해외 사례 등을 참고해서 ESG 공시에 요구되는 조직, 환경, 사회로 구분되는 권고지표도 제시하고 있다. 조직에서는 ESG 대응 관련 경영진의 역할과 위험 및 기회 등의 평가를 담았다. 환경에서는 온실가스 배출량, 직·간접적 에너지 사용량, 물 사용 총량, 폐기물 배출 총량, 환경법규 위반과 관련 사고 건수 등을 지표로 제시하였고, 사회에서는 임직원 평등 및 다양성, 신규 고용 및 이직 현황, 육아 휴직, 산업재해, 공정경쟁 관련 법규 위반 건수 및 조치 내용 등이 포함되었다.

제 4 절 | 공공부분에서 ESG 공시

코로나 19를 거치면서 기후변화, 온실가스 배출, 불평등, 심각한 양극화 등이 더욱 심화됨에 따라 ESG가 더욱 확대될 수 있는 기회가 늘었다.

기업투자에 대한 국내외의 경영환경도 급변하고 환경과 사회문제의 해결과 투명하고 공정한 지배구조에 대한 요구가 높아지면서 다양한 이해관계자들의 요구를 파악하고 리스크를 줄이기 위해 ESG 요소가 매우 활용가치가 높은 비재무적 요소로 인식되었다.

이런 상황에서 ESG 정보를 공개하고 투자자 및 이해관계자 등이 이를 활용해 의사결정을 할 수 있는 제도적 기반에 대한 요구가 커지고 있는 실정이다. 이에 따라 공공기관도 환경·사회·거버넌스 등 ESG 공시 항목을 대폭 확대하여 지속가능한 성장으로 패러다임의 전환을 준비하고 있다.

기획재정부는 최근 ESG, 사회적 책임 등 민간과 공공의 논의 동향을 고려하여 공공기관의 사회적 책임과 관련된 공시 항목을 대폭 확대하기로 하였다. 특히 안전 및 환경항목, 사회공헌 활동, 상생협력, 일가정 양립 등 관련 사항을 대폭 신설·보완하는 것을 특징으로 세부적인 내용은 다음과 같다.[7)]

안전 및 환경은 안전관리 등급제에 맞추어 안전경영책임 보고서를 공시하고, 녹색제품 구매실적과 온실가스 감축실적 등 환경 항목을 신설하여 기관의 환경보호 노력을 공개할 예정이며, 사회공헌 활동은 현재 자율공시 중인 봉사실적을 정식 공시항목으로 신설하고 증여를 기부로 명칭을 변경하여 기관의 사회공헌 활동을 통합하여 제공할 방침이다.

---

7) 2021년 3월 4일 기획재정부 보도자료로서 "공공기관 공시항목에 ESG(환경, 사회, 지배구조) 대폭 확대한다"는 내용이다.

상생협력은 혁신조달과 중증장애인 생산품 구매실적을 추가하여 기관의 혁신조달 중 기업과 상생협력 노력을 뒷받침한다. 일·가정 양립은 최근 코로나 19 확산 등에 따른 '남녀고용평등법' 개정 내용을 반영하여 가족 돌봄 휴가를 추가하고, 직장 어린이 집 지원도 별도 공시 항목으로 분리한다. 나아가 탄소중립과 그린 뉴딜 분야에서 공공기관의 선도적 역할이 더욱 부각되고 국민생활과 밀접한 공공기관의 혁신조달 성과가 타 공공부분으로 확산·공유될 것으로 기대한다.

〈표 4-2〉 ESG 및 사회적 책임 확대 (세) 항목

항목	세 항목
1. 안전 및 환경	안전경영책임보고서, 녹색제품 구매실적, 온실가스 감축 실적
2. 일·가정 양립지원	가족 돌봄 휴가·휴직, 직장 어린이집 지원 등
3. 상생. 협력 계약	혁신조달 실적, 중증장애인 생산품 구매 실적 등
4. 사회 공헌 활동	봉사실적, 기부 실적

공공기관에서 ESG 경영을 도입하기 위해서는 우선 '핵심 이슈 선정 및 리스크' 분석이 필요하다. 이 때는 ISO 26000, SDGs, 또는 기존의 영향평가 지표보다 훨씬 포괄적인 지표를 가지고 있는 K-ESG 지표 등을 활용하여 해당 기관에 현장감 있는 리스크를 파악하는 활동이 선행되어야 한다. 이러한 과정을 통해 도출된 핵심 이슈 및 리스크 분석 결과를 토대로, 관리체계 및 의사결정 체계를 구축하여야 한다. 결과적으로 ESG 경영에 대한 배경의 이해, 조직구성원 간의 확실한 내부적 합의 및 공감대가 형성되어야만 지속가능한 경영이 이루어질 수 있다(강지수 외, 2022).

제 5 절 | ESG 정보공개가 필요한 이유

ESG 정보공개가 필요한 이유는 다음 3가지로 설명할 수 있다.

첫째는 기후변화에 대한 위험을 감소하기 위한 저탄소 경제로의 전환을 요망한다.

전 세계가 기후변화의 위험에 대한 관심이 고조되고 있다. 저탄소 경제로의 전환은 경제 및 산업 전반에 걸쳐 중대한 변화를 요구하기 때문에 투자자와 기업 모두 장기 전략과 자본의 효율적인 배분에 중요한 요소가 된다. 기업은 기회변화로 인하여 위험에 직면할 수 있지만, 또한 이것은 새로운 투자기회가 될 수도 있다.

정보가 충분하지 않으면 위험에 적절히 대비할 수 없기 때문에 투자자, 대출기관 등은 기후변화로 인해 어떤 회사나 공기업이 위험한 상황에 놓여 있고, 어떤 회사나 공기업이 이에 잘 대응하는지를 고려하여 의사결정을 함으로써 회사나 공기업에 그와 관련한 정보를 요구할 수 있다.

둘째는 책임투자의 확산이다. 최근 국민연금이나 자산운용회사 등 기관투자자들의 투자방식이 투자대상 기업의 재무적 성과에만 초점을 맞추던 방식에서 벗어나 비재무적 성과를 고려하여 투자 대상의 잠재적 위험을 관리하는 방식으로 바뀌고 있다.

투자대상 기업의 ESG 요소를 검토·분석하는 것은 기관투자자의 투자의사 결정과정의 필수적인 절차로 자리잡아 가고 있으며, 기관투자자들은 기업이 이런 것들을 어떻게 평가하고, 어떻게 연계하고 있는

지를 중요한 요소로 평가하고 있다.

2006년 4월 UN 환경계획/금융이니셔티브 및 UN 글로벌 콤팩트가 글로벌 기관투자자들과 함께 발표한 UN 책임투자원칙(PRI)은 연기금 등이 수탁자로서 투자 의사를 결정하는데 있어서 대상 기업의 재무적 요소뿐만 아니라 ESG 등 비재무적 요소를 함께 고려하여야 한다는 원칙을 담고 있다. 이 원칙에 서명한 기관이 2020년 3월을 기준으로 약 3,000여 곳에 달하고 있는 실정이다.

셋째는 글로벌 규제강화로 인한 정보공시 의무화이다. 지속가능발전은 "미래세대의 필요를 충족하기 위한 잠재력을 훼손하지 않으면서 현재의 필요를 충족시키는 발전이다"라고 정의하고 있다. 지속가능발전이란 개념은 1992년 리우데자네이루에서 열린 유엔환경개발회의(UNCED: UN Conference on Environment and Development)에서 처음 사용되었다. 이 선언은 우리가 사는 지구의 환경오염 및 에너지 고갈사태로 우리 모두가 공멸할 수 있다는 위기의식 속에서 우리 모두 스스로 환경오염을 줄이고 에너지도 아껴 쓰며 대체에너지를 개발하자는 취지이다.

경제적 효율성, 생태적 안정성 및 사회적 형평성의 상호의존적 상생관계를 중시하는 통합적 발전이라는 관점에서 국가적 목표를 달성하기 위해서는 시장 메카니즘을 강화해야 한다는 인식이 확산되고 있는 실정이다.

이에 따라 국가에서는 기업에 대해 자율적인 권고를 넘어 ESG 성과관리를 위한 정부차원의 다양한 규제들이 마련되고 있는 실정이다.

2014년 EU 집행위원회(European Commission)는 기업의 비재무 정보의 공개에 관한 지침을 제정하고, 2018년부터 근로자 수가 500인 이상인 기업에 대하여 환경, 사회, 노동, 인권, 반부패 등에 대한 정보의 공개를 의무화하고 있다.

기업이 정보를 공개하는 경우에는 해당 문제와 관련된 정책, 결과 및 위험을 설명하고, 기업이 시행하는 준수 절차뿐만 아니라 공급업체 및 하청업체와 관련한 준수 절차에 관한 정보를 포함해야 한다. 특히 공시는 공공기관에 대한 투자판단과 평가의 기초가 되며 공공기관의 ESG경영을 촉진하기 위한 핵심이다. 이처럼 강화된 ESG 공시를 통해 공공기관의 ESG 경영을 모범적으로 이끌어 가고, 민간 ESG 경영을 선도적으로 이끌 수 있다. 따라서 투자자들은 이해하기 쉽고, 공시의무가 있는 기업 및 공공기관의 부담을 줄어드는 시장친화적인 공시제도의 틀을 마련할 필요가 있다(강지수 외, 2022).

제 6 절 | 국내 ESG 공시제도 현황

자본시장에서 연기금, 은행, 보험회사 등 투자기관 및 자산 운용사 등의 책임은 투자 대상인 기업의 재무성과에 초점을 맞추어 투자수익을 극대화하는 것이었으나, 최근에는 재무성과 뿐만 아니라 환경, 사회에 대한 긍정적인 영향과 같은 비재무적 성과를 고려하여 기업의 잠재적 위험을 관리하고, 지속가능한 경영을 유도하는 것까지 책임의 영역이 확장되고 있는 실정이다. 이에 투자기관 및 자산운용사 등은 투자 대상 기업이 공개한 ESG 관련 정보를 토대로 비재무적인 성과를 고려하여 투자뿐만 아니라 대출, 보험 등의 계약 과정에도 반영하려는 노력을 지속하고 있다.

아직 국내는 기업의 ESG 공시 및 이를 활용한 책임투자 모두 활성화되지 못한 상황이라는 평가가 지배적이다. 또한 책임투자 판단의 핵심적인 근거가 되는 ESG 평가 등급의 일관성이 높지 않아 신뢰성에 대한 의문도 제기되고 있는 실정이다.[8)]

사업보고서는 재무에 관한 사항 외에도 사업의 내용, 이사회 등 회사의 기관 및 계열 회사에 관한 사항, 주주에 관한 사항, 임원 및 직원에 관한 사항, 이해관계자와의 거래 내용, 그 밖에 투자자 보호를 위해서 필요한 사항이 포함되어야 한다.

환경(E)에 관해서는 온실가스 배출량, 에너지 사용량, 환경복구 비용, 환경관련 손해 배상 책임과 '저탄소 녹색성장 기본법'에 따른 녹색기업 지정에 관한 사항을 기재한다.

사회(S)와 관련해서는 산업재해 발생원인, 구성원 임금수준, 노동·소비자·부정청탁 관련 형사처벌 내용, 상표관리나 고객관리 정책을 기재한다.

지배구조(G)와 관련해서는 이사회 구성, 중요 의결사항, 이사회 내 위원회 현황, 감사 또는 감사위원회의 현황과 전문성에 관한 사항, 사외이사의 전문성과 독립성에 관한 사항 등 다양한 요소를 기재하여야 한다.

우리나라 사업보고서의 기본목적은 기업의 부담을 합리적으로 조정하면서 재무적 정보를 중심으로 투자자에게 꼭 필요한 정보를 제공하고자 하는 데 있다.

EU의 경우 역내 주요 기업의 ESG 정보공개에 관한 EU 비재무 정

8) 중앙일보 2021년 4월 26일자, 못 믿을 ESG 등급, 기관별 제각각.

보 보고지침을 제정하여 2018년부터 이를 시행중이다.[9] 법률 또는 강제성 있는 규범을 통해 ESG 공시를 강제하기 보다 한국거래소에서 가이던스를 제시하여 ESG 공시를 자율적, 점진적으로 확대하고자 하는 금융위원회의 최근 정책방향 등을 고려할 때 현재 국내의 ESG 공시 운영 현황은 미국과 일본의 사례와 유사한 것으로 이해된다(심원태, 2021).

우리나라 기업과 관련한 환경정보 공시를 살펴보면 환경부가 주도하는 환경정보공개시스템상 공개, 금융감독원, 금융거래소, 한국거래소가 주도하는 기업공시(Corporate Disclosure)가 있으며, 각 기관별로 독립적으로 이행되고 있는 실정이며, 이를 설명하면 다음과 같다.

1 환경정보공개 제도 및 환경정보공개시스템

'환경기술 및 환경산업지원법'에 의하면, 환경부는 환경기술 개발 및 환경산업 육성을 위한 계획을 수립하도록 규정하고 있으며, 환경부는 2010년 초부터 환경정보 공개를 통해 녹색경영 확산을 지향하고 자원·에너지 절약, 온실가스 배출 및 환경오염 발생 최소화를 목적으로 환경정보 공개제도를 운영하고 있다.

환경정보 공개를 통해 사회 전반에 환경경영 기반을 조성하고 자율적 환경관리체계를 구축하며 기관 및 투자자들에게 환경정보를 제공하고 있다.

---

9) EU 집행위원회는 2021년 4월 21일 NFRD에 대한 개정안으로 CSRD(Corporate Sustainability Reporting Direct)를 제안하였다.

2 기업공시내 환경정보

기업공시제도는 상장 기업에 대한 주요 정보가 모든 투자자들에게 차별없이 공개될 수 있도록 하는 것을 목표로 기업과 관련한 투자 정보를 공정하게 공개하는 것이다.

기업공시 서식 작성 기준에 따르면, 기업은 사업과 관련된 환경물질의 배출 또는 환경보호와 관련된 사항을 정하는 정부규제의 순수여부에 대해 기재하고 환경개선설비에 대한 주요 자본 지출 계획 및 그 추정치를 기재하도록 규정하고 있다.

3 지속가능보고서[10)]의 자율공시

기업은 지속가능보고서의 공개를 통해 투자자와 기업 내·외부의 이해관계자들에게 환경, 사회, 지배구조 분야 정보를 제공하고, 적극적인 소통을 통해 수집한 의견들을 기업경영활동에 반영하려는 것을 목적으로 하였다. 최근 ESG의 중요성이 부각되고 지속가능성의 배포를 장려하는 사회적 분위기에 맞춰 지속가능보고서를 보고하는 기업의 수가 빠르게 증가하는 추세이다.[11)]

4 기업지배구조 보고서의 의무공시

자율공시의 문제점을 개선하고자 2018년에 유가증권 공시규정 제

---

10) 지속가능보고서는 환경, 사회, 지배구조 분야에 대한 기업의 지속가능 경영의 추진 노력 및 성과를 포함하는 보고서이다(장윤정 외, 2021).

11) 한국표준협회의 지속가능성 보고서 통계에 의하면, 2004년에 2건이던 것이 2020년에는 138개 기업이 발간하였다.

24조 2를 신설하여 기업지배구조보고[12] 공시 의무화 근거를 두어 점진적으로 확대하고 있다. 현재는 자산 총액 2조원 이상의 법인에게 기업지배구조보고서 공시 의무가 있다. 주주, 이사회, 감사기구를 포함한 10개의 핵심 원칙과 27개의 세부 원칙, 60개의 필수기재 사항 등을 포함하여 보고토록 하고 있다(한국거래소, 2020).

5 향후 ESG 정보공개 의무화 확대방안

금융위원회, 금융감독원, 한국거래소는 2021년 4월 기업공시제도 종합 개선방안[13]으로 ESG와 같은 비재무적 요소를 고려하는 책임투자 확산 및 관련 정보의 활성화를 위해 기업지배구조 보고서 의무화 확대, 지속가능 보고 공시 활성화 등의 방안을 발표했다.

이와 같은 방안을 통해 기업과 투자자들 사이의 정보비대칭(Information Asymmetry) 문제를 줄이고, 선량한 투자자들에 대한 피해 방지도 가능할 것으로 보인다. 기업 공시와 관련한 금융감독원, 한국거래소 등은 투자자가 자율공시된 정보를 쉽게 이해할 수 있도록 통일된 기업 공시서식 작성기준을 마련하고 공시보고 사례 등을 기업들에 충분히 제공해야 할 것이다(장혜진 외, 2021).

ESG는 기업의 숨은 비재무적 위험을 찾아내고 기업의 가치를 보다 지속가능한 방향으로 발전시켜 더 많은 투자자를 모집하고 투자를 확

12) 2019년부터 자산 2조 원 이상 코스피 상장사에 공시의무 부과하고, 2022년부터는 1조 원, 2024년에는 5,000억 원 이상, 2026년에는 전체코스피 상장사로 확대될 예정으로 있다(매일 경제 ESG팀, 2021).

13) 금융위원회/금융감독원/한국거래소, '기업공시제도 종합개선 방안' 2020.01.14. 참조.

대시켜 기업의 가치를 높이는 것을 목표로 한다. 장기적으로 볼 때 철저히 ESG를 준비하는 기업만이 변화하는 투자 환경에 살아남을 것이다.

제 7 절 ESG 공시 확대의 필요성과 방향성

탄소국경세, 노인인권 강화 등 ESG 요소에 대한 규제강화 기조는 세계적인 추세이며, 새로운 국제무역질서로 자리 잡을 가능성이 크다(Larch & Wanner, 2017). 수출 비중이 높은 기업들의 경우에는 실질적인 사업위험과 직결될 것으로 보이며, 규제 강화의 속도가 빠른 국가 및 산업에 매출 비중이 높은 기업의 경우, 해당 기업뿐만 아니라 해당 기업에 투자하고 있는 투자자 역시 적극적인 대응이 필요하다.

유럽연합을 비롯한 미국, 중국, 일본 등 우리나라 기업의 수출 비중이 높은 국가에서는 ESG 관련 규제와 공시의무가 동시에 확대되고 있고(Krueger et al., 2021). 유럽 연합의 지속가능 보고 기준 설정과 관련된 새로운 제안서에는 공급사슬 수준에서 ESG 위험요인에 대한 중요성 검토를 강조하고 있다(EU, 2021).

기업공시의 핵심적 기능은 기업 내부자와 외부 이해관계자 간 정보의 비대칭성 완화에 있음을 고려하면서(Healy & Palepu, 2001), ESG 공시는 기업의 ESG 활동과 관련한 비용·편익을 투명하게 공개하여 기업의 ESG 성과에 대한 시장의 자원배분 효율성을 제고하는데 그 의의가 있다.

우리나라도 환경정보를 자발적으로 공시하는 경우 기업가치에 긍정적인 효과가 있음을 증명한 이기세 · 전성일(2019) 결과를 미루어 볼 때, 우선은 시장규율을 통한 ESG 공시 활성화를 기대해 볼 수 있는 상황이다. 또한 우리나라의 경우 자율공시와 강제공시가 상호 보완관계를 보이고 있어(김연화 · 손성규, 2007; 정성환 · 유승원, 2012). 최소한의 사업위험과 관련한 ESG 정보의 비대칭적 상황은 공시 의무화를 통해 해소하더라도 상세정보에 대한 공시는 자율공시의 영역으로 나누어 기업이 시장의 신뢰를 구축할 유인을 제공하는 것이 바람직한 것으로 판단된다.

물론 전면적인 ESG 공시 의무화의 긍정적인 효과도 무시할 수 없다. 대표적으로 의무공시를 통해 동종 산업내 비교 대상 기업과 ESG 성과에 대한 비교가 용이해지면 평가압력(peer pressure)에 의해 기업 스스로 ESG 대응수준을 높이는 자율규제(self-discipline) 효과를 기대할 수 있다(Jouvenot & Krueger, 2019: Tomar, 2021).

다만 우리나라가 국제적인 ESG 보고기준 제정을 주도할 입장은 아니라는 점은 감안할 필요가 있으며, 자체적인 기준 마련을 통해 공시 의무 확대 일정을 대폭 앞당기는 것은 향후 불필요한 전환비용(conversion cost)을 유발할 수 있음을 고려하여야 한다.

전면적인 공시의무화의 막대한 이행비용을 고려하면 IFRS 재단의 ESG 보고 기준 제정이 완료된 후에 의무공시를 고려하는 것이 합리적인 방법이라 사료된다.

제 8 절 | ESG 기업공시 개선방안

국제회계기준(IFRS)을 채택하고 있는 우리나라는 기존 재무보고 기준과의 연계성, 국제정합성 등을 고려할 때, IFRS 재단이 제정 추진중인 지속가능경영 보고 기준을 ESG 관련 비재무보고 기준으로 준용해야 할 것이다. 현재는 ESG 공시기준을 명확히 확정하기 어려운 과도기적 상황임을 인식할 필요가 있다.

우리나라는 ESG 공시 의무화의 과도기적 상황이자 ESG 활동에 대해서 이해관계자 간 매우 다양한 선호체계가 존재할 수 있는 여건임을 전제하고 ESG 기업공시 개선방안을 제시하고자 한다.

ESG를 강조하는 국제 경제 질서의 변화는 수출 및 중간재 생산 비중이 높은 국내기업을 중심으로 재무적 위험성과 직결되는 중대한 사안이다. 그런데 ESG 대응 수준이 낮아 규제 환경변화의 위험이 크게 노출되어 있는 기업일수록 정보의 공시수준이 열악하다. 그럼에도 불구하고 투자자 보호차원에서 정보의 공시는 중요한 문제이다. 기업의 가치창출 활동 전반에 위험 또는 기회요인으로 작용하는 모든 지속가능성 문제 등은 정보이용자들의 투자의사결정에 영향을 미칠 수 있는 내용들은 중요 ESG 정보에 해당된다.

정보공시의 유용성 제고를 위해 재무정보와의 연계성을 높이는 방안도 필요하다. 나아가 각 중요 ESG 사안이 기업의 장부가치, 이익성장, 할인율 요소에 미치는 영향 등을 중심으로 예측 가능 가치를 포함한 정보의 제공이 필요하다.

특히 규제 위험에 대한 공시의무를 부과하더라도 기업이 책임 회피성 공시를 하게 되면 정보적 가치는 전혀 기대할 수 없다. 공시정보에 예측 요소가 포함될 수 있도록 국정의 설계가 필요하며, 과학적인 증거에 기반한 정량적인 정보의 제공이 어려운 사안일지라도 기업가치와 관련한 최소한의 방향성은 제시하여야 할 것이다(이상호, 2021).

나아가 ESG 정보의무 공시와 함께 인증절차의 도입도 필요하다. 유럽연합의 경우에도 2018년부터 종업원 500인 이상 기업을 대상으로 비재무정보의 공시를 의무화하고 있음에도 공시정보의 낮은 신뢰성이 문제가 되어 이를 강화하기 의한 인증절차의 도입을 추진중에 있다.

그리고 기존 ESG 공시체계의 재정비 및 공시채널 일원화가 필요하다. 환경(E), 사회(S)의 관련 정보의 경우 사업보고서 공시, 거래소 공시, 개별법상의 공시 등으로 여러 근거 규정에 따라 다양한 공시채널이 공개되고 있는 실정이다.

ESG는 기업의 지속가능성을 환경(E), 사회(S), 거버넌스(G) 요소로 구분하여, 비재무 정보이지만 객관적인 측정과 평가의 노력을 통해 다양한 이해관계자의 관여를 촉진한다는 점에서 기업경영 전반에 미치는 파급효과가 클 것으로 예상되며, 기업 공시의 역할이 강조되고 있는 실정이다.

현재로서 대한민국은 ESG와 관련된 일관된 보고 기준이 확립되어 있지 않고 기업별로도 ESG 공시수준이 상당한 편차를 보이고 있는 실정이다. 특히 ESG 공시수준이 낮은 기업을 중심으로 정보 비대칭성 해소를 위한 정책을 추진할 필요가 있으며, ESG 정보는 사업보고서 상 '사업의 내용' 혹은 '투자자 보호를 위하여 필요한 사항'에 공시를 의무화하여 ESG 정보의 비대칭적 상황을 적극 해소할 필요가 있다. 정보의 공시는 자율영역으로 두어 기업이 자발적으로 시장의 신뢰를 구축할 유인을 제공하고, 공시정보의 신뢰성 제고를 위한 인증절차 역시 도입을 검토해야 할 것이다.

나아가 ESG 성과를 어떻게 알릴지도 중요한 문제이지만, 그 이전에 어떠한 성과를 알릴 것인가에 대한 내실에 집중하는 것이 가장 중요한 과제임을 간과해서는 안 된다. 실질이 따르지 않는 공시는 시장의 냉혹한 평가를 받을 수밖에 없기 때문이다.

참고문헌

강지수 외(2022). 『2050 ESG 혁명』. 서울: 라온아시아.

강철구(2022). 『공공기관 ESG 첫걸음은 맞춤형으로』. 경기연구원.

기획재정부(2021). 공공기관 공시항목에 ESG(환경, 사회, 지배구조) 대폭 확대한다.

김연화 · 손성규(2007). 자율공시의 정보효과. 『회계저널』, 16: 1-22.

김판석 · 사득환(1998). '지속가능한 발전'에 대한 이해와 개념 정립. 『한국정치학회보』, 32 (4): 71-88.

매일경제신문사(2021). 『이것이 ESG다』.

박기찬 · 최정철(2022). 『ESG 경영을 읽는다』. 서울: 한올출판사.

사회적책임경영품질원 · ESG경영연구회(2021). 『지속가능성장을 위한 ESG경영전략』. 서울: 자유아카데미.

심원태(2021). 국내 ESG 공시제도 현황. BFL 제109호.

이기세 · 전성일(2019). 탄소배출정보가 기업가치에 미치는 영향. 『환경정책』, 27(2): 69- 98.

이상호(2021). 『ESG 정보제공 유용성 제고를 위한 기업 공시 제거 방안』. 자본시장연구원.

장윤정 · 최윤정(2021). ESG에서의 환경정보 공개의 내용 및 공시방법론에 대한 논의, 『일감법학』, 50: 267-295.

정성환 · 유승원(2012). 자율공시와 보수주의가 자기자본비용에 미치는 영향, 『회계학연구』, 37(1): 267-308.

최남수(2022). 『넥스트 ESG』. 서울: 도서출판 새빛.

한국거래소(2020). 기업지배구조 보고서 개정 가이드 라인.

한국경제신문(2022). 『ESG 2.0』.

한국학중앙연구원(2022). 『한국학 중앙연구원 ESG전략체계 수립 및 성과지표 개발』.

황은진 외(2022). 공공기관의 ESG와 조직성과: 기관장의 리더십과 헌신형 인적자원관리 시스템의 조절 효과. 『사회적 가치와 기업연구』, 15(1): 133-163.

EU(2021). *Proposal for a Corporate Sustainability Roporting Directive*(CSRD).

Healy, P. M., Palepu, K. G.(2001). Information asymmetry, corporate disclosure, and the capital markets: A review of the empirical disclosure literature. *Journal of Accounting and Economics*, 31(1-3): 3061-3084.

Huw Jones(2022.6.9). *Bratain to decide this year whether to regulate ESG raters*. REUTERS.

Jouvenot, V., Krueger, P.(2019). *Mandatory corporate carbon disclosure: Evidence from a natural experiment*. Available at SSRN.

Krueger, P., Sautner, Z., Tang, D. Y., Zhong, R.(2021). The effects of mandatory ESG disclosure around the world. Available at SSRN.

Larch, M., Wanner, J.(2017). Carbon tariffs: An analysis of the trade, welfare, and emission effects. *Journal of International Economics*, 109: 195-213.

Tomar, S.(2021). Greenhouse gas disclosure and emissions benchmarking. *SMU Cox School of Business Research Paper No. 19-17*, Available at SSRN.

제5장

E 영역의 주요 지표와 성과관리

제 5 장

E 영역의 주요 지표와 성과관리

제 1 절 서론

오늘날 세계는 기후, 물, 해양, 토양, 생물다양성, 에너지 등의 분야에서 전례 없는 위기에 처해 있다. 문제의 성격상 한 분야만의 문제가 아니라 복잡하고 다양하고 역동적인 상호작용을 통해 격동의 시대(turbulent age)로 이어지는 상황이다. 본래 환경문제와 경제성장의 양립 가능성을 모색하며 도출된 지속가능발전에 관한 논의는 오히려 지속 불가능성에 대한 우려에 봉착한 수준이다. 우리 역시 기후변화에 따른 기상이변이라든지 과수 재배지 변동, 플라스틱 쓰레기 대란 등 환경문제를 체감하고 있다. 그럼에도 2023년 한국의 지속가능발전목표(SDGs) 성취도 순위는 166개국 중 31위로 전년도 27위에서 네 단계나 떨어졌다. 재생에너지 비율이 OECD 하위권에 머물고 있고, 플라스틱 등 해양쓰레기 증가, 산림 면적의 감소, 생물다양성 보호지역 증가세 미약 등(통계청 통계개발원, 2023)이 성취도 하락에 기여하고 있는 실정이라 좀 더 적극적인 대응이 요구되고 있다.

국제적으로 보면, 2023년 6월 국제회계기준재단(International Financial Reporting Standards, IFRS) 산하 국제지속가능성기준위원회(International Sustainability Standards Board, ISSB)가 ESG 공시기준 글로벌 표준안을 확정하여 발표한 데 이어 7월에는 유럽연합 집행위원회가 유럽지속가능성기준(European Sustainability Reporting Standards, ESRS)을 확정했다. 12월 두바이에서 개최된 제28차 유엔기후변화협약 당사국총회(COP 28)에서는 기업, 투자자, 증권거래소, 회계법인, NGO, 데이터 분석기관, 대학 등 400여 개의 기관이 ISSB의 ESG 공시기준을 사용하겠다거나 이 기준의 채택을 지지하겠다는 입장을 밝힌 것으로 전해졌다. 이보다 앞선 8월에는 국제감사인증기준위원회(IAASB)가 국제지속가능성인증기준(International Standard on Sustainability Assurance 5000, ISSA 5000)을 공개하며 여론 수렴에 나선 바 있다. IAASB는 ISSA 5000을 회계법인이 아니더라도 인증할 수 있게 하고, 기존 공시기준이나 새로운 공시기준 모두에 활용될 수 있을 것이라고 주장했다.

황인창 · 백종락 · 이윤혜(2023: 10)가 2022년 4월 서울시 산하 27개 공공기관(6개 공기업과 21개 출연기관) 경영평가 담당 부서장급 직원 대상으로 수행한 설문조사에 따르면, ESG 경영에 대한 인식 수준이 높고 중요성 역시 높게 평가하고는 있었지만, 그간 상급기관이나 시민사회의 요구에 따라 전통적으로 강조되어 온 사회적 공헌은 평가 체계에 잘 반영된 편이지만, 전반적인 ESG 성과는 높지 않은 것으로 나타났다.

공공부문은 목표 설정과 지표와 연계한 성과관리를 통해 E 영역의 활동을 개선하고 촉진해 나갈 수 있다. 제2장에서 강조한 바와 같이 명확한 목표와 개선 방안을 설정하고, 이러한 목표를 모니터링하고 보고할 수 있는 기준으로서 지표를 수립하며, 이를 위한 추진체계를 구축할 수 있다. 필요할 경우 기존의 전략이나 정책평가 체계를 수정할 수 있으며, 이행성과에 대해서는 이해관계자 그룹과 시민에게 전달하고 알리면서 피드백과 개선 및 수정 작업을 수행해야 한다. 이러한 과정을 통해 공공부문의 활동에 따른 환경영향을 효과적으로 관리하고, 지속가능한 미래를 구축하는 데 기여할 수 있을 것이다.

정부와 지방정부를 포함한 공공부문은 에너지 소비를 모니터링하고 에너지 사용을 줄이기 위한 목표를 설정함으로써 에너지 효율성을 높일 수 있다. 또한 태양광이나 풍력과 같은 재생 에너지에 투자하여 탄소 발자국을 줄일 수 있다. 폐기물 관리와 재활용 프로그램 강화를 통해 폐기물의 양을 줄이는 한편, 재활용 폐기물의 비율을 늘리기 위한 목표를 설정할 수도 있다. 친환경 제품이나 서비스를 장려하기 위한 조달 정책도 가능하다. 재활용 상품을 구매하거나 친환경적인 관행을 준수하는 공급업체를 선택할 수 있는 것이다. 공공부문은 또한 물 사용량을 모니터링하면서 물을 절약하는 목표를 설정하거나 보존 조치를 시행할 수 있다. 대기질을 모니터링하고 개선하기 위한 정책이나 조치를 취할 수도 있다. 이를 위해 공공부문 차량의 배출량을 줄이거나 기존 차량을 친환경 자동차로 교체할 수 있고, 대중교통을 활성화하거나 청정기술을 채택할 수 있도록 촉진할 수 있다. 나아가 천연 서식지를 보호하거나 외래종을 관리하고, 토지 이용에 지속가능성을 고려함으로써 생물다양성 보존에 나설 수도 있다. 이처럼 공공부문은 환경을 고려하는 조치를 스스로 시행할 수도 있고, 관련 정책을 통해 (지역) 기업의 행동을 촉진할 수도 있다. 그리고 이러한 정책에 적극적으로 참여할 수 있도록 지원할 수도 있다.

제 2 절 | E 영역 공시에 대한 국제 동향

유럽연합은 2001년 설립된 민간 협회인 유럽재무보고자문그룹(European Financial Reporting Advisory Group, EFRAG)의 자문을 통해 2014년 유럽연합 비재무정보공개지침(Non-Financial Reporting Directive, NFRD)을 채택하여 2018년부터 적용하고 있다. 기업의 사회적 책임을 유도하고, 지속가능성 관련 성과 관리와 공시를 위한 데이터 체계를 확립하자는 것이었다. 2021년 5월에는 NFRD의 개정안이라 할 수 있는 기업지속가능성보고지침(Corporate Sustainability Reporting Directive, CSRD)을 통해 지속가능경영보고서 의무화로 나아갔다. 이는 2023년 1월부터 발효되었다. 그리고 이를 위해 EFRAG이 개발하여 2023년 6월에 발표한 보고서 작성 표준이 유럽지속가능성보고표준(European Sustainability Reporting Standards, ESRS)이다. ESRS에서 E 영역은 기후변화(E1), 환경오염(E2), 수자원 및 해양자원(E3), 생물다양성과 생태계(E4), 자원사용 및 순환경제(E5) 등 주제별 표준으로 제시되고 있다.

다음으로, 일반적으로 'S1'이라 불리는 ISSB의 '지속가능성 관련 재무정보 공시 일반 요구안(General Requirements for Disclosure of Sustainability-related Financial Information)'은 투자자가 지속가능성과 관련된

위험과 기회를 투자 판단에 유용하게 활용할 수 있는 정보의 공시 방법과 내용을 담고 있다. S1과 마찬가지로 거버넌스, 전략, 리스크 관리, 지표 및 목표 등 4개 영역으로 이뤄진 ISSB의 기후공시(Climate-related Disclosures)는 S2라 불리며, S2 공시까지 마쳐야 ISSB 기준을 통과한 것으로 인정받는다. 기후공시는 기후변화에 의한 '물리적 리스크' 관련 정보와 함께 저탄소 전환에 따른 정부 규제 또는 소비자 선호의 변화에 따른 '전환 리스크' 관련 정보를 동시에 공시하도록 하고 있다. 기업의 적극적인 대응 노력으로 신상품이 개발되거나 새로운 산업에 진출하는 등의 기회요인이 발생할 때도 공시하도록 하고 있다.

기후공시는 기후 관련 리스크에 대한 거버넌스 차원의 역할과 책임, 인력과 역량(거버넌스), 비즈니스 모델 변화, 기후변화 적응 및 대응 노력, 저탄소 경제로의 전환 등 기후 관련 위험과 기회에 대한 관리 전략(전략), 기후 관련 위험과 기회에 대한 모니터링, 식별, 평가, 우선순위 선정(리스크 관리), 기후 관련 위험과 기회를 관리하기 위한 지표와 목표(지표 및 목표)를 포함한다. 특히 S2는 온실가스 프로토콜의 가이드라인에 따라 Scope 1, 2, 3에 해당하는 온실가스 배출량을 모두 공시하도록 하고 있다. 중대한 정보일 경우 Scope 3 배출량에 대한 정보도 세분화하여 제공하도록 하고 있다.

Scope 1, 2, 3의 구분은 1998년 세계지속가능발전협의회(World Business Council for Sustainable Development, WBCSD)와 세계자원연구소(World Resources Institute, WRI)가 만든 온실가스 회계처리와 보고에 관한 가이드라인, 즉 '온실가스(GHG) 프로토콜'에서 온실가스 배출량 산출 영역(Scope) 기준을 배출원에 따라 나누고 있는 것을 활용한다. Scope 1은 기업이 소유하거나 통제하는 범위 내의 배출원에서 발생하는 탄소 배출량을 말한다. Scope 2는 기업이 구매하거나 이용한 전기, 증기, 난방, 냉각 등에서 발생하는 탄소 배출량을 말한다. Scope 3는 가치사슬 내에서 발생하는 것이지만, 기업이 소유하거나 통제할 수 있는 범위 밖의 외부 시설에서 발생하는 탄소 배출량을 말한다. Scope 1과 2가 기업 활동으로 직접 유발되는 탄소 배출량이라면, Scope 3는 간접적인 탄소 배출량이다. Scope 3에 해당하는 것 중에서 소재 생산과 관련된 공급사와의 협력을 포함하여 제조 과정의 폐기물이나 폐수처리, 제조 관련 제품 구매, 사무실 가구나 설비, IT 지원 등 비제조 관련 활동을 업스트림 활동이라 하고, 제품의 수송과 유통 과정, 그리고 소비자의 제품 사용과 폐기 시 탄소 배출과 관련된 활동을 다운스트림 활동이라고 한다.

ESG 공시기준과 더불어 기업과 금융기관의 자연자원 공시기준도 확대될 전망이다. 유럽연합은 2024년부터 시행될 '기업 지속가능성 보고지침(Corporate Sustainability Reporting Directive, CSRD)'과 하위 규정인 ESRS에서 '생물다양성과 생태계'를 의무공시 항목에 포함한 바 있다. 2023년 9월 19일에는 자연 관련 재무정보공개 협의체(Task force on Nature-related Financial Disclosures, TNFD)가 '자연자본 공시 권고안'을 확정해 발표했다. 현금흐름이 자연자본의 투입 흐름에 따라 달라지므로 자연 손실의 가속화로 기업 활동과 투자자에게 초래될 수 있는 위험을 투자자가 파악할 수 있어야 한다는 것이다. 2021년 6월에 출범한 TNFD는 유엔환경계획 금융이니셔티브(UNEP FI)와 유엔개발계획(UN Development Programme, UNDP)이 주도하여 설립된 것으로, 자산규모 20조 달러의 40개 자산운용사가 참여하고 있다.

기업과 금융기관의 자연 관련 위험 및 기회에 관한 공시 체계를 개발하는 TNFD는 ISSB와 GRI 공시기준과의 일관성을 확보하고, 쿤밍-몬트리올 글로벌 생물다양성 프레임워크(Global Biodiversity Framework, GBF)의 요구에도 부합하여 향후 ISSB는 자연자본 공시기준을 추가할 때 적극적으로 고려될 전망이다. 2022년 12월 제15차 생물다양성협약 당사국총회를 통해 채택된 GBF는 196개 국가가 생물다양성 실천 목표 및 이행계획을 합의한 것이다. 2030년까지 육상 및 해양의 30%에 보호지역을 지정하고, 훼손된 생태계의 30%를 복원하며, 기업과 금융기관의 생물다양성 정보를 공개하도록 하는 등 23개의 실천 목표를 제시하였다. 당사국들은 이를 반영한 국가생물다양성전략을 2024년까지, 이행보고서를 2026년과 2029년에 제출하도록 했다.

TNFD의 권고안은 기후변화 관련 재무정보공개 협의체(Taskforce on Climate-related Financial Disclousure, TCFD)와 마찬가지로 거버넌스, 전략, 리스크 및 영향관리, 지표 및 목표 등 4개 영역으로 이뤄져 있다. 첫째, 거버넌스는 공시 기업이 자연자본과 관련된 위험과 기회를 모니터링하고 관리하는 절차, 과정, 조직 관련 공시다. 둘째, 전략은 자연자본 관련 위험과 기회의 관리에 관련된 공시 기업의 접근법에 관한 공시다. 셋째, 리스크 및 영향관리는 자연자본의 영향, 자연자본에 대한 의존, 자연자본 관련 위험과 기회에 대한 공시 기업의 식별, 평가, 관리에 관한 공시다. 넷째, 지표 및 목표는 자연자본에 대한 공시 기업의 의존, 자연자본 관련 위험과 기회에 대한 평가와 관리를 위해 공시 기업이 사용한 지표 및 지표에 관한 공시다.

OECD 역시 'OECD 다국적기업 가이드라인'을 통해 GBF와 관련하여 생물다양성협약에 따른 보호지역에서의 엄격한 실사 절차를 강조한 바 있다. 유럽연합은 2023년 6월부터 '산림벌채 규정(EUDR)'을 시행하고 있다. EU 시장에 커피, 고무, 목재와 같은 상품 및 파생상품을 제공하는 수출입업자는 모든 공급업체에 대해 사전 실사를 하여 해당 제품이 산림을 전용하거나 훼손한 것과 무관하다는 점을 증명하도록 하는 것이다.

E 영역과 관련하여 (지방)정부 차원의 ESG 경영 요소 도입 사례도 늘고 있다. 가령 캐나다 정부는 ESG 평가 확대와 정보 공개 방침에 따라 재무보고서에 기후변화 리스크 정보를 공개하고 있다(황인창 · 백종락 · 이윤혜, 2023: 17). 캐나다 토론토 시는 캐나다 정부의 '도시 기후 관련 재무정보 공시 가이드라인' 개발에 참여하였고, 이에 따라 2019년부터 토론토 시 재무보고서에 기후 관련 정보를 공개하고 있다(〈표 5-1〉 참조).

〈표 5-1〉 캐나다의 기후변화 관련 도시 정부 재무정보 공시 가이드라인 주요 내용

분야	주요 내용
거버넌스	기후 관련 위험과 기회에 관한 시장과 시의회의 관리 사항을 설명
	기후 관련 위험과 기회를 평가하고 관리하는 경영진의 역할을 설명
전략	식별된 도시의 단기 · 중기 · 장기 기후 관련 위험과 기회를 설명
	기후 관련 위험과 기회가 시의 사업전략과 재무계획에 미치는 영향을 설명
	2℃ 이하 시나리오를 포함하여 다양한 기후 관련 시나리오를 고려한 도시 전략 차원에서의 회복력을 설명
위험 관리	기후 관련 위험을 식별하고 평가하기 위한 시의 프로세스를 설명
	기후 관련 위험을 관리하기 위한 시의 프로세스를 설명
	기후 관련 위험을 식별, 평가 및 관리하는 프로세스가 시의 전체 위험 관리에 통합되는 방법을 설명
목표 설정	전략 및 위험 관리 프로세스에 따라 기후 관련 위험 및 기회를 평가하기 위해 시에서 사용하는 지표를 공개

	Scope 1 및 Scope 2와 해당하는 경우 Scope 3도 포함하여 온실가스 배출량 및 관련 위험을 공개
	기후 관련 위험과 기회를 관리하고 목표에 대한 성과를 관리하기 위해 시에서 사용하는 지표를 설명

자료: CPA(2019: 4), 황인창·백종락·이윤혜(2023: 17)에서 재인용.

제 3 절 | E 영역의 주요 지표

1 GRI 가이드라인의 환경적 성과 관련 지표

조직이 환경, 경제, 사람에 미치는 영향에 대한 책무에 대해 소통하고 입증할 글로벌 모범사례를 개발하여 제공하는 GRI(Global Reporting Initiative)는 생물다양성에서부터 조세, 폐기물에서부터 배출량, 다양성과 형평성에서부터 보건과 안전에 이르는 주제를 다루고 있다. GRI의 표준인 GRI 가이드라인은 가장 널리 사용되는 것으로 알려져 있고, TNFD나 ESRS 등의 표준도 GRI를 기반으로 한 것이다. GRI 역시 2021년에 ISSB나 ESRS의 표준과 상호 운용성을 높이기로 합의하기도 했다. GRI는 최근 기후 전환 계획 및 행동과 기후 관련 에너지 전환 계획을 공개할 때 사용하도록 새로운 기후변화 표준과 에너지 표준 초안을 내놓고, 여론수렴을 거쳐 2024년 4분기부터 최종 표준을 승인할 예정이다. GRI 가이드라인에서 환경적 성과는 GRI 300에 제시되어 있는데, 각 분야별 지표는 〈표 5-2〉와 같다.

〈표 5-2〉 GRI 가이드라인 특정 주제 GRI 300 환경적 성과

구분	GRI 지표	지표 내용
원재료	301-1	사용된 원료의 중량과 부피
	301-2	재활용 투입재 사용
	301-3	판매된 제품 및 그 포장재의 재생 비율
에너지	302-1	조직 내 에너지 소비
	302-2	조직 외부 에너지 소비
	302-3	에너지 집약도
	302-4	에너지 사용량 절감
	302-5	제품 및 서비스의 에너지 요구량 감축
용수	303-1	공유 자원으로서의 용수 활용
	303-2	방류수 관련 영향 관리
	303-3	용수 취수량
	303-4	용수 방류량
	303-5	용수 사용량
생물다양성	304-1	생태계 보호지역/주변지역에 소유, 임대, 관리하는 사업장
	304-2	생태계 보호지역/주변지역에 대한 사업활동, 제품, 서비스 등으로 인한 영향
	304-3	서식지 보호 또는 복구
배출	305-1	직접 온실가스 배출량(Scope 1)
	305-2	간접 온실가스 배출량(Scope 2)
	305-3	기타 간접 온실가스 배출량(Scope 3)
	305-4	온실가스 배출 집약도
	305-5	온실가스 배출 감축
	305-6	오존파괴물질 배출
폐수 및 폐기물	306-1	폐기물 발생 및 폐기물 관련 주요 영향
	306-2	폐기물 관련 주요 영향 관리

	306-3	폐기물 발생량 및 종류
	306-4	폐기물 재활용
	306-5	폐기물 매립
컴플라이언스	307-1	환경법 및 규정 위반으로 부과된 중요한 벌금의 액수 및 비금전적 제재조치의 수
공급업체 환경평가	308-1	환경 기준 심사를 거친 신규 공급업체
	308-2	공급망 내 실질적 또는 잠재적인 중대한 부정적 환경영향 및 이에 대한 조치

2 한국ESG기준원의 평가지표

한국ESG기준원은 "자본시장 발전을 위한 주요 Code(기준)를 제·개정하고 이의 활성화를 위한 ESG평가, 의안분석서비스, 정책연구 등을 제공하는 공익 추구 기관"이다. 2002년 6월 재정경제부장관의 허가를 받아 (사)한국기업지배구조개선지원센터로 출범한 한국ESG기준원은 2009년 2월 (사)한국기업지배구조센터로 개칭하였고, 2010년 8월 (사)한국기업지배구조원으로 개칭한 데 이어 2022년 9월 (사)한국ESG기준원으로 개칭하여 오늘에 이르고 있다. 한국ESG기준원은 2003년 모범규준을 토대로 지배구조 평가를 시작하였고, 2011년부터 환경과 사회 영역을 추가함으로써 ESG 통합 평가를 수행해 왔다. 2018년부터는 금융사 지배구조 영역을 분리, 신설하여 환경·사회·일반상장사 지배구조·금융사 지배구조 형태로 평가 체계를 구축했다. 환경(E) 평가 모형에서 제시하고 있는 평가지표는 〈표 5-3〉과 같다.

평가 대상기업은 환경 영향도를 고려해 21개 산업으로 분류하여 적용하고 있고, '기후변화 관련 재무적 정보 공시와 주요 환경 이슈'를 반영해 글로벌 공시 체계와 연계하고 있다. 비금융 순수지주회사는 자회사에 대한 관리, 감독 수준과 최대주주로서 자회사의 ESG 리스크를 반영한다. 순수지주회사에 대한 별도의 평가가 아니라 사업상 중요도가 큰 자회사의 활동과 성과를 평가에 반영한다. 사업지주회사는 사업지주사의 평가 결과 및 자회사의 평가 결과를 모두 적용한다(한국ESG기준원, 2023: 17–18).

〈표 5-3〉 한국ESG기준원 환경(E) 평가 모형의 평가지표

대분류	중분류
Ⅰ. 리더십과 거버넌스	가. 거버넌스 나. 전략 및 목표 다. 환경경영 내재화
Ⅱ. 위험관리	가. 위험관리
Ⅲ. 운영 및 성과	가. 기후변화 나. 자원순환 다. 물/토양/생물다양성 라. 오염물질/화학물질 마. 친환경공급망 바. 친환경제품 및 서비스
Ⅳ. 이해관계자 소통	가. 이해관계자 대응 나. 환경정보 공개

자료: 한국ESG기준원, 2023: 17.

3 관계부처 합동 K-ESG 가이드라인의 평가지표

정부는 기업의 ESG 경영 필요성은 증가하고 있지만, 기업의 ESG 경영 추진과 평가 대응에는 애로가 증가하고 있다면서 2021년 관계부처 합동으로 'K-ESG 가이드라인 v1.0'을 만들어 배부했다. 기업이 우

선적으로 고려해야 하는 ESG 경영 요소와 국내외 주요 13개 평가지표와 공시기준 등을 분석함으로써 공통적이고 핵심적인 61개 사항을 마련했다고 한다. K-ESG 가이드라인 진단항목 체계에서 환경(E) 영역은 개 범주 17개 문항으로 구성되어 있다(〈표 5-4〉 참조).

〈표 5-4〉 K-ESG 가이드라인 E 영역 진단항목 체계

범주	분류번호	진단 항목
환경경영 목표	E-1-1	환경경영 목표 수립
	E-1-2	환경경영 추진체계
원부자재	E-2-1	원부자재 사용량
	E-2-2	재생 원부자재 비율
온실가스	E-3-1	온실가스 배출량(Scope 1 & Scope 2)
	E-3-2	온실가스 배출량(Scope 3)
	E-3-3	온실가스 배출량 검증
에너지	E-4-1	에너지 사용량
	E-4-2	재생에너지 사용 비율
용수	E-5-1	용수 사용량
	E-5-2	재사용 용수 비율
폐기물	E-6-1	폐기물 배출량
	E-6-2	폐기물 재활용 비율
오염물질	E-7-1	대기오염물질 배출량
	E-7-2	수질오염물질 배출량
환경 법/규제 위반	E-8-1	환경 법/규제 위반
환경 라벨링	E-9-1	친환경 인증 제품 및 서비스 비율

자료: 관계부처 합동, 2023: 26-27.

제 4 절 | 환경 거버넌스에서 지속가능발전 거버넌스로

환경문제를 해결하기 위한 환경거버넌스의 유형으로는 정부 규제에 의한 거버넌스, 시장 메커니즘을 활용한 거버넌스, 공공-기업-시민사회 간의 협력적 거버넌스를 생각해 볼 수 있다. 환경문제와 기후위기 같은 난제(wicked problems)에 대한 대응으로서의 환경거버넌스가 정부 규제나 시장 메커니즘이 작동하는 방식만으로는 문제를 해결하는

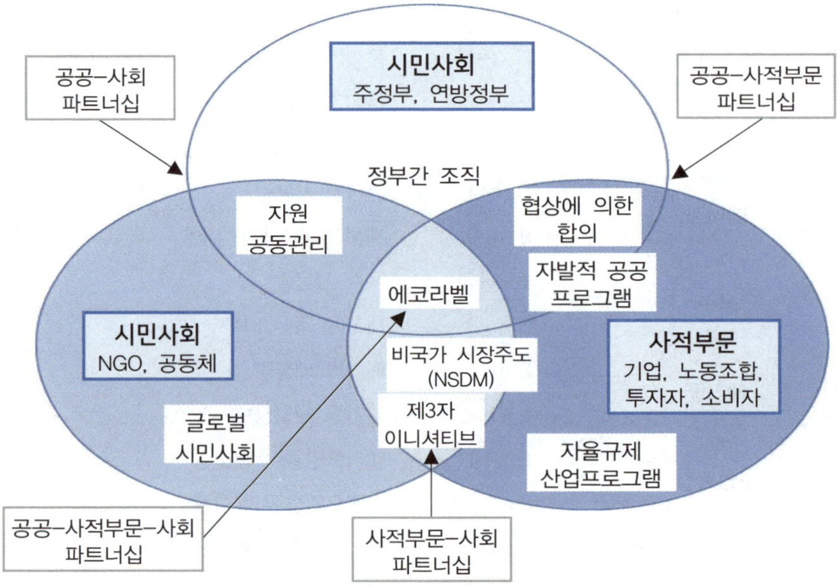

자료: Delmas and Young, 2009: 8.

[그림 5-1] **환경 거버넌스 생태계 지도**

데 적합하다고 하기 어렵게 되었다. 이에 따라 새로운 환경거버넌스로서 협력적 거버넌스 또는 협력적 관리가 부상하게 되었고, 환경 거버넌스로서 의미 있게 강조되었다.

[그림 5-1]은 환경거버넌스 생태계를 정리한 것으로 공공부문, 사적부문, 그리고 시민사회의 협력이 이뤄지는 영역을 보여준다. 기업이나 노동조합의 자발적인 공공 프로그램이 공공부문과 함께 이뤄질 수 있다(공공부문-사적부문 파트너십), 정부와 시민사회가 자원을 공동으로 관리할 수도 있다(공공부문-사회부문 파트너십). 기업과 소비자가 협력하여 지역사회에 친환경제품을 확산시킬 수도 있다(사적부문-사회부문 파트너십), 그리고 공공부문과 사적부문, 시민사회가 함께 참여하여 에코라벨 제도를 운영하여 정착시키는 것과 같이 세 부문의 파트너십도 가능할 것이다.

환경거버넌스의 유형을 설명한 Glasbergen(1998: 3)의 논의에서도 협력적 거버넌스로서의 환경거버넌스를 생각해 볼 수 있다(오수길, 2005: 156). 정부-사회, 공공-민간, 국가-시장 등의 관계 속에서 변화를 유도할 수 있는 협력의 여지가 있다는 것이다.

환경정책의 가장 기초로 생각해 볼 수 있는 것은 정부 규제와 환경 관련 법 체계일 것이다. 가격과 시장 인센티브 구조를 통해 물질적 이익을 해결책으로 제시할 수도 있다. 시민들의 자발적인 사회적 연대를 바탕으로 공적인 논쟁 속에서 일정한 합의를 도출할 수도 있다. 난제에 대한 정부의 제한적인 문제해결 능력을 고려하여 시민사회를 포함한 민간부문과의 협력을 통해 상호의존성을 생산적인 방향으로 이끌어 나가는 것이 바로 협력적 거버넌스일 것이다. 〈표 5-5〉는 각 산업 영역별로 환경적 지속가능성을 위한 기업 활동을 제시한 것이다. 각 산

〈표 5-5〉 환경적으로 지속가능한 활동의 사례

구분	예시
농림수산업	복원, 기존 산림관리, 가축생산, 다년생 작물재배 등
건물	재생에너지 시설 설치, 기존 건물 수리
제조업	저탄소기술 제품, 원료 플라스틱, 비료와 질소화합물 등
상하수도 · 폐기물	CO_2 직접포집, 폐기물 분리수거
수송 · 창고업	저탄소 교통인프라, 수상시설 건축 등
정보통신	온실가스 감축 데이터 기반 솔루션 등

자료: 대한상공회의소, 2022: 101.

업 영역에서 할 수 있는 E 영역의 실천 활동인 것이다. 산업 영역의 특성을 반영하여 해당 산업의 활동 속에서 실천의 여지를 찾는 것이 가장 중요하다. 그 과정에서 협력적 거버넌스가 형성될 수 있고, 협력적 관리가 모색될 수 있다. 이를 통해 지역 기업의 ESG 경영이 자리를 잡을 수 있으며, 공공부문은 이러한 가능성을 찾는 데 도움을 줄 수 있다.

[그림 5-2]는 다시금 ESG 경영의 궁극적인 가치와 지향점은 무엇인가를 느끼게 하는 데 도움을 줄 수 있다. SDGs 17개 목표가 구체적인 대상이나 문제영역을 갖고 있는 것이기에 어떤 현안이나 활동을 전체적으로 살펴보면서 목표 달성과 문제해결을 위한 연계와 인과구조를 찾는 것이다. 각 목표는 해당 분야의 문제영역을 갖고 있고, 기업은 이러한 과제를 포괄적으로 이해하면서 기업의 실천 활동을 찾을 수 있다. 공공부문은 지역 과제에 대한 포괄적인 이해에 도움을 줄 수도 있고, 해당 문제영역과 관련된 시민사회단체나 지역단체들을 지역기업과 연결해 주는 데 기여할 수도 있다.

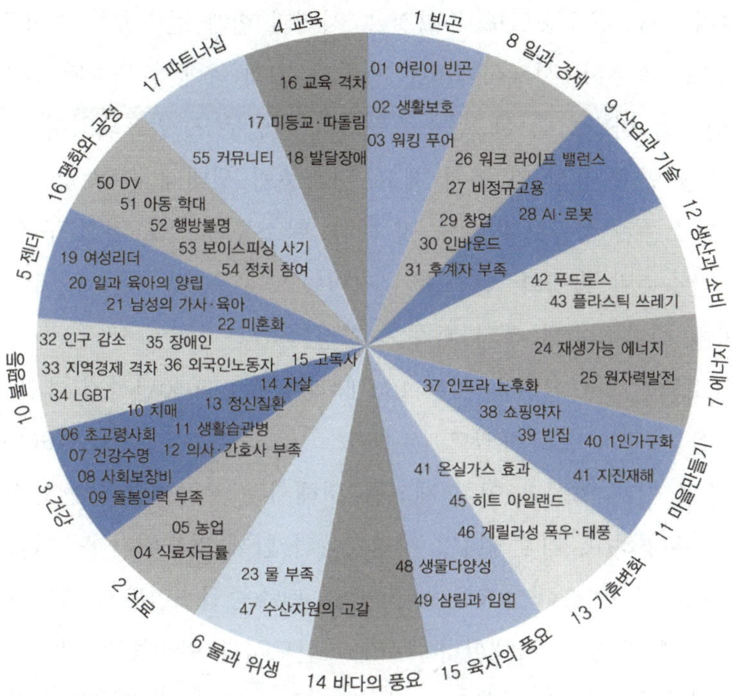

자료: 카케이 유스케, 2023: 49.

[그림 5-2] 지역 과제에 대한 포괄적 이해

제 5 절 | E 영역에서 공공부문의 대응

광명시는 "광명시가 2050년까지 탄소중립도시로 확고히 자리매김한다는 비전을 발표하고, 시민참여와 실천을 대대적으로 확산하고자" 2023년 7월 6일 '2050 광명시 탄소중립도시 선포식'을 개최하였다. 이에 따라 2050 탄소중립도시 비전은 '시민과 함께 탄소중립 스마트도시 실현'으로 정했다. 선포식에서는 광명시 18개 동에서 구축된 탄소중립 거버넌스를 바탕으로 한 '탄소중립도시 선언문'도 발표되었다. 그리고 탄소중립 인재 양성 및 인식 제고, 탄소중립 생태계 구축 및 강화, 광명형 탄소중립 성공모델 개발 및 확산, 탄소중립 선도 거점 구축, 시민 주도 탄소중립 활성화, 탄소중립 거버넌스 구축 및 지원 등 6대 전략과 이에 따른 100개 추진 과제도 확정되었다.

탄소중립도시 실현을 위한 100개 과제에는 2030년까지 예산 8,196억 원을 배정하기로 하였고, 온실가스 40% 감축 계획도 발표되었다. 탄소중립 인재 양성과 인식 제고를 위해서는 공공기관에 탄소중립 전문관을 운영하고, 기후에너지 시민교육과 함께 기후위기대응기금을 조성하기로 했다. 또한 '1.5℃ 기후의병', 탄소중립포인트제, 전기℃수소차 보급 확대 등을 시행한다. 그리고 신도시를 탄소중립 선도 거점으로 조성하기로 하고, 친환경 녹색 스마트 도시 및 탄소중립 친환경 산업연구단지를 조성하는 한편, 스마트그린빌리지를 보급하기로 했다.

광명시는 2017년 49명으로 구성된 에너지시민기획단과 함께 '광명 지역에너지 계획'을 수립한 바 있는데, 2018년 전국 최초로 기후에너지 전담부서로서 기후에너지과를 신설했다. 기후에너지과는 광명시기후에너지센터와 함께 '1.5℃ 기후의병'을 브랜딩했는데, 1.5℃란 지구 온도가 산업화 이전과 대비하여 1.5℃ 상승하면, 세계 인구 절반이 살고 있는 적도 지역에서 인간 생존의 한계온도를 초과하게 된다는 마지노선의 의미라 할 수 있다. 시민들의 탄소중립 생활을 일상화하자는 '1.5℃ 기후의병'은 매월 11일 '광명 줍깅데이' 캠페인을 벌이고 있고, 기후변화주간(4월 18~22일)에는 릴레이 캠페인, 자전거 행진, 지구의 날 기념행사, 소등행사 등을 진행하고 있다.

1.5℃ 기후의병은 '기후의병 탄소중립포인트' 제도를 운영하고 있다. 시민들의 기후의병 활동에 대해 '기후의병 탄소중립포인트'를 제공하는 것으로, 포인트를 모아 '광명사랑화폐'로 충전할 수 있다. 탄소중립과 함께 지역경제 활성화도 도모하자는 것이다. 만 14세 이상 광명시민으로 광명사랑화폐를 소지하고 있는 시민을 대상으로 하며, 기후의병 탄소중립포인트를 적립하여 연간 1인 최대 10만 원까지 광명사랑화폐로 충전하여 사용할 수 있다. 기후의병 프로그램과 탄소중립포인트를 〈표 5-6〉과 같이 정리할 수 있다.

〈표 5-6〉 광명시 기후의병 프로그램과 탄소중립포인트

실천 분야		내용
참여 선언	챌린지 '나는 기후의병이다'	기후의병 활동 실천 다짐 피켓 작성과 참여 - 증빙자료: 사진 1장 - 지원포인트: 5,000P - 실적인정: 1인 1회 한정
	1인 캠페인 '기후위기 극복'	도덕산 · 구름산 정상, 출렁다리 및 안양천 · 목감천 등에서 기후위기 극복 1인 피켓 캠페인 - 증빙자료: 사진 1장 - 지원포인트: 5,000P - 실적인정: 1인 1회 한정
자원 순환	재활용품 분리배출	광명시 관내 재활용품 무인수거함(우유팩, 투명페트병)으로 재활용 분리 배출하기(오늘의 분리수거 앱) - 증빙자료: 사진 1장(오늘의 분리수거 앱 실적화면) - 지원포인트: 1,000P - 실적인정: 1인 1일 1회
	안 쓰는 물품 기부	안 쓰는 물품 기부하기, 단 아름다운가게 등 비영리단체 기부사항에 한함 - 증빙자료: 사진 1장(기부확인서 등) - 지원포인트: 3,000P - 실적인정: 1인 1일 1회

	플리마켓 참여	**공공기관 및 비영리단체 주관 플리마켓 판매자로 참여** - 증빙자료: 사진 2장 또는 주최 확인증 - 지원포인트: 3,000P - 실적인정: 1인 1일 1회
에너지 절감	교통수단 자전거 이용	**교통수단으로 자전거 이용 ※ 운동 제외, 출발 또는 도착지 1곳은 광명시** - 증빙자료: 사진 2장(출발/도착지/목적 입력) - 지원포인트: 2,000P - 실적인정: 1인 1일 1회
	10.10.10 소등캠페인 참여	**매월 10일, 오후 10시부터 10분간 자택에서 소등** - 증빙자료: 사진 3장 ※ 오후 10시, 10시 5분, 10시 10분 소등 사진 - 지원포인트: 3,000P - 실적인정: 1인 1일 1회
지혜 소비	공정무역 가게 이용	**광명시 관내 공정무역 가게에서 공정무역 제품 구매 ※ 커피음료 및 녹색제품 인정** - 증빙자료: 사진 2장(제품사진 1장, 영수증 1장) - 지원포인트: 1,000P - 실적인정: 1인 1일 1회
	내 그릇 사용하기	**광명시 음식점에서 내 그릇으로 음식 담아오기(음료 제외)** - 증빙자료: 사진 2장, 음식구매 영수증 - 지원포인트: 3,000P - 실적인정: 1인 1일 1회
환경 보호	줍깅 참여	**광명시에서 걸으면서 쓰레기 줍기** - 증빙자료: 사진 2장 ※ 줍깅 처음과 마무리 사진, 종량제 봉투 보일 것 - 지원포인트: 2,000P - 실적인정: 1인 1일 1회
	교육 참여	**공공기관 비영리단체 주관 교육, 포럼, 세미나 등 참여** - 증빙자료: 사진 2장 또는 주최 확인증 - 지원포인트: 2,000P - 실적인정: 1인 1일 1회

자료: https://netzero.gm.go.kr(검색일 2023. 12. 1)

시민참여와 실천의 대표적인 사례는 '소규모 공동주택 재활용 분리수거함 무상 설치 지원사업'이다. 광명시는 분리수거함이 설치되어 있지 않은 6가구 이상 거주 다세대 및 다가구 주택, 빌라, 오피스텔 등의 소규모 공동주택을 대상으로 재활용 분리수거함을 무상으로 설치해 주고 있다. 소정의 현장 실사를 통해 지원 대상으로 선정되면, 해당 공동주택에는 '소규모 공동주택 자원순환지킴이' 명패가 부착된다. 그리고 4구 또는 6구 분리수거함, RFID 음식물 종량기, 음식물 전용 수거함, 60ℓ와 10ℓ 일반 종량제 봉투 100매와 재활용 봉투 100매 등이 지원된다.

2023년 12월 14일에는 '태어난 김에 탄소중립'이라는 주제로 시민토론회를 개최하여 건물, 수송, 폐기물, 흡수원, 농축산 등 5개 부문별 온실가스 감축과 시민참여형 탄소중립 실천 방안을 논의했다. 이를 통해 공공주택 옥상과 벽면 태양광 확대, 넷제로 거리 만들기, 분리수거함 개선, 관공서와 학교 옥상녹화사업 확대, 도시농부 육성 및 유휴기관 이용 스마트팜 조성 등을 대표 과제로 선정하였다. 이러한 대표 과제는 '광명시 탄소중립 녹색성장 기본계획'에 반영하기로 했다.

'항만을 경쟁력 있는 해운물류의 중심기지로 육성하여 국민경제의 발전에 이바지함'을 목적으로 하는 '항만공사법'에 따라 설립된 인천항만공사는 '물류와 해양관광을 선도하는 복합 가치공간'을 비전으로, '항만 생태계의 지속 가능한 미래 가치 창출'을 ESG 비전으로 삼아 2030 E 영역의 ESG 목표는 미세먼지 저감률 60%, 신재생에너지 발전량 20.8GWh로 설정하고 있다. E 영역의 전략방향은 '친환경 항만 생태계 구현'이고, 이를 위한 과제로는 그린뉴딜 기술 기반의 친환경 항만 운영, 항만 에너지 순환 체계 구축으로 탄소 발자국 최소화, 참여와 연대의 친환경 문화 확산을 제시하고 있다([그림 5-3] 참조).

이에 따라 2022년에는 한국환경산업기술원, 롯데정밀화학(주)와 ESG 경영 공동실천 협약을 맺고 ESG 네트워크를 기반으로 중소기업

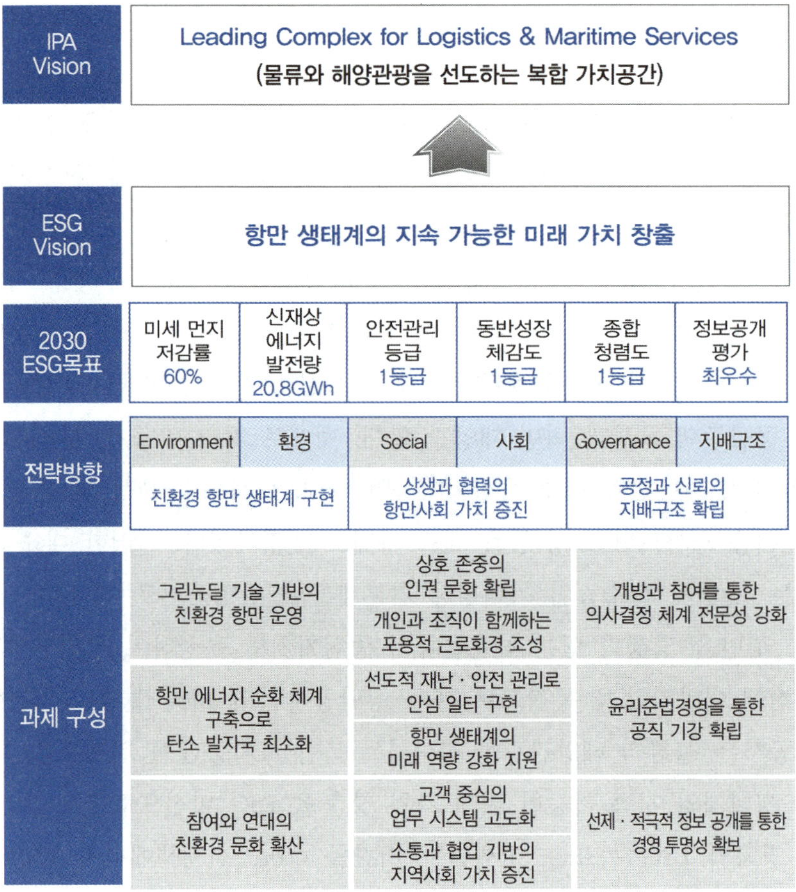

자료: https://www.icpa.or.kr(검색일 2023.12.1)

[그림 5-3] 인천항만공사 ESG 경영전략 체계도

의 기술 성장을 지원하였다. 즉, 지역 내 폐플라스틱 환경문제를 해결하는 데 기여할 수 있는 우수 기술을 보유한 중소기업을 발굴하여 인천항과 인천항 이용 기업인 롯데정밀화학(주)에서 배출된 폐비닐을 활용함으로써 재활용 제품인 친환경 파레트를 제작하여 수출할 수 있었다([그림 5-4] 참조).

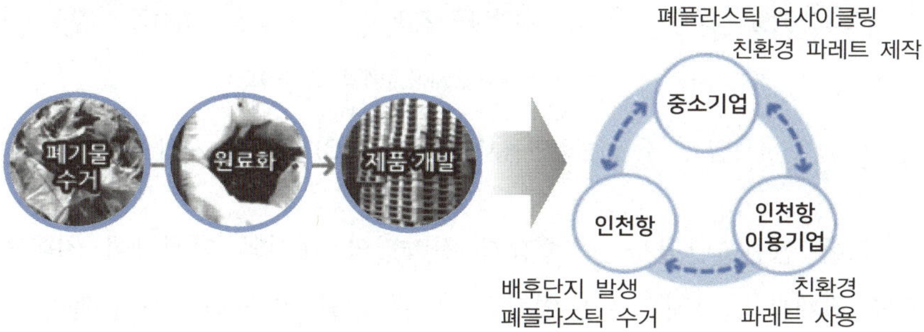

자료: https://www.icpa.or.kr(검색일 2023.12.1.)

[그림 5-4] 인천항만공사의 폐비닐을 활용 친환경 수출용 파레트 개발 지원

인천항만공사는 또한 인천지역 사회복지관 및 전통시장과 협업 체계를 구축하여 직원들이 지역 내 사회복지관에서 취약계층 아동들과 함께 폐현수막을 활용하여 친환경 장바구니로 제작하였다. 이를 지역 내 독거 어르신과 장애인들에게 배부하고, 전통시장 물품을 구매할 수 있는 바우처를 제공하여 전통시장에서 장을 보면서 친환경 장바구니('으쓱(ESG) 바구니') 사용 캠페인을 벌였다. 이러한 사례는 E 영역의 활동이 S 영역의 활동과 적절히 연계될 수 있음을 보여준 것이기도 하다([그림 5-5] 참조).

자료: https://www.icpa.or.kr(검색일 2023.12.1.)

[그림 5-5] 인천항만공사의 '으쓱(ESG) 바구니' 사업

또한 인천항만공사는 "중장기 전략경영 체계와 연계하여 친환경 경영 체계를 안정적으로 운영할 수 있는 기틀 마련"하고자 친환경 경영 방침을 바탕으로 한 환경경영을 강조하고 있다. 이를 위해 국내외 친환경 관련 법규 및 협약의 성실한 준수, 정부 정책 적극 부응 및 해양 환경보전 활동 적극 실천, 환경친화적 경영활동을 통한 최상의 경영성과 달성, 친환경 신기술 개발 및 도입으로 환경 영향 최소화, 투명한 환경정보공개를 통한 지역사회 신뢰 강화를 친환경 경영방침으로 제시하고 있다. 환경경영을 위한 환경 비전으로는 '깨끗한 하늘과 바다로 국민이 신뢰하는 저탄소 친환경 인천항 구현'을, 전략 목표로는 '그린 뉴딜 기반 친환경 항만 실현'을 설정하고 있다. 그리고 항만 오염물질 저감, 저탄소 항만 구축(탄소중립), 친해양·환경 항만 조성 등 전략 방향에 따라 9개 추진 과제를 제시하고 있다([그림 5-6] 참조).

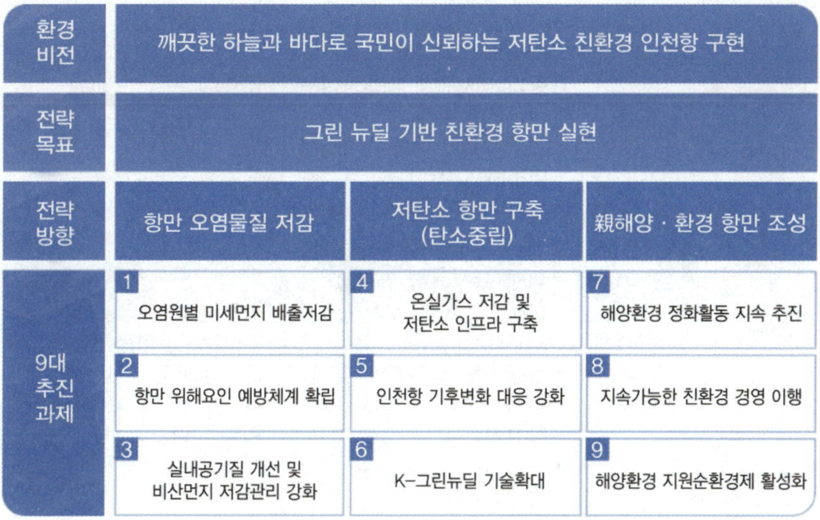

자료: https://www.icpa.or.kr(검색일 2023.12.1)

[그림 5-6] **인천항만공사 중장기 친환경 경영전략**

전략 방향별 주요 성과는 〈표 5-7〉과 같이 정리할 수 있다. 이 성과에서도 신재생에너지 보급 확대 사례와 같이 S 영역과도 연계되는 사례를 발견할 수 있다. 특히 환경경영 성과는 공공기관의 핵심 업무와 관련된 사업과 활동 속에서 E 영역의 활동을 도출해 낼 수 있음을 보여주고 있다.

〈표 5-7〉 인천항만공사 환경경영 성과

전략 방향	사업	의의 및 경과	성과
항만 오염물질 저감	선박저속운항 프로그램	• 권장사항으로서의 선박저속운항 (VSR: Vessel Speed Reduction) 프로그램	• 입출항시 지정해역 내 권고 속도 이하로 운영 • 참여 선박에 인센티브 지급 (한도 5억 원)

		• 선박의 연료소모량은 선박 속도에 비례하며, 연료소모량과 미세먼지 배출량에는 상관관계 존재 • 선사 자율참여를 통한 시범운영(2019.9) • 조기도입, 운영(2019.12)	
	육상전원 공급시설 활성화	• 정박 선박의 전력사용을 위해 육상에서 전력을 공급하는 AMP (Alternative Maritime Power) 시설 • 공동협력, 업무협약 및 중장기 AMP 구축 계획 수립(2017) • 고압 AMP 설치 및 관리 운영(2019)	• 기존 선박 유류발전기 내비 온실가스인 이산화탄소 40%, 오염물질인 황산화물 87%, 질소산화물 97%, 미세먼지 97% 저감
	하역장비 친환경화	• 디젤엔진 배기가스 중 입자상물질을 제거하는 배기 후처리장치의 일종인 옐 (Diesel Particulate Filter)	• 동력 전환, 저감장치 부착 지원사업 • 친환경 연료사용 기준 마련 공동 추진 • 항만 하역장비 친환경 관리 및 개선방안 마련
	비산먼지 관리	• 에어커튼 및 집진시설이 설치되어 비산먼지를 저감하는 에코호퍼를 통한 인천항 비산먼지 관리 강화	• 하역/재비산먼지 발생 저감 • 도로 재비산먼지 발생 저감
저탄소 항만구축	신재생에너지 보급 확대	• 미세먼지 발생 없는 신재생에너지 보급 확대 • 인천시교육청, 지역난방공사, 탑슬라(주), 백혈병어린이재단, (주)유니테스트 • 운영기간: 햇빛 · 나눔발전소 2016~2041년, 햇빛 · 나음발전소 2017~2042년	• 기대효과 25년 • 중소물류기업 경제수익 63억 원(햇빛발전소), 취약계층 1,400명 지원(나눔발전소) • 중소물류기업 경제수익 82억 원(햇빛발전소), 백혈병 소아암 환우 250명 지원(나음발전소)
	LNG 냉동 · 냉장 클러스터	• 기존에 바다로 버려지던 LNG 인수기지의 냉열에너지 국내최초 재활용	• 전기료 등 유지관리비 최소 30% 이상 절감 • 국가 물류경쟁력 향상, 해양

	조성	• 총사업비 약 414억 원 소요, 2014년부터 재활용	환경 보존, 국가 에너지 절약정책에 기여
	친환경선박 도입	• LNG 홍보선 도입/운영 기반 노후예선 LNG 연료 추진선 전환 사업 추진 • 공고 및 업체 선정, 7개 기관 LNG 생태계 조성 다자간 MOU 체결(2019) • LNG예선 진수, 취항(2021)	• 동북아시아 최초 LNG 추진선박(에코누리호) 도입 및 운영(2013) • 에코누리호의 이산화탄소 배출 저감량 100톤 • 노후예선(송도호) LNG 연료 추진 전환 사업(2019)
친해양 · 환경 항만 조성	해양환경 보전활동	• 해양플라스틱 발생 저감 • 해양환경 보전문화 확산 및 시민참여 공모전 개최 • 해양환경정화 활동	• 사내카페 일회용 플라스틱 퇴출 • 생분해성 소재(OLA) 컵 전면 도입 • 인천항 해양환경 서포터즈 운영 • 노사 공동, 관계기관 합동 해양정화 행사 추진
	실내 공기질 관리 및 취약계층 보호	• 연안여객터미널 및 국제여객터미널 등 다중이용시설 친환경 혁신제품 설치 및 실내공기질 인증	• 실내 공기질 관리를 위한 혁신제품 설치 • 10개 항목 기준이상 충족 • 취약계층 및 항만종사자 건강보호물품 지원
	녹색구매 활성화	• 친환경상품 의무구매 지침 규정 • 의무구매율 이상 친환경제품 구매 실천 • 협력기업에 녹색제품 우선구매 장려	• 전체대비 녹색구매 99.8%

자료: https://www.icpa.or.kr(검색일 2023. 12. 1)에서 정리.

참고문헌

관계부처 합동(2021). 『K-ESG 가이드라인 v1.0』.

대한상공회의소(2022). 『지속가능경영을 위한 기업 가이드: ESG A to Z』.

오수길(2005). 지방정부 환경거버넌스의 진단: 경기도내 지방의제21 추진기구들을 중심으로. 『지방정부연구』, 9(4): 151-170.

오수길(2017). 환경거버넌스와 헌법: 지속가능발전 거버넌스로의 전환. 『한국비교정부학보』, 21(4): 245-259.

통계청 통계개발원(2023). 『한국의 SDG 이행보고서 2023』.

황인창 · 백종락 · 이윤혜(2023). 공공의 관점에서 본 ESG 경영: ESG 경영 도입과 실천 확산 전략. 『정책리포트』, 376. 서울연구원.

한국ESG기준원(2023). 『한국ESG기준원 ESG 평가방법론』.

카케이 유스케(2023). 『SDGs×지방창생×ESG: 지속가능한 지역만들기』. 조지영 역. 서울: 차밍시티.

CPA(2019). *Enhancing Climate-related Disclosure by Cities: A Guide to Adopting*. Chartered Professional Accountants Canada.

Delmas, Magali A. and Oran R. Young(2009). Introduction: New Perspectives on Governance for Sustainable Development. In Magali A. Delmas and Oran R. Young (eds.), *Governance for the Environment: New Perspectives*, 3-11, Cambridge: Cambridge University Press.

Glasbergen, Pieter(1998). The Question of Environmental Governance. In Pieter Glasbergen (ed.), *Co-operative Environmental Governance: Public-Private Agreements as a Policy Strategy*. 1-18. Dordrecht, the Netherlands: Kluwer Academic Publishers.

제6장

S 영역의 주요 지표와 성과관리

제 6 장

S 영역의 주요 지표와 성과관리*

제 1 절 서론

최근 EU에서는 무엇이 사회적으로 지속가능한 경제활동인지를 안내해 주는 'Social Texonomy' 초안(2021)이 발간됨으로써 S(Social) 영역에 대한 관심이 증대되고 있다. 미국에서도 반복적인 흑인 사망사건이 발생하자 DE&I(Diversity, Equity, Inclusion), 즉 다양성, 형평성, 포용성(McKinsey & Company, 2019)을 중시하는 사회적 분위기가 확산되고 있다. 우리나라 역시 2022년 '중대재해처벌법'이 시행됨으로써 기존의 E(Environmental) 영역 중심에서 탈피하여 S(Social) 영역에 대한 관심이

---

* 이 글은 2023 한국정책학회 하계학술대회에서 발표한 것을 수정 · 보완한 것이다.

높아지고 있다.

미국 뉴욕대에서 발간한 'Putting the 'S' in ESG' 보고서(2017)에서는 S를 평가하는 12개 프레임워크를 가지고 1,750개 이상의 기업들을 대상으로 S기준을 검토한 결과 약 92%의 S 측정방식이 '가장 의미있는 정보보다, 측정하기 편리한 기업의 노력과 활동'을 담고 있는 것으로 나타났다. 따라서 어떤 기업이 S 영역의 리더급에 해당되는지 알 수가 없고, S 측정을 위한 명확한 기준이 부재해서 기업들이 대응하기가 어렵다는 것이다(사회적가치연구원, 2022).

환경경영, 지속가능경영, 윤리경영, CSR 등에서 발전한 ESG경영은 우리나라에서는 S 영역에서 그동안 가장 많이 확대되어 왔는데(사득환, 2011; 사득환, 2021: 137), CSR의 전략적 접근을 주장한 하버드대 Porter 교수는 공유가치창출(Creating Shared Value, CSV)을 주장하면서 CSV는 기존 기업의 핵심 경영활동을 확정한 후 이를 기반으로 사회공헌활동을 부차적으로 기획하는 방식을 넘어서, 기업이 핵심경영 활동의 기획 단계에서부터 사회적 혜택을 고려하여 기획하고 경영하는 것이라고 주장한다. 즉, S 영역은 이해관계자(Stakeholder)에 대한 사회적 책임으로써 기업의 핵심역량과 결합하여 사회에 더욱 효율적이고 지속가능한 기여를 할 뿐만 아니라 경제적 목표까지도 달성가능하게 하는 활동이라는 것이다.

ESG에서 S는 E(Environmental), G(Governance)와 엄격히 구분해서 논할 수 있는 개념은 아니며, 세계 최대 자산운용사인 BlackRock의 Larry Fink 회장도 '2021년 주주서한'에서 특히 'E와 S의 상호의존성'을 강조한 바 있다. 특히 S는 기업이 사회적 존재로써 존립가능하게 하는 정당성의 원천이자 리스크 관리 프레임워크에서 매우 중요한 역할을 수행한다. 따라서 이해관계자에 대한 투자는 단기적으로 비용이 될 수도 있지만 장기적으로는 기업에 이익이 된다는 것이다(Brogi, 2019: 576-587; Rajesh, 2020).

그런데 S와 관련하여 여전히 문제점이 존재한다. 예를 들어, S는 E나 G에 비해 재무적 중요성이 떨어지고, S의 범위 및 측정방법이 불분명하고, S를 측정할 때 신뢰할 만한 데이터가 없고, 설문조사나 질적 접근방법으로는 한계가 있다는 주장이다. 이러한 상황 하에서 정확한 ESG 평가를 위해 국내·외적으로 다양한 평가지표가 제시되어 왔고, 국내의 경우 한국ESG기준원의 ESG모범규준 개정 및 발표, 산업통상자원부를 중심으로 한 K-ESG 가이드라인 등이 그러한 예들이다.

본 장에서는 S 영역에 대한 중요성이 커지고 있는 상황에서 S의 정의문제, 신뢰할 만한 평가지표와 비교가능한 평가체계 미흡과 이에 대한 성과관리의 문제를 해결하기 위해 공공부문과 관련된 UN의 지속가능발전목표(SDGs), ISO 26000 국제표준, UN의 ESG 평가기구인 GRI (Global Reporting Initiative), 충청남도와 서울 성동형 ESG 평가지표, 한국ESG기준원, 산업통상자원부의 K-ESG를 차례로 살펴보고, 기관의 성과관리 방안을 제시함으로써 공공부문의 사회적 책임 확보와 '지속가능한 경영'[1]을 실현하고자 하는데 기여하고자 한다.

---

1) 지속가능한 경영이란 기업의 환경적 요인과 사회적 요인을 충실히 만족시키면서 경제적 요인을 고려한, 장기적인 기업성장을 이루려는 기업경영의 새로운 패러다임을 말한다(사회적책임경영품질원·ESG경영연구회, 2021: 206). 이는 궁극적으로 지속가능한 발전 목표(SDGs)와 연계되고 있다(Khaled, Heba Ali, Ehab K.A.Mohamed, 2021; 사득환, 2021).

제 2 절 | ESG의 S 영역에서의 주요 지표

1 S 영역의 중요성 및 정의

ESG에서 S(Social)를 어떻게 정의할 것인가에 대한 합의된 견해는 없다. 왜냐하면 S는 이미 1930년대부터 기업의 사회적 책임(Corporate Social Responsibility, CSR) 문제와 관련하여 꾸준히 논의되어 왔기 때문이다(사득환, 2018). 물론 ESG는 역사적으로 CSR이 확대·강화된 형태로 나타났으며, CSR이 기업경영을 책임감 있게 만드는 것에 목표를 둔다면 ESG는 그 노력을 측정가능하도록 하는데 보다 초점을 둔다는 측면에서 미묘한 차이가 있다.

먼저, 기업은 무엇 때문에 사회적 책임(CSR)에 관심을 갖는가? 1970

〈표 6-1〉 ESG와 CSR간의 관계

구분	ESG	CSR
의미(목적)	• 기업활동 전반에 친환경, 사회적 책임, 지배구조 개선 등을 도입, 지속가능한 발전 도모	• 기업의 사회적 책임을 의미 • 사회에 기여하고자 하는 목적으로 진행되는 기업의 부가활동
실행방법	• 기업경영, 재무활동에 ESG 요소를 연동	• 봉사, 기부 및 사회공헌 프로그램 등을 운영하며 가치 실현
단기적 효과	• 주주, 잠재적 투자자, 투자매체 등에 영향 • ESG 현황을 지수로 발표	• 소비자, NGO, 임직원 등에 긍정적 이미지 부여
장기적 효과	• 기업의 재무 안정성으로 이어짐	• 기업의 평판향상에 도움 • 매출증진에도 기여

자료: 김재필, 2021: 84.

년대까지만 해도 Milton Friedman의 자유방임주의와 시장경제 및 주주자본주의(Shareholder Capitalism)는 교과서적 원칙으로 받아들여졌고, 기업의 사회적 책임은 주주가치 제고를 위한 수단으로 여겨져 왔다. 따라서 사회적 책임은 사회적 요구 또는 사회적 분위기 때문에 어쩔 수 없이 수행하는 것으로 인식되었고, 불우이웃 돕기, 재난지원, 환경보호 등의 기부나 봉사활동 형태로 주주자본주의의 이익에 기여하는 범위 내에서 이루어졌다(사회적책임경영품질원 · ESG경영연구회, 2021). 이러한 기업의 활동은 2000년대 초반까지 기업의 이미지나 브랜드 가치를 높이기 위해 기업이 자발적으로 장학금 지원, 금융지원, 지역개발, 재난구호 등 다수 프로그램에 적극적으로 지원하는 '전략적 사회공헌'(Strategic Philanthropy) 활동으로 나타났다(사득환, 2011).[2]

그러나 최근에는 기업의 가치창출과 성과향상을 위한 경영전략으로서 사회적 책임에 관심을 갖기 시작했다(Aouadi, 2018: 1027-1047). 단순히 기업의 이미지 개선이나 브랜드 가치 향상이 아니라 보다 본질적으로 기업의 경영전략과 시스템에 의한 활동으로서 사회적 책임을 인식한 것이다. 이에 따라 주주자본주의를 뛰어넘어 근로자(직원), 고객, 협력업체, 지역사회 등으로 구성된 이해관계자 자본주의로 확대되었다(Hendeson, 2021). 이해관계자 자본주의(Stakeholder Capitalism)는 다양한 이해관계자들과의 관계를 균형적으로 고려하여 기업의 사회적 책임으로 대변되는 사회적 요구에 적극적으로 대처하는 것으로(유재욱 · 이

2) 기업의 CSR활동에 대한 이론적 배경은 Milton Friedman이나 Peter Drucker 등을 거쳐 2002년 M. Porter에 의해 완성되었다. 특히 Poter는 기업환경 개선을 통한 경쟁력 강화 수단으로써의 사회공헌을 주장하였는데(Porter, 2002), 특이한 점은 '전략적 사회공헌'(Strategic Philanthropy)이라는 개념을 사용하였다(사득환, 2011).

은화, 2021: 61-95) 기업환경의 변화를 반영한 여러 이해관계자의 영향력에 기인하고 있는 개념이다(김혜리 · 김정교, 2018: 377－403). 이해관계자 자본주의는 2008년 글로벌 금융위기를 기점으로 소득의 양극화, 사회적 불평등, 환경오염 등의 문제가 발생하며 기업활동의 지속가능성에 대한 문제가 제기되면서 재조명되기 시작했다(Gersel & Johnson, 2020: 269-288; 조상미 · 김아영 · 박윤세, 2023: 1798). 따라서 이해관계자 자본주의는 기업활동이 사회적 책임에 근거해야 한다는 것을 반영하고 있다고 볼 수 있다.

그렇다면 사회적 책임이란 무엇인가? 사회적 책임은 광의적 의미로 '경제성장, 사회복지 및 환경이 상호균형을 유지하는 것'으로 정의되고, 협의적 의미로는 '다양한 이해관계자들에 대한 기업의 권리와 의무, 책임 등'을 말하며 여기에는 인권, 노동문제, 작업장 보건 및 안전, 제품질 및 품질 등을 포함한다. 따라서 S는 협의의 의미와 관련되며, 단순한 기업의 자선활동을 뛰어넘어 경영의 핵심전략으로서 사람, 사회공동체 및 기업 모두에 이익이 되는 Win-Win전략과 연관된다. 결국 S는 "기업이 주주, 직원 및 협력업체, 고객, 지역사회 등에 대한 사회적 책임을 다하는 것"으로 정의할 수 있으며,[3] 이해관계자 자본주의와 그 맥락을 같이 하고 있다.

---

3) S 부분의 개념정의와 관련하여 S를 명쾌하게 정의하는 것은 어렵다. E와 G를 제외한 나머지 부분이 S라고 하더라도 세부지표간에는 상호 중첩될 수 있어서 엄격한 구분이 곤란하다. 예컨대, 기후변화는 전 세계 지역사회의 저소득층에게 부정적인 영향을 미치고 있는 데 이것은 E에 속하는가, S에 속하는가가 불분명하다는 것이다.

2 S 영역의 주요 지표

이해관계자 자본주의를 견인하는 핵심지표로써 S는 '사람'으로 이루어진 'DE&I' (다양성, 형평성 및 포용성)로 집약되며, 이는 기업의 지속가능한 경영을 위한 '수단' 내지 '활동'으로 기능한다. S 영역의 주요 지표를 공공부문과 관련된 UN 지속가능발전목표(SDGs), ISO 26000 국제표준, GRI, 충청남도와 성동형 ESG 평가지표, 한국ESG기준원, 산업통상자원부 K-ESG 지표를 중심으로 살펴보면 다음과 같다.

1) UN의 지속가능발전목표(SDGs)

세계 각국은 2015년에 새천년개발목표(MDGs) 이행기한이 다가오자 지속가능발전목표를 새롭게 설정하였다.[4] 2030년까지 달성하기로 한 지속가능발전목표(SDGs)는 People 관련 목표 6개, Planet 관련 목표 6개, Prosperity 관련 목표 3개, Peace 관련 목표 1개, Partnership 관련 목표 1개 등 17개 분야 핵심목표와 169개의 세부목표로 구성되어 있다. 지속가능발전은 전 인류가 추구해야 할 보편적 미래방향이라는 측면(김판석 · 사득환, 1998: 71-88)에서 ESG가 추구해야 할 목표로 인식되고 있다(사득환, 2021; 사득환 2023).

지속가능발전목표 17개 중에서 S와 관련된 것으로는 1. 빈곤퇴치,

---

4) 지속가능발전(Sustainable Development)이란 개념은 1987년 유엔환경계획(United Nations Environment and Program, UNEP)과 '환경과 개발에 관한 세계위원회'(World Commission on Environment and Development, WCED)가 제출한 '우리 공동의 미래'(Our Common Future)에서 정의한 "그들이 소유한 욕구를 충족하는데 있어 미래세대의 능력을 손상함이 없이 현세대의 욕구를 충족시키는 것"에서 출발하고 있다(김판석 · 사득환, 1998).

2. 기아해소, 3, 좋은 건강과 웰빙, 4. 양질의 교육, 5. 양성평등, 8. 양질의 일자리 및 경제성장, 10. 불평등 완화, 12. 책임있는 소비와 생산, 16. 평화, 정의 및 강한 제도, 17. SDGs를 위한 파트너십이 해당된다. ICLEI(지속가능성을 위한 세계지방정부협의회)에서는 S에 12. 책임있는 소비와 생산을 제외하고, 11. 지속가능한 도시와 공동체를 포함시키고 있다. 특히 17. 파트너십의 경우 E · S · G 모두와 관련되는 목표로 분류되고 있다.

2) ISO 26000의 국제표준

ISO 26000은 국제표준화기구 ISO가 2010년에 제정한 기업의 사회적 책임(CSR)에 대한 국제표준을 말한다. ISO는 지속가능한 발전을 이루기 위해 정부, 산업계, 소비자, 노동자, NGO 등 경제주체들을 대상으로 7대 핵심의제로 조직거버넌스, 인권, 노동관행, 환경, 공정한 운영관행, 소비자 이슈, 지역사회 참여와 발전 등을 규정하고, 37개 이슈와 266개의 권고사항을 제시하고 있다. 이 중에서 '사회(S)'와 관련된 평가지표로는 인권, 노동관행, 소비자 이슈, 지역사회 참여와 발전이 있으며, 특히 ISO 26000은 모든 조직에 적용가능하도록 설계되어 있을 뿐만 아니라 가이드라인적 성격을 지니고 있고(Consoland, Phadke, Eccles, 2020: 511-533), 최근에는 UN이 제시한 지속가능한 발전을 달성하기 위해 ISO 26000이 SDGs와 정합성을 높이도록 작업 중에 있다.

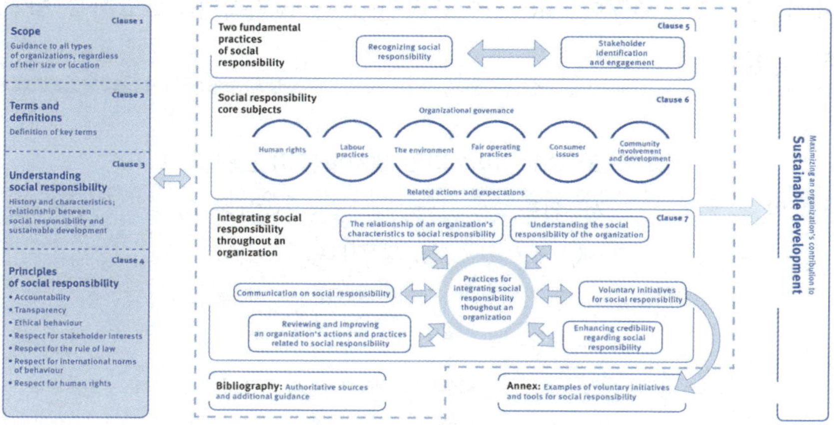

자료: https://www.iso.org/iso-26000-social-responsibility.html

[그림 6-1] ISO 26000의 도식

3) GRI와 지속가능경영보고서

GRI(Global Reporting Initiative)는 기업의 지속가능경영보고서에 대한 가이드라인을 제시하는 UN 기구로, 1997년 미국의 환경단체 CERES (Coalition for Environmentally Responsible Economies)와 유엔환경계획(UNEP) 등이 주축이 되어 설립되었다. GRI 표준은 기업의 지속가능성 보고를 위한 가장 일반화된 정보공개 기준으로 받아들여지고 있다.

GRI 표준은 크게 일반현황을 보고하는 GRI 102, 103과 특정 주제에 대한 보고기준인 GRI 200, 300, 400으로 구분된다. GRI 102는 조직의 프로필, 전략, 윤리성 및 청렴성, 거버넌스, 이해관계자 참여, 보고서 관행으로 이루어져 있고, GRI 103은 경영접근법을 보고하는 방식을 제시하고 있다. 그리고 GRI 200은 경제성과 지표, 300은 환경성과 지표, 400은 사회성과 지표에 관한 보고기준이다. 2021년 현재 전 세계에서 15,402개 조직이 GRI 가이드라인에 따라 지속가능보고서를 발간하고 있다.

〈표 6-2〉 GRI 가이드라인 S(사회성과) 관련 지표

영역	주제	지표번호	지표내용
사회성과 (S) (19개 주제)	고용	401-1	신규채용, 퇴직자 수 및 비율
		401-2	싱근직에게만 제공하는 복리후생
		401-3	육아휴직
	노사관계	402-1	경영상 변동에 관한 최소 통지기간
	산업안전 보건	403-1	산업안전보건시스템
		403-2	위험 식별, 리스크 평가, 사고조사
		403-3	산업보건 지원 프로그램
		403-4	산업안전보건에 대한 근로자 참여 및 커뮤니케이션
		403-5	직업건강 및 안전에 대한 근로자 교육
		403-6	근로자 건강 증진을 위한 프로그램 설명
		403-7	사업관계로 인해 직접적인 영향을 미치는 산업보건 및 안전영향에 대한 예방 및 완화
		403-8	산업안전보건 관리시스템의 적용을 받는 근로자
		403-9	업무 관련 상해
		403-10	업무 관련 질병
	훈련 및 교육	404-1	임직원 1인당 평균 교육시간
		404-2	임직원 역량 강화 및 전환지원을 위한 프로그램
		404-3	업무성과 및 경력개발에 대한 정기적인 검토를 받은 근로자 비율
	다양성과 기회균등	405-1	거버넌스 조직 및 임직원 내 다양성
		405-2	남성 대비 여성의 기본급 및 보수 비율
	차별금지	406-1	차별 사건 및 이에 대한 시정조치

	결사 및 단체 교섭의 자유	407-1	결사 및 단체교섭의 자유 침해 위험이 있는 사업장 및 공급업체
	아동노동	408-1	아동노동 발생위험이 높은 사업장 및 협력업체
	강제노동	409-1	강제노동 발생위험이 높은 사업장 및 협력업체
	보안관행	410-1	인권정책 및 절차에 관한 훈련을 받은 보안요원
	원주민 권리	411-1	원주민 권리침해 사건의 수
	인권평가	412-1	인권검토 또는 인권영향평가 대상인 사업장의 수와 비율
		412-2	사업과 관련된 인권정책 및 절차에 관한 임직원 교육
		412-3	인권조항 또는 인권심사 시행을 포함한 주요 투자협약과 계약
	지역사회	413-1	지역사회 참여, 영향평가 그리고 발전프로그램 운영 비율
		413-2	지역사회에 중대한 실질적/잠재적인 부정적 영향이 존재하는 사업장
	공급망 관리	414-1	사회적 영향평가를 통해 스크리닝된 신규 협력회사
		414-2	공급망 내 주요한 부정적인 사회 영향과 이에 대한 시행조치
	공공정책	415-1	국가별, 수령인/수혜자별 기부한 정치자금 총 규모
	고객 안전보건	416-1	제품 및 서비스군의 안전보건 영향 평가
		416-2	제품 및 서비스의 안전보건 영향에 관한 규정위반 사건
	마케팅 및 라벨링	417-1	정보 및 라벨을 위해 필요한 제품/서비스 정보 유형
		417-2	제품 및 서비스 정보와 라벨링에 관한 법률규정 및 자율규정을 위반한 사건
		417-3	마케팅 커뮤니케이션과 관련된 규정 위반
	고객정보 보호	418-1	고객 개인정보보호 위반 및 고객 데이터 분실 관련 제기된 불만 건수
	컴플라이언스	419-1	사회, 경제 측면의 관련 법규 및 규정 위반에 대한 주요 벌금의 액수

자료: http://www.globalreporting.org

4) 충청남도 ESG 평가지표

충청남도는 2050 탄소중립 이행달성을 위한 실행수단으로 ESG경영방법론을 행정에 접목하여 관련정책을 추진한다는 계획이다. 충청남도는 2012년부터 지속가능발전지표를 개발하여 사회・경제・환경・행정제도・배경 5개 분야에 대하여 100개 지표를 운영해 왔다. 이를 기반으로 충청남도는 국제수준에 따라 체계적으로 추진될 수 있도록 UN의 SDGs 지표와 ESG 지표를 도정 및 산하 공공기관 전반에 연계하여 다음과 같이 지표(안)을 제시하고 있다(이상신・정종관, 2021).

〈표 6-3〉 충청남도 도정 및 공공기관 ESG 평가기준

구분	부문	지표
환경	환경전략	• 환경부문계획 환경투자
	환경조직	• 환경부문관리 조직과 예산 • 환경교육
	환경경영	• 환경경영인증 ISO14001 • 사회책임경영 ISO26000 • 안전보건경영 ISO45001
	환경성과	• 온실가스 배출량 • 최종에너지 소비량 • 신재생에너지 보급 비중 • 물 재이용량 • 물 사용량 • 생활폐기물 발생량/재활용량 • 유해화학물질 발생처리
	이해관계자	• 환경정보공개 • 국제환경협력
사회	일자리	• 일자리 창출 • 지역격차
	양성평등	• 경제활동참여 성비 • 관리직 비율 성비 • 사회안전의식 성비

	협력관계	• 공정거래
	교육	• 평생학습 참여
	윤리경영	• 부패방지 • 고객만족도
	사회공헌	• 직무분석 • 서비스 안전
거버넌스	지배구조	• 지배체계 • 회계공시 • 의결권 행사
	이사회	• 운영규정
	주주권리	• 주주참여 권리
	외부감사	• 감사기준
	세금납부	• 회계규정

자료: 이상신 · 정종관, 2021.

5) 서울 성동형 ESG 평가지표

서울 성동구는 2022년 9월 ESG개념을 공공부문에 적용한 '성동형 ESG 지표'를 발표하였다(서울 성동구, 2022). 성동형 ESG는 기존 ESG행정의 환경, 사회, 거버넌스에다가 경제부문을 추가하여 4개 부문으로 구성되어 있다. 경제부문은 지자체 전반을 총체적으로 진단하기 위해 포함시킨 것으로 5개 주제 21개 지표, 환경부문 4개 주제 11개 지표, 사회부문 8개 주제 21개 지표, 거버넌스 부문 4개 주제 14개 지표 등 총 82개 지표로 구분되어 있다. 특히 사회부문은 주거, 보육 · 교육, 의료 · 보건, 노후 · 복지, 안전, 사회적 다양성, 지역사회 소통, 문화 · 여가 8가지 주제로 구분되어 있으며, 세부지표로는 공공임대주택 규모, 육아 천명당 보육시설 수, 인구 천명당 병상수, 노인 천명당 노인여가 복지시설 수, 지역안전지수, 장애인, 여성 고용률, 지역사회 소속감, 문화기반시설 수 등이 포함되어 있다.

〈표 6-4〉 성동형 ESG 중 S관련 평가항목

영역	주제(7)	세부지표(25)
사회 (S)	주거	공공임대주택 규모
		부담가능금액 시장 규모
		천가구당 주거급여 수급가구 수
		천가구당 주택바우처 수급가구 수
	보육・교육	유아 천명당 보육시설 수
		보육교사 일인당 아동수
		교원 일인당 학생수
	의료・보건	인구 천명당 병상수
		인구 천명당 의사수
		건강 관련 삶의 질 지표
	노후・복지	노인천명당 노인여가복지시설 수
		65세 이상 고용률
	안전	지역안전지수
	사회적 다양성	장애인 고용률
		여성 고용률
		외국인 주민 비율
		다문화가정 가구 비율
	지역사회 소통	지역사회 소속감
		이웃에 대한 신뢰도
	문화・여가	인구 십만명당 문화기반시설 수
		문화예술 종사업체 비율

자료: 서울 성동구, 2022.

6) 한국ESG기준원의 평가지표

한국ESG기준원(KCGS)은 1999년 9월 '기업지배구조 모범규준'을 처음으로 제정·공표한 이후 2003년과 2016년 두 차례 개정에 이어 2021년 8월 다시 'ESG 모범규준'을 대폭 개정하였다. 한국ESG기준원의 ESG평가 주요 지표를 보면, 환경, 사회, 지배구조에서 각각 4개의 대분류와 중분류로 구성되어 있다. 특히 사회 모범규준의 평가는 리더십과 거버넌스, 비재무 위험 관리, 운영 및 성과, 이해관계자 소통으로 구분하여 기업가치의 극대화를 추구하고 있다.

그런데 한국ESG기준원의 평가지표는 가인드라인 성격을 지닌 '최소한'으로 포함되어야 할 지표를 제시하고 있다는 점이다. 따라서 기업들이 ESG와 관련된 평가지표들을 모두 충족하였을 경우 '충분한' 지표로 해석될 우려가 있다는 한계가 있다(한민지·최고봉·강한나·김민철, 2021).

〈표 6-5〉 한국ESG기준원의 S관련 평가지표

대분류 (문항수)	중분류	세분류
리더십과 거버넌스 (9)	리더십	사회책임경영에 대한 최고경영진의 의지 표명
		사회책임경영 실현을 위한 거버넌스 구축
	전략과 방침	사회적 책임이 반영된 전략 수립
		사회책임경영과 경영전략 통합
		사회활동의 경제적, 사회적, 환경적 성과 측정 및 관리
	조직과 의사결정	사회책임경영에 대한 의사결정 조직의 관여
		사회책임경영 의사결정 조직 실효성 확보
	기업문화	사회적 책임을 반영한 기업문화 형성
		사회책임경영을 위한 기업문화 평가 및 모니터링
	비재무 위험	이사회 경영 판단시 비재무 위험 고려

비재무 위험 관리 (7)	통합관리	비재무 위험 관리에 대한 이사회 감독
		전사적 위험관리 체계에 비재무 위험 통합
	비재무 위험과 기회의 인식	비재무 이슈 식별을 통한 기업의 위험과 기회요인 파악
		경영전략에 비재무 위험 및 기회 요인 반영
	비재무 위험 대응	비재무 위험 대응
		비재무 위험 대응방안 효과성 평가 및 반영
		비재무 위험 관련 정부 공개
운영 및 성과 (25)	인권	인권경영에 대한 최고경영진 의지
		인권정책 마련 및 대내·외 공개
		인권 이슈 전담 실무부서 설치
		인권영향평가 실시
		인권 위험 해소 및 예방조치 마련
		인권 관련 고충처리채널 운영
		인권경영 효과성 평가 및 정보공개
	노동관행	일자리 창출 및 고용유지, 적정임금 지급
		근로자 기본권 보장 및 건전한 노사관계 형성
		근로자 학습 및 성장을 위한 기회 제공
		안전하고 건강한 근무환경 제공 및 일과 삶의 균형 보장
	공정운영 관행	공급망 관리 전략 수립 및 공급망 위험 통합 관리
		공정한 거래와 자유로운 경쟁을 위한 시장질서 준수
		동반성장 추구 및 기반 확립
	지속가능한 소비	소비자 불공정거래 피해방지 체계 마련
		제품 및 서비스 위해요인으로부터의 소비자 보호체계 마련
		소비자 소통 채널 운영 및 소비자 의견 반영
		공정하고 신속한 피해보상 체계 마련
		사회적 가치를 고려한 제품 및 서비스 제공

	정보보호	정보보안 거버넌스 구축
		합법적이고 공정한 개인정보 수집 및 활용
		개인정보보호 활동 공개 및 정보주체 권리 보장
	지역사회 참여 및 개발	지역사회와의 상생을 위한 참여전략 수립
		지역사회 참여 활동 장려 및 투입자원과 성과관리
		사회책임경영 관련 자발적 프로그램 참여
이해관계자 소통(2)	이해관계자 참여 및 소통	이해관계자 커뮤니케이션 채널 구축 및 유지
		사회책임경영 관련 정보 공개
총계(43)		

자료: 한국기업지배구조원, 2021.

7) 산업통상자원부 K-ESG 가이드라인

K-ESG 가이드라인은 상장 대기업을 대상으로 하면서 강제성이 없는 가인드라인 성격으로 개발되었다. 진단항목으로는 정보공시(P) 5개 문항, 환경(E) 17개 문항, 사회(S) 22개 문항, 지배구조(G) 17개 문항 등 총 61개 문항으로 구성되어 있다. 이 중에서 S는 목표, 노동, 다양성 및 양성평등, 산업안전, 인권, 동반성장, 지역사회, 정보보호, 사회법/규제 위반 범주로 나뉘어 각각의 진단항목을 제시하고 있다.

〈표 6-6〉 K-ESG 가이드라인 S관련 진단항목

영역	범주	분류번호	진단항목
사회 (S) (22개 문항)	목표	S-1-1	친환경 인증 제품 및 서비스 비율
	노동	S-2-1	신규 채용 및 고용유지
		S-2-2	정규직 비율
		S-2-3	자발적 이직률

		S-2-4	교육훈련비
		S-2-5	복리후생비
		S-2-6	결사의 자유 보장
	다양성 및 양성평등	S-3-1	여성 구성원 비율
		S-3-2	여성 급여 비율(평균 급여액 대비)
		S-3-3	장애인 고용률
	산업안전	S-4-1	안전보건 추진체계
		S-4-2	산업재해율
	인권	S-5-1	인권정책 수립
		S-5-2	인권리스크 평가
	동반성장	S-6-1	협력사 ESG경영
		S-6-2	협력사 ESG지원
		S-6-3	협력사 ESG 협약사항
	지역사회	S-7-1	전략적 사회공헌
		S-7-2	구성원 봉사참여
	정보보호	S-8-1	정보보호시스템 구축
		S-8-2	개인정보 침해 및 구제
	사회 법/규제 위반	S-9-1	사회 법/규제 위반

자료: 관계부처합동, 2021.

제 3 절 | 공공부문에서의 성과관리 방법

1 ESG 평가절차

전 세계적으로 기업의 ESG 등급을 평가하는 평가기관은 무려 125개 이상이며, 각각 독자적인 평가지표를 개발하여 사용한다. 국내의 경우 한국ESG기준원을 비롯해서 국민연금, KB, 신한, 한화, 미래에셋 등 주요 투자기관과 회사들도 각자 ESG 평가지표를 사용하고 있다. 다만, 평가절차는 거의 대동소이하며, ESG 평가지표가 상이하다보니 평가기관별 ESG 점수는 차이가 발생한다. 특히 기업 입장에서는 자신에게 유리한 평가기관에서 평가받기를 희망하며, 이에 따라 관련 ESG정보의 신뢰성 문제, ESG 워싱(ESG washing)5) 등이 대두되고 있다.

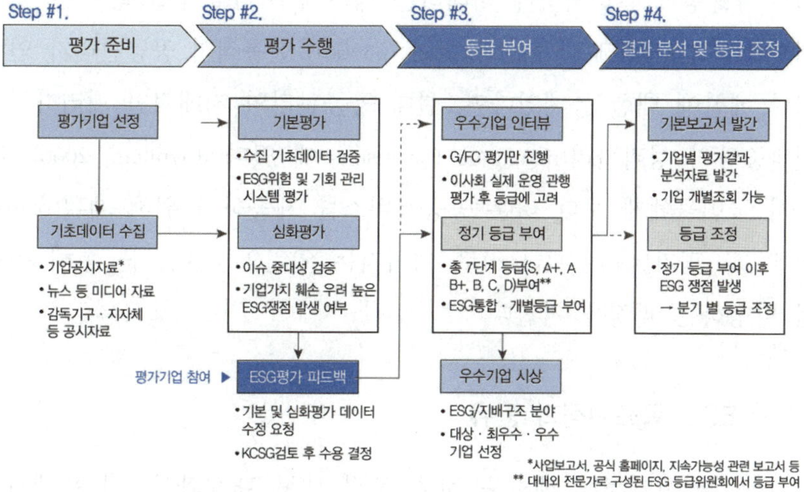

자료: 한국ESG기준원, http://www.cgs.or.kr/business/esg_tab01.jsp

[그림 6-2] 한국ESG기준원의 ESG 평가절차

---

5) 'ESG 워싱'(ESG washing)이란 환경, 사회, 거버넌스 등 ESG경영 전반에 걸쳐 발생할 수 있는 위장경영을 말하며, 기업이 친환경적 행동을 흉내만 내는 위장환경주의를 일컫는 용어인 '그린 워싱'(green washing) 개념을 확대한 것이다. ESG 워싱은 현재 ESG 인증이나 공시가 자율단계에서 추진되고 있기 때문에 큰 문제로 대두되고 있지 않으나, 향후 법적 의무사항이 될 경우 심각한 문제로 대두될 수 있다.

2 ESG 성과관리 방법 및 전략

ESG 경영을 통한 성과관리를 극대화하기 위해서는 기관마다 여건이나 특성이 다르기 때문에 각자의 입장에서 특화된 방법이나 전략을 추진하여야 한다(Fatemi, Kaiser, 2018: 45-64). 성과관리는 관리자가 제대로 관리역량을 펼칠 수 있도록 더 많은 자율성과 권한을 부여하고, 관리자가 이에 따른 성과를 반드시 창출하도록 하여(Kettl, 1977: 446-462) 자율성과 관리역량에 비례하는 성과에 책임을 묻도록 하는 것을 핵심으로 한다(김혜원 · 이정욱, 2023: 65-66). 전통적인 공공관리가 인력이나 예산에 대한 통제였다면, 현대 공공관리의 지배적인 패러다임은 결과중심의 성과관리(managing for results)에 있다(Moynihan, 2006). 따라서 국민들에게 보다 나은 공공서비스를 제공하기 위해 계획(plan)-실행(do)-평가(see)-환류(act)로 이어지는 일련의 사이클을 통해 목표를 달성하는 과정을 거친다.

1) ESG 목표설정과 공유

어느 기관에서나 새로운 것을 조직 내로 내재화시키기 위해서는 가장 중요한 일이 올바른 목표를 설정하는 일이다. ESG 전략은 기업구조와 조직문화, 그리고 다양한 이해관계자들의 수요를 반영한 것으로서 먼저 조직구성원들이 ESG 발전방향 및 목표를 인지 · 설정하고 전략과제를 도출한 후 핵심지표를 발굴하여야 한다. 물론 핵심지표는 각 기관마다 다양하며, 여기에는 노동자의 권리, 다양성 증진, 사회공헌 프로그램 등이 포함된다.

ESG 목표를 설정하고 새로운 가치를 창출하는 것은 조직구성원들에게 요구되는 역할이지만, 기관 경영진과 이사회의 리더십이 중요하다. ESG 목표는 중·장기적인 비전과 미션 위에서 추진되기 때문에 기업의 이윤 극대화를 위해서는 조직의 리더가 중·장기적인 방향과 기회, 리스크 관리 측면에서 대응할 수 있도록 이끌어주어야 한다.

2) 합리적인 의사결정역량 제고

성과관리를 위해서는 목표설정에 이어 경영진의 합리적인 의사결정 체계와 ESG 역량을 갖추는 일이다. 이는 조직의 리더십과 함께 의사결정구조를 민주적·효율적인 거버넌스 체계(Governance system)로 구축하는 것과 관련된다.

많은 경우에 ESG위원회나 담당부서, 팀 및 담당자를 지정하여 운영하며, 각 부서별로 ESG 실무책임자를 임명한다. 이를 통해 ESG 목표를 달성하기 위해 조직, 인사, 예산 및 디지털 측면에서 업무와 예산을 할당하고, 실행하며, 모니터링 및 평가한다.

3) 이해관계자와의 협력 및 소통

조직은 이해관계자를 분류하고, 대화와 협의를 통해 요구사항을 파악하고 반영하는 것이 필요하다. 이를 통해 다양한 이해관계자의 네트워크 및 파트너십을 구축하고, 사전예방적 갈등관리체계를 구축한다.

바야흐로 자본주의는 주주자본주의에서 이해관계자 자본주의로 전환하고 있다(Henderson, 2021). 이해관계자 자본주의는 주주를 포함하여 조직구성원, 소비자, 협력체, 채권자, 지역사회 등 다양한 이해관계자들이 기업활동에서 행위자로 부각되었다는 것을 의미한다(Brogi,

2019: 576-587). ESG 성과는 바로 이들과의 협력과 소통을 통해 창출된다는 점이다(Rajesh, 2020). 따라서 다양한 이해관계자와의 상시적인 열린 대화가 무엇보다 중요하며, 활발한 교류 속에서 다양한 의견이 수렴, 실행될 수 있도록 거버넌스 시스템을 갖출 필요가 있다.

4) 투명성 제고 및 사회적 책임

많은 투자자들은 해당 기관에서 제공하는 ESG 정보가 얼마나 신뢰할 만하며 유익할 것인가를 기준으로 기관을 평가하고 있다. 따라서

계획 (Plan)	경영목표 수립	전략설정	성과관리계획 수립
	• 중장기 경영계획 수립 • 연간사업계획 수립	• 중장기 전략과제 목표 설정 • 연간사업 지표별 KPI 설정	• 내부성과평가 추진계획 • 정성 · 정량실적 관리

실행 (Do)	상시	주간, 월간	반기
	• 기관장 지시사항 • 업무추진 모니터링	• 월간, 주간 부서장회의 • 주요 계량목표 실적 보고	• 지표별 추진실적 보고 • 연간사업계획 실적 점검

점검 (Check)	조직평가	개인평가
	• 내부경영평가 • 외부 전문가 평가	• 기관장 성과계약 이행평가 • 내부경영평가

환류 (Act)	성과 환류	우수사례 공유	성과 인센티브
	• 중단, 미흡사업 점검 후 차년도 반영	• 대내외 우수사례 확산 및 공유	• 내부평가 우수부서 포상 • 개인우수자 포상

[그림 6-3] 성과관리 프로세스의 예

정량적 및 정성적 데이터 수집을 통해 성과를 측정하고, 보고서를 작성하며, 이해관계자에게 투명하고 신뢰할 수 있는 정보 및 보고서를 제공해 주어야 한다.

S영역에서의 성과관리는 단순한 규정준수를 넘어 사회적 책임을 창출하는 방식이어야 한다. 조직은 사회적 문제에 대한 창의적인 대안을 개발하고, 비즈니스 모델에 사회적 목표를 통합하여 지속가능한 경영을 추구해야 한다. 이러한 성과관리 전략 및 과정은 PDCA에 따라 체계적인 프로세스를 통해 이루어질 필요가 있다.

3 ESG 성과평가 및 관련사례

ESG 경영을 도입한 기업이나 기관에서 궁극적으로 수행해야 할 일은 ESG성과에 대한 평가이다. 성공적인 ESG경영을 위해서는 투명한 평가체계를 확립하는 것이 무엇보다 중요하다. 현실적으로 ESG 성과평가에 대한 기준과 관련하여 기관이 사회적 책임이나 지속가능성 등을 어떻게 분류하여 측정하고 있는지, 이해관계자에게 어떻게 정보를 공개하고 있는지에 대한 뚜렷한 기준이 없다(Fatemi, 2018).

그러나 기관들의 ESG활동과 성과에 대한 최소한의 객관적인 기준이라고 한다면 현재 시행되고 있는 의무공시제도가 있다. EU는 2014년 기업의 비재무 정보의 공개에 관한 지침을 제공하여 2018년부터 시행하고 있는데, 근로자 수 500인 이상, 자산총액 2,000만 유로 또는 순매출 4,000만 유로 이상의 기업에 대해서는 ESG 정보(환경, 사회, 노동, 인권, 반부패 등)를 공개하도록 의무화하고 있다. 물론 여기에는 공급업체 뿐만 아니라 하청업체 관련 준수 절차에 관한 정보도 포함하고 있다. 그리고 미국은 ESG 공시가 자율공시로 운영하고 있으나 2025년 이후 규제가 이루어질 개연성이 높은 상황이다. 우리나라도 지난 2021년 1월 15일 금융위원회에서 ESG책임투자 기반 조성을 위해서 기업지배구조 보고서 의무화 확대 및 지속가능경영보고서 공시활성화 방안을 발표한 바 있다. 현재 우리나라 기업의 ESG사항 공시는 사업보고서(의무), 거래소 지배구조보고서(자율/의무) 및 지속가능보고서(자율) 등을 통해 이루어지고 있다.

〈표 6-7〉 기업지배구조보고서 의무공시대상

연도	2019년	2022년	2024년	2026년
의무대상 기준	(코스피상장사 중) 2조 원 이상	1조 원 이상	5천억 원 이상	전체 코스피상장사
대상 기업수 ('20년 기준 추정치)	211개	301개	764개	800개

자료: 윤용희, 2021: 109.

공공기관의 경우, 최근 기획재정부(2021)는 ESG 등 동향을 고려하여 공공기관의 사회적 책임과 관련된 공시항목을 확대하기로 하였는데 안전 및 환경, 사회공헌활동, 상생협력, 일・가정 양립, 계약정보 등의 항목이 그것이다. ESG 관련 항목을 순차적으로 경영공시에서 확대하기로 함으로써 공기업은 2025년부터 ESG 공시를 의무화하도록 할 계획이다.

기업의 사회적 책임에 대해서는 EU가 다소 앞서가고 있다. 일찍이 유럽국가들이 중심이 되어 결성된 OECD의 사회적 책임 활동은 1976년 'OECD 국제투자 및 다국적 기업 가이드라인'의 제정으로 나타났으

〈표 6-8〉 공공기관의 ESG 관련 통합공시 항목

항목	세(세)항목
16. 일 · 가정 양립 지원	가족돌봄 휴가 · 휴직
	직장어린이집 지원 등
17. 안전 및 환경	안전경영책임보고서
	녹색제품 구매 실적
18. 사회공헌활동	봉사 실적
	기부 실적
40. 계약정보	혁신조달 실적
	중증장애인 생산품 구매실적

자료: 기획재정부, 2021.

며, 2000년 개정 시 '국제투자 및 다국적 기업에 대한 선언'을 추가하였다. 동 가이드라인은 기업, 노동조합, NGO에게 사회적 책임에 대해 확보한 기본틀을 제공해 주기 위해 정보공개, 인권, 고용 및 노사관계, 환경, 뇌물공여 · 뇌물청탁 및 강요방지, 소비자 보호 등 광범위한 기업윤리 기준을 제시하고 있으며, 많은 다국적 기업과 국내 기업 및 협력업체에도 준수를 권고하고 있다. 1999년에 OECD는 '기업지배구조에 관한 원칙'을 발표하고 2004년 개정하면서 주주의 권한, 기업지배구조에서 이해관계인의 역할, 정보공개와 투명성, 이사회의 책임, 내부고발자 보호 등과 같은 쟁점들에 대한 지침으로써 역할을 하고 있다.

우리나라도 2021년 8월 9일 '인권정책기본법'을 입법 예고하였고, 한국ESG기준원이 2022년 ESG 모범규준 개정을 통해 S를 강화한다고 선언하였으며, 2022년 1월 '중대재해처벌법'이 시행되었고, 직장내 괴롭힘을 금지하는 벌칙 규정을 강화한 '근로기준법' 개정안이 시행되는

등 기업의 사회적 책임을 강화하는 추세에 있다.[6)]

〈표 6-9〉 S 영역 국내규제 현황

'S'관련 국내법	대상	기업준수 내용	최근 주요 쟁점
독점규제 및 공정거래에 관한 법률 (1980)	대기업 → 공급망 기업 → 기업	• 사업자 시장지배적 지위 남용과 독점 방지 • 부당한 카르텔 및 불공정거래 행위 규제	• 온라인 플랫폼 기업의 독점방지, 노동자 처우개선, 입점업체 갑질방지
산업안전보건법 (1981)	기업 → 직원	• 산업재해 예방 기준 준수 • 사업자 안전·보건에 관한 정보 근로자 제공 의무	• 협력업체들의 인권·환경·지배구조 실사 진행
하도급거래 공정화에 관한 법률 (1984)	기업 → 공급망	• 하도급 기술 유용행위 및 대금의 부당 단가인하, 부당 발주취소, 부당 반품행위 등 소송 보장	• 납품·협력업체까지 아우르는 '공급망ESG' 요구
남녀고용평등법 (1988)	기업 → 직원	• 직장내 남녀의 평등한 기회 및 대우 보장, 차별금지 • 직장인 여성 양육환경 보장 • 채용시 직무 수행에 필요없는 신체적 조건이나 미혼요구 등의 성적 차별 금지	• 2021년 D제약 면접 성차별 질문으로 차별금지법 요구 운동으로 확산 • 다양성 확대한 포괄적 차별금지법 제정 필요성 증대

---

6) 국내 25개 기업의 S 활동을 분석하며 정리한 사례를 10가지 주제로 정리한 것을 보면 다음과 같다(사회적책임경영품질원·ESG경영연구회, 2021: 114-122). 첫째, 구성원이 S를 내 문제로 여길 수 있도록 한다. 둘째, 내부 구성원의 목소리를 듣고 배운다. 셋째, 조직 내에 다양성 전담 조직을 결성한다. 넷째, 채용에 다양성과 포용성을 적극 반영한다. 다섯째, 다양성 갖춘 공급망 협력업체와의 거래를 확대한다. 여섯째, 협력업체를 위한 포용정책을 확산한다. 일곱째, 공급망 인권까지 확대한다. 여덟째, 협력업체 산업재해를 강력하게 다룬다. 아홉째, DE&I 혁신을 지원한다. 열 번째, S 노력을 보고서나 홈페이지를 통해 알린다.

파견근로자 보호 등에 관한 법률 (1998)	기업 → 직원	• 파견근로자에게 근로기준법에 부합하는 처우 보장 • 유사 업무를 담당하는 정규직과 파견근로자간의 차별적 처우 금지	• 2021년 H사 사내 협력업체 직원 직접 고용 대법원 판결–기업들 '인건비 부담 가중' 우려
제조물책임법 (2000)	기업 → 소비자	• 물품 결함으로 피해를 입은 소비자 손해배상 등으로 보호	• 유럽에서는 100여년의 역사, 미국 · 일본에서도 1960~1970년대 부터 사회문제로 대두 • '소비자 위험부담 시대'에서 '판매자 위험부담 시대'로의 전환
중대재해 처벌 등에 관한 법률 (2021)	기업 → 직원	• 산업현장의 안전조치 강화 의무 • 중대한 산업재해 발생 시 사업주에 형사처벌	• 사망사고 등 중대재해 발생 시 경영책임자는 1년 이상 징역 또는 10억 원 이하 벌금

자료: 사회적가치연구원, 2022: 46–47 수정.

제 4 절 | S 영역에서 성과관리 과제

최근 미국과 EU, 독일 등 주요 국가에서 글로벌 공급망의 인권현황 실사 의무를 강화하는 규제를 발표하고 있다. 이미 영국은 2015년, 프랑스는 2017년, 네들란드는 2022년, 독일은 2023년에 공급망 실사법을 도입해 시행 중에 있다. 공급망 실사법은 생산납품 과정이나 협력업체와의 관계에서 인권문제가 발생한 기업은 이를 해결해야 할 뿐만 아니라 불이행할 경우 벌금, 공공조달사업 참가자격 박탈, 수입금지 등의 제재를 받도록 하고 있다.

ESG경영은 환경경영, 지속가능경영, 윤리경영, CSR 등에서 발전한 것이지만, 최근 기업의 투자펀드의 핵심요소로 자리잡으면서 더욱 중시된 개념이라고 할 수 있다. ESG경영은 환경, 경제, 사회영역도 동시에 다루어야 한다는 '지속가능한 발전'(sustainable development)과 연관되어 있다. 이런 측면에서 ESG경영은 지속가능한 발전을 위한 '수단적' 성격이 강하다(사득환, 2021).

코로나19 이후 글로벌 IT기업의 부정적인 사건이 발생하면서 이들 기업에서는 이해관계자들을 대상으로 S 영역에 대한 투자를 강화하고 있다. 아마존, 월마트 등은 잇따라 직원 및 고객을 향한 ESG 방침을 천명했다. 그만큼 기업경영에 있어서 S 영역의 중요성이 증대되었기 때문으로 풀이된다.

본 장에서는 S 영역에 대한 중요성이 커지고 있는 상황에서 S의 정의문제, 신뢰할 만한 평가지표와 비교가능한 평가체계 미흡과 이에 대한 성과관리의 문제를 해결하기 위해 UN의 지속가능발전목표(SDGs), ISO 26000 국제표준, UN의 ESG 평가기구인 GRI(Global Reporting Initiative), 충청남도와 서울 성동형 ESG 평가지표, 한국ESG기준원, 산업통상자원부의 K-ESG를 차례로 분석하고, 조직의 성과관리 방안을 제시함으로써 조직의 사회적 책임 확보와 지속가능한 경영을 실현하는데 기여하고자 하였다.

우선, S 영역의 개념정의와 관련하여 여전히 모호한 점이 존재한다는 것이다. 여기서는 S를 "기업이 주주, 직원 및 협력업체, 고객, 지역사회 등에 대한 사회적 책임을 다하는 것"으로 정의하였다. 그럼에도 불구하고 S와 E간의 뿐만 아니라 S와 G간에도 경계가 모호한 경우가 있다. 향후 상호 지표간의 경계에 대한 합의가 필요한 부분이다.

둘째는 S 영역 지표와 관련된 것으로, 주요 공통지표로는 인권과 노동관계, 다양성과 포용성, 사회공헌과 지역사회 관계, 고객관계 및 제품 안전성, 거버넌스와 규정준수 등을 들 수 있다. 따라서 보편적 평가지표 위에 특수성을 반영한 지표를 가미하는 형태로 운영될 필요가 있다.

셋째는 ESG와 관련하여 정부의 역할이 강화될 필요가 있다. 유럽의 경우 ESG 영역에서 정부의 규제적 역할이 증대되고 있다. 따라서 각종 법안, 지침 등의 제정, 정비를 통해 정부의 중립적이면서 공정한 관리자적 역할이 요구된다고 볼 수 있다. ESG경영은 기본적으로 기업의 자율적인 영역으로 볼 수 있으나, ESG 인증제 도입, 평가정보의 신뢰성 문제, ESG 워싱 등에 대해서는 정부 및 공공부문에서 어느정도 개입이 불가피하다고 할 것이다.

참고문헌

관계부처합동(2021). 『K-ESG 가이드라인 v1.0』.

기획재정부(2021). 공공기관 공시항목에 ESG 대폭 확대한다.

김재필(2021). 『ESG 혁명이 온다』. 서울: 한스미디어.

김혜리 · 김정교(2018). 이해관계자 중심 기업지배구조가 자산손상 인식의 재량성에 미치는 영향. 『대힌경영학회지』, 31(2): 377-403.

김혜원 · 이정욱(2023). 정치적 환경, 관리적 역량 그리고 성과관리 역설: 지방자치단체를 중심으로. 『한국행정학보』, 57(3): 63-95.

사득환(2011). 한국 기업의 CSR활동 평가: 전략적 사회공헌(Strategic Philanthropy)을 넘어서. 『한국행정과 정책연구』, 9(1): 1-28.

사득환(2018). 공공기관의 사회적 가치 실현과 CSR전략. 『물정책경제연구』, MA: 109-134.

사득환(2021). 공공기관의 ESG경영과 지속가능한 발전. 2021 한국행정학회 동계학술대회 발표논문집.

사득환(2023). 공공기관 ESG 평가지표의 고려사항. 한국ESG학회 제12회 학술대회 발표논문집.

사회적가치연구원(2022). 『S in ESG: ESG 경영 실무를 위한 Social』. 서울: 영은문화사.

사회적책임경영품질원 · ESG경영연구회(2021). 『지속가능성장을 위한 ESG 경영전략』. 서울: 자유아카데미.

서울 성동구(2022). 성동형 ESG 지표 연구보고서.

유재욱 · 이은화(2021). 이해관계자 자본주의 관점의 기업지배구조 연구현황 및 발전방향. 『전략경영연구』, 24(3): 61-95.

윤용희(2021). ESG의 법적 쟁점에 따른 기업의 효과적 대응방안. 한국ESG학회 창립총회 및 제1회 학술대회 발표논문집.

이상신 · 정종관 (2021). ESG 충청남도 정책 도입방안. 충남연구원 현안과제연구 Issue Report.

조상미 · 김아영 · 박윤세(2023). 국내 기업의 ESG 실천 현황: 'S(Social)'를 중심으로. 『인문사회21』, 14(2): 1795-1810.

한국기업지배구조원(2021). ESG 모범규준 개정(안) 요약.

한국ESG기준원, https://www.cgs.or.kr/main/main.jsp.

한민지 · 최고봉 · 강한나 · 김민철(2021). 『유럽연합의 ESG 동향과 국내에의 정책적 시사점』. 녹색기술센터.

Aouadi, A., Marsat, S.(2018). Do ESG controversies matter for firm value? Evidence from international data. *Journal Business Ethics*, 151(4): 1027-1047.

Brogi, M., Lagasio, V.(2019). Environmental, social, and governance and company profitability: are financial intermediaries different? Corp. Soc. Responsib. *Environment Management*, 26(3): 576-587.

Consolandi, C., Phadke, H. Hawley, J., Eccles, R.(2020). Material ESG outcomes and SDG externalities: evaluating the health care sector's contribution to the SDGs. Organ. *Environment*, 33(4): 511-533.

Fatemi, A., Glaum, M., Kaiser, S.(2018). ESG performance and firm value: the moderating role of disclosure. *Global Finance Journal*, 38: 45-64.

Gersel, J. & R. Johnsen(2020). Toward a Novel Theory of rational Managerial Deliberation: Stakeholders, Ethical Values, and Corporate Governance. *Academy of Management Learning & Education*, 19(5): 269-288.

GRI. http://www.globalreporting.org.

Henderson, Rebecca(2021). Reimagining Capitalism in a World on Fire. 임상훈 옮김. 『자본주의 대전환』. 서울: 어크로스.

ISO 26000. https://www.iso.org/iso-26000-social-responsibility.html.

Kettl, D.(1977). The Global Revolution in Public Management: Driving Themes, *Missing Links. Journal of Policy Analysis and Management*, 16(3): 446-462.

Khaled, Raneem, Heba Ali, Ehab K.A. Mohamed(2021). The sustainable Development Goals and corporate sustainability performance: Mapping, extent and determinants. *Journal of Cleaner Production*, 311(15): 1-10.

Mckinsey & Company(2019). Five ways that ESG creates value. https://www.mckinsey.com/~/media/mckinsey/business%20functions/strategy%20andcorporate%20finance/our%20insights/five%20ways%20that%20esg%20creates%20value/five-ways-that-esg-creates-value.pdf?shouldIndex=false.

Moynihan, D.(2006). Managing for Results in State Government: Evaluating a Decade of Reform. *Public Administration Review*, 66(1): 77-89.

Rajesh, R.(2020). Exploring the sustainability performances of firms using environmental, social, and governance scores. *Journal Clean*, Prod. 247.

UN(2021). *Sustainable Development Goals.*

Yu, E., Guo, C., Luu, B.(2018). Environmental, social and governance transparency and firm value. *Business Strategy Environment*, 27(7): 987-1004.

제7장

G 영역의 주요 지표와 성과관리

제 7 장

G 영역의 주요 지표와 성과관리

제 1 절 | 서론

1 공공영역의 ESG 적용

전 세계가 동시에 고통을 겪고 있는 심각한 기후변화와 코비드(COVID)-19를 거치면서 기후 위기와 탄소중립 등과 같은 키워드가 주요 쟁점으로 주목받았다. 이러한 이슈의 영향을 직접적으로 받는 영역은 제품을 생산하는 기업 등 산업계라 할 수 있다. 기업에 긴급하게 요구하고 있는 대표적인 친환경적인 경영 압박 요인은 기후변화의 주범인 탄소 배출량 감소 여부다.

탄소배출 감축을 요구받고 있는 기업의 처지에서는 비용이 수반되는 영역에서 소극적인 태도를 보인다. 소비자의 구매 행동이 친환경적 기업인지 아닌지에 따라 기업의 성쇠가 결정되는 상황으로 진입했다. 기업에 투자하는 주주로서는 기업이 더 많은 이익을 낼 수 있는 방안에 있어 수요자의 요구가 무엇인지를 판단해야 하는 상황이다. 제품 구매자의 욕구를 충족하기 위한 기업의 경영방식에 있어 평가할 수 있는 가이드라인이 필요해졌다. 이러한 과정에서 투자의 결정을 판단하는 추가로 도입된 방식이 ESG 경영활동이라 할 수 있다.

ESG는 미국과 EU(유럽연합)이 주도적으로 하고 있어 신 패권 전쟁이라고 불릴 정도다. EU는 2025년부터 탄소 국경조정 제도를 도입할 예정이다. EU 내에서 생산되는 제품보다 탄소 배출량이 더 많은 수입품에 대해 사실상 추가 관세를 부과할 계획이다.

우리나라도 2025년부터 자산 총액 2조 원 이상의 증시 상장사는 ESG 활동에 대한 공시를 의무화하도록 하는 계획을 발표했다. 2030년에는 모든 코스피 상장사가 의무적으로 시행해야 한다. 구체적으로 금융위는 2025년 자산 2조 원 이상 코스피 상장사를 시작으로 자산 1조 원(2027년), 자산 5천억 원(2029년), 전체 코스피 상장사(2030년)로 ESG를 단계적으로 확대한다는 방침이다. 2025년부터 시작되는 ESG 공시는 '자본시장법에 따른 법정공시'가 아니라 '한국거래소 규정에 따른 거래소 시장공시'다. '법정공시'는 공시 내용에 대해 '기업이 법적인 책임을 져야 하는 제도'다. 최근 시장에서는 기업 환경의 현실을 고려하여 2년 연장한 2027년부터 의무화 진행하자는 의견을 내놓고 있다.

정부는 ESG 경영의 대표적인 목표인 2050년까지의 RE100(Renewable Electricity 100%) 재생에너지 100%와 넷 제로(Net Zero by 2050) 순 탄소 배출 제로 등을 선언했다. RE100은 사용 전력량의 100%를 2050년까지 풍력, 태양광 등 재생에너지로 충당하자는 재생에너지 100%라는 의미를 담고 있는 국제 캠페인이다.

기업경영을 둘러싼 환경이 급격히 변화되고 있다. 환경을 고려한 원자재 공급, 인권과 안전을 중시한 경영활동, 투명한 지배구조 운영 등 선진국이 요구하는 기준을 충족하지 않으면 살아남기 어려운 시대에 들어선 것이다. 지방자치단체에서 ESG 조례를 제정하기 시작했지만, 법률로 제정되기까지는 시간이 필요해 보인다. ESG는 금융기관의 투자의사 판단 시 비재무적 요소를 고려한다. 기업으로서는 자금 유입의 핵심적인 결정을 좌우할 ESG 평가에 민감하다. ESG경영이란 기업의 경영활동을 친환경적이고 사회적 책임을 다하며 지배구조 개선을 통해서 의사결정이 독립적이고 투명하게 이루어져야 한다는 것을 의미한다. 이러한 경영활동을 하는 기업만이 지속 가능한 발전이 가능한 시대가 되었다.

ESG경영을 위한 대기업의 노력은 완료 단계 수준이다. 하지만 대기업에 제품을 공급하는 기업의 ESG경영도 갖춰야 하는 '공급망 관리' 체제 시스템과 대비가 절실한 상황이다. ESG경영이 Supply Chain, 즉 공급망에 있는 모든 기업을 포괄하여 평가하기 때문이다. 이는 대기업뿐만 아니라 협력사인 중소기업에도 같은 수준에서 관리해야 한다는 것이다. 중소기업의 경우 어려운 기업 환경에서 ESG 대응도 준비해야 하는 이중 압박으로 느껴지는 현실이다.

ESG를 기업의 지속 가능한 경영을 위한 새로운 시스템으로 이해하다 보니 공공영역은 전반적으로 관심이 부족한 상황이다. ESG경영이 대기업을 중심으로 외국에 수출하는 영역이라는 인식에서 벗어나지 못하고 있다. 기업에 따라서는 이미 준비를 마친 대기업도 일부 ESG 지원을 해야 하는 예도 있다. 문제는 대내외 환경변화를 인지하면서도 현실적으로 준비하기 어려운 중소기업을 어떻게 할 것이냐다. 인력과 자금 등에 있어 어려움을 보이는 중소기업의 경우 행정서비스 공급자인 정부의 손길이 절대적으로 필요하다. 행정의 가이드와 견인에서 동력을 얻어야 민간 부분의 활성화가 가능한 상황이다. ESG의 대중화와 중소기업의 지속 가능한 성장과 발전을 위한 ESG 대응은 필수 불가결하다. ESG 경영은 기업뿐만 아니라 행정에도 선제적으로 도입·적용되어야 한다. 일반 국민에게도 ESG에 대한 의식이 확산·실천할 수 있도록 제도적 지원이 이루어져야 한다.

2 한국 기업의 G 평가 수준

ESG의 거버넌스(G)는 기업 지배구조를 의미한다. ESG 논의는 대부분 기후변화 또는 탄소중립 등 환경(Environment) 관련 내용이 가장 많다. 공급망관리에서 아동 노동 방지 등 일부 사회(Social) 분야 논의가 있지만 거버넌스(Governance)에 대한 언급은 회피하는 실정이다.

기업 측면에서 지배구조는 재벌 또는 대기업의 계열사 간의 지분관계를 연상하기 쉽다. 지분을 얼마나 보유하고 장악했느냐에 따라 지배구조가 달라진다고 느끼는 것이 상식일 것이다. 하지만 ESG의 지배구조는 이사회, 감사기구, 내부 통제 등 투명경영과 같은 내용을 말한다.

한국의 대기업 구조는 대부분 기업집단 형태를 보인다. 그룹 내 계열사 간의 이해관계와 내부자 거래 등이 사회적 문제로 지적되고 있다. 일례로 국내 A그룹은 사회적기업을 설립하고 해당 사회적기업이 A그룹의 사무기기 등을 전량 공급하는 역할을 했다. 그런데 사회적기업의 지분 100%가 A그룹 계열사들이 투자한 자금으로 운영되고 있다. 외견상으로는 A그룹의 계열사들이 사회적기업을 지원하는 것처럼 홍보하고 있지만 내부거래의 편법으로 운영되고 있다. 해당 기업이 투자한 그룹 계열사에 생산 제품 전량을 사회적기업 브랜드로 납품하는 구조다. 사회적기업에 투자하고, 사회적기업의 제품을 구매함으로써 사회공헌 점수를 취득하고 기업 이미지와 브랜드를 높이는 방법을 취한 것이다. 이러한 방법이 투명경영을 하고 있다고 말하기 어렵다. 이런 흐름이 ESG 경영에서도 유사하게 나타나고 있어 '그린워싱' 문제에 대해 진지한 고민이 필요하다.

ESG의 거버넌스(G)는 이러한 조직 내부의 문제를 공개하고 투명하게 운영할 수 있도록 시스템을 전환하라는 취지다. ESG에서 지배구조로 해석하는 거버넌스(governance)는 기업 내부의 통제시스템이 아닌 투자자 관점에서 경영진의 견제와 감시의 몫이다. 지배구조의 목표는 기업에 투자한 주주 이익을 우선하는 것이다. 기업으로서 투자자 보호는 강조되어야 하는 핵심 목표다.

아시아기업지배구조협회(Asian Corporate Governance Association, ACGA)는 기업지배구조 제도와 관행을 평가하는 보고서(CG Watch)를 발간하고 있다. 2020년 기준으로 조사한 자료에 따르면 한국은 기업 지배구조 평가에서 9위로 나타났다. 이는 2016년과 2018년에 이어 3년 연속 9위에 머문 점수다. 2020년 한국의 종합점수는 평균 점수인 55점에도 미치지 못하는 52.9점으로 드러났다. 7개 조사 항목 중 평균을 밑도는 항목이 4개, 동일 점수 1개, 정부/공공 지배구조와 투자자 점수만 평균 점수를 넘어섰다. 특히 지배구조 제도, 상장회사, 시민사회/언론 부문에서는 동일하게 10위로 낮은 평가를 받았다. 이는 한국의 기업 지배구조가 낙후되었다고 볼 수 있다. 전반적으로 투자자 보호가 긍정적이지 못하는 것으로 풀이된다.

세계 최대 자산운용사인 블랙록은 투자기업들의 지배구조 결함에 대한 우려를 표명하는 수단으로도 투표권을 행사하고 있다. 기업의 지배구조에 대한 경고 차원이다. 일례로 ESG 내용이 부실한 경우 감시(on-watch) 대상 기업으로 분류한다. 1년에서 1년 6개월 동안 ESG 미공시하거나 개선의 여지가 보이지 않으면 주주권을 행사하는 방식이다.

영국의 건설업체인 카릴리언(Carillion)은 임직원 4만 명, 8조 원 이

〈표 7-1〉 아시아 국가별 기업지배구조 평가 현황(2020)

	순위	점수 (%)	정부/공공 지배구조	규제 기관	지배 구조 제도	상장 회사	투자자	감사/감시 감독	시민 사회/언론
Australia	1	74.7	68	65	82	79	66	86	80
Hong Kong	2	63.5	65	69	75	59	34	81	60
Singapore	3	63.2	60	63	75	60	39	81	64
Taiwan	4	62.2	68	66	66	63	38	76	62
Malaysia	5	59.5	32	53	77	66	43	86	44
Japan	6	59.3	60	62	58	44	60	77	62
India	7	58.2	45	53	69	65	44	54	78
Thailand	8	56.6	35	51	76	60	38	76	49
Korea	9	52.9	60	53	56	48	44	70	36
China	10	43	29	52	63	51	18	43	22
Phillippines	11	39	28	27	45	55	21	60	36
Indonesia	12	33.6	31	24	35	38	19	59	38
Average		55	48	53	65	57	39	71	53

자료: CG WATCH 2020, 한겨레신문, 2021.5.31.

상의 매출액을 보인 기업이지만 지배구조 리스크로 인해 파산한 사례다. 326개 계열사의 이사회 감독 실패, 경영진의 과도한 보너스 지급 등 구조조정과 사업구조 개선에 실패했다(조대형, 2021).

3 신뢰받지 못하는 ESG 평가기관

ESG 관련 대표적인 글로벌 평가기관으로는 MSCI, Moody's S&P Global, Sustainalytics, RobecoSAM, Refinitiv, Bloomberg, FTSE Russell, CDP Climate, ISS가 있다. 국내 평가기관은 한국ESG기준원, 서스틴베스트 등이 있다. 지속가능경영 평가를 위한 지표는 MSCI ESG Ratings, 다우존스 지속가능경영지수(DJSI), 에코바디스(EcoVadis) 평가, 톰슨 로이터(Thomson Reuters) ESG 스코어, 탄소정보공개프로젝트(CDP) Reporting, FTSE4Good Index, 한국ESG기준원, 서스틴베스트 등이 있다(K-ESG 가이드라인, 2021).

MSCI ESG Ratings는 주식 포트폴리오 분석 도구를 제공하는 글로벌 주가지수 산출기관 MSCI에서 투자자 활용을 위해 제공하는 ESG 평가 방법론이다. ESG 공시자료 및 관련 리스크를 바탕으로 평가하고 있다. DJSI는 글로벌 금융정보사 S&P Dow Jones와 스위스의 RobecoSAM이 개발한 평가지표다. 전 세계 시가총액 상위 2,500개의 기업을 대상으로 지속 가능 평가를 시행하고 있다. 한국은 KPC와 S&P가 DJSI Korea를 개발, 상위 200대 기업을 평가한다. EcoVadis는 글로벌 클라우드 기반 SaaS 플랫폼을 통해 ESG 평가 서비스를 제공하는 기관이다. 다국적 기업들이 거래업체의 평가를 의뢰하고, 거래업체의 퍼포먼스를 관리하며, 지속적인 개선을 추진하는 목적으로 활용하고 있다. 전 세계

150개국, 7만 5천 개 이상의 협력사 평가를 수행하고 있는 것으로 알려졌다. Thomson Reuters는 기존 금융 정보 외에 ESG 정보를 제공하는 글로벌 투자 정보기관이다. ESG 데이터 프로세스를 구비하고 자체 스코어(ESG Scores) 시스템을 운영하고 있다. 탄소정보공개프로젝트(CDP) Reporting은 기업 환경 영향 공개를 지원하는 글로벌 비영리기관 CDP(Carbon Disclosure Project)에서 만든 지표다. 투자자, 기업, 도시 및 지역의 온실가스 배출 등 환경 데이터 보고 및 리스크 관리를 표준으로 만들어 관리하고 개선 의견을 제공하고 있다. FTSE4Good Index는 영국의 주가지수 및 데이터 서비스 제공업체인 FTSE 그룹이 개발한 윤리적 투자 주식 시장 지수다. 환경보호, 인권 보장, 협력업체 노동 규범 준수, 반부패 수준, 기후변화 대응 등 5가지 항목을 평가한다. ISO(International Organization for Standardization)는 여러 나라에 있는 표준 제정 단체에서 뽑힌 대표로 이루어진 표준화 기구다.

ESG의 환경(E)과 사회(S)와 달리 지배구조(G)의 진단 항목은 시행하는 기관마다 관점이 매우 다르다. 해외 7개 평가기관의 지배구조 진단은 ISO 조직의 거버넌스부터 S&P의 재무 및 운영 리스트 등 24개 항목마다 다르다. 2개 이상 진단 항목이 겹치는 내용은 조직의 거버넌스, 경영자(임원) 보상, 부패와 뇌물 문제 관리, 투명성 및 정보 공개(보고), 기업의 지배구조(감독) 등 5개에 불과하다. 지배구조에 대한 평균적이거나 획일적인 평가 항목을 정하기 어렵다는 간접증거다. 지배구조에 관한 내용이 기업으로서는 가장 민감한 부분이라 할 수 있다. 따라서 피평가자 관점에서 우호적이거나 선호하는 평가기관을 선택할 수 있다. 유불리를 판단하여 기업 공개에 적절히 기업에 유리한 방향으로 활용할 수도 있는 상황이다.

〈표 7-2〉 국외 ESG 지배구조(G) 진단 항목 평가 관련 지표 비교

국외 ESG 평가기관	ISO	UNGC	GRI	Moodys	MSCI	RepRisk	S&P
조직의 거버넌스	○	–	○	–	–	–	–
공정 운영 관행	○	–	–	–	–	–	–
이사회구조 및 책임성	–	○	–	–	–	–	–
회계 투명성	–	○	–	–	–	–	–
감사위원회 구조/ 감사 독립성	–	○	–	–	–	–	–
경영자(임원) 보상	–	○	–	–	–	○	–
부패와 뇌물 문제 관리	–	○	–	–	–	○	–
윤리성 및 청렴성	–	–	○	–	–	–	–
이해관계자의 참여	–	–	○	–	–	–	–
보고서 관행	–	–	○	–	–	–	–
경영관리 방식	–	–	○	–	–	–	–
제도적 구조	–	–	–	○	–	–	–
정책 신뢰성 및 효과성	–	–	–	○	–	–	–
투명성 및 정보 공개(보고)	–	–	–	○	–	–	○
예산 관리	–	–	–	○	–	–	–
기업의 지배구조(감독)	–	–	–	–	○	–	○
기업행동	–	–	–	–	○	–	–
잘못된 의사소통	–	–	–	–	–	○	–
사기	–	–	–	–	–	○	–
탈세	–	–	–	–	–	○	–
조세 최적화	–	–	–	–	–	○	–
반경쟁 관행	–	–	–	–	–	○	–
규정 및 기업 가치	–	–	–	–	–	–	○
재무 및 운영 리스크	–	–	–	–	–	–	○

국내 ESG 평가기관의 경우 한국ESG기준원이 국내 상장기업의 지속가능경영 수준을 점검하기 위해 사용하고 있다. 2003년 지배구조 평가로 시작, 2011년 ESG 전 영역으로 확대되어 한국거래소 ESG 지수에 활용되고 있다. 지속가능경영 개선에 기업이 평가 정보를 활용할 수 있도록 지원하는 수단으로 활용되고 있다. 최근에는 지방자치단체의 ESG 평가도 시행하고 있다. 서스틴베스트는 국내 기업의 ESG 위기관리 수준을 등급으로 평가하며 공개하고 있다. ESG 경영 전략 통합, 펀드 운용 전략, 수탁자 책임 활동 등을 위한 서비스를 제공한다.

국내 ESG 평가 중 지배구조 진단 항목은 민간기업이나 공공기관은 이사회 구성과 활동, 윤리경영, 감사 관련 기구 및 활동이 공통적이다. 민간기업이나 시장형 공기업의 경우 주주 권리가 포함된다. 준정부기관, 기타공공기관, 지방공기업 등의 경우 ESG 지배구조 항목에서 어떠한 진단 항목을 공통으로 채택하고 제시하고 있는지를 살펴보았다.

산업통상자원부를 비롯해 정부 기관 합동으로 발표한 K-ESG, 민간기업에서 ESG 가이드 제시한 한국ESG기준원, 국내외 기업에 투자하고 있는 국민연금 이외 인천광역시, 서울특별시 성동구의 지배구조 진단 항목을 비교했다.

K-ESG와 유사한 형태를 보인 곳은 한국ESG기준원과 국민연금이다. 그러나 두 기관은 K-ESG 대비 윤리경영과 지배구조 법/규제 위반 항목은 채택하지 않고 있다. 기업이익에 중심을 두고 있다.

지방자치단체 사례의 경우 지배구조 평가 항목이 제 각각이다. 인천광역시의 경우 투명성, 참여, 정부 신뢰를 지배구조 항목으로 제시하고 있다. 서울특별시 성동구는 조직 다양성(포용성), 책무성 · 효율성 · 청렴성, 공공 재정 건전성, 주민 참여를 제시하고 있다. 기업 중심인지

공공기관인지, 지방자치단체 중심인지에 따라서 평가하는 항목이 다르게 적용되고 있는 것을 보여준다.

경기도 광명시의 경우 SDGs(지속가능발전목표)의 지표를 토대로 시장의 공약 중 ESG 항목에 해당하는 것의 지표를 제시하고 있다. 지배구조(G)의 경우 주민세 마을사업 예산(지원 건수), 주민 참여 예산 반영 건수(예산액) 등 구체적인 내용을 명시하고 있다.

〈표 7-3〉 국내 ESG 지배구조(G) 진단 항목 평가 비교

ESG 진단 항목 지배구조(G)	K-ESG	한국ESG 기준원	국민연금	인천 광역시	서울 성동구
이사회 구성	○	○	○	-	-
이사회 활동	○	○	○	-	-
주주 권리	○	○	○	-	-
윤리경영	○	-	-	-	-
감사기구	○	○	○	-	-
지배구조 법/규제 위반	○	-	-	-	-
이해관계자	-	○	-	-	-
시장에 의한 감시	-	○	-	-	-
관계사 위험	-	-	○	-	-
배당	-	-	○	-	-
투명성	-	-	-	○	-
참여	-	-	-	○	-
정부 신뢰	-	-	-	○	-
조직 다양성(포용성)	-	-	-	-	○
책무 · 효율 · 청렴성	-	-	-	-	○
공공 재정 건전성	-	-	-	-	○
주민 참여	-	-	-	-	○

대한상공회의소가 발표(2023년 6월 19일 보도자료)한 ‘국내 ESG 평가사에 대한 기업 의견조사’ 결과를 보면 ESG 평가기관에 대한 기업의 신뢰성이 높지 않은 것으로 나타났다. 최근 2~3년 ESG 평가가 기업의 투자 및 신뢰도 평가의 주요 수단으로 활용되면서 많은 평가기관이 등장했다. ESG 관련 민간자격증이 수십 종에 이르고 산업계는 물론 학계 등 ESG 흐름이 대세가 되고 있다.

소위 “ESG 춘추전국시대”라 불리는 속에서 대한상공회의소가 국내 100개 사 ESG 담당 임직원을 대상으로 벌인 여론조사다. 응답 기업의 63개 기업 담당자가 ESG 평가기관이 투명하게 운영되지 못하는 것으로 대답했다. 전체 2/3가량이 불신하고 있다는 결과로 시장의 충격은 컸다. 특히 평가기관의 이해 상충 발생 가능성에 대해서는 전체 85%가 우려스러움을 표현했다. 해외 평가기관 대비 국내 ESG 평가기관의 경우 평가 기준 및 가중치 공개 여부와 평가 결과에 대한 자세한 설명이 부족함을 지적하고 있다. 또한 피평가기관들이 생각하는 국내 ESG 평가기관의 문제점으로는 개별 평가요청 대응에 시간 및 비용 부담, 평가지표 및 기준의 몰이해, 대응 인력 부족, 평가 항목과 데이터의 불일치, 내부 구성원의 무관심 등이다.

민간기업을 대상으로 벌인 조사에서 ESG 평가기관의 공정성과 투명성 제고, 관련 법 및 제도 마련, ESG 관련 역량 및 전문성 강화, 피평가기관 ESG 데이터 신뢰도 향상 등 개선이 필요한 것으로 대답했다.

이러한 현상은 공공기관에도 그대로 재현될 가능성이 크다. 공기업, 준정부기관의 ESG 경영 홍보에 국내외 평가기관에서 받은 점수 결과가 노출되어 있다. ESG 평가 등급에 따라 경영평가에 미치는 영향이 크다. 민간기업과 동일하게 평가기관과 피평가기관의 이해 상충 발생

가능성이 가장 큰 문제로 나타날 개연성이 많다. 민간기업은 투자받기 위해서, 공공기관은 경영평가를 받기 위한 차이만 있을 뿐이다.

기업 임직원의 ESG 몰이해와 무관심의 문제점은 공공기관에서 더 뚜렷하게 나타난다. 시장형 공기업의 경우는 대기업 수준에 견주는 ESG 대응을 하고 있다. 준시장형 공기업, 기금관리형 준정부기관, 위탁집행형 준정부기관은 중견기업의 위치에 서 있다. 기타공공기관의 경우는 중소기업의 현실과 비슷한 양상을 보인다. 중소기업은 친환경으로의 전환 등 비용 부담으로 인한 고민에 빠져 있다. 기타공공기관은 ESG 인식은 하고 있지만 필요성 또는 절박함이 덜하다. 임직원의 ESG 공감대는 초보 수준에 머물러 있다고 해도 과언이 아니다. 새로운 정부의 또 다른 경영평가 수단으로 인식하고 있어서 진행 속도가 느리다.

공공기관 통합공시 항목 중 ESG의 지배구조(G) 항목은 매년 4월에 기관 자체 감사부서 설치 및 운영 현황 공시하는 '자체 감사부서 현황'과 7월에 국민권익위원회의 공공기관 종합청렴도 평가 결과 공시하는 '청렴도 평가 결과'다. K-ESG 지배구조(G) 6개 항목 17개 가이드라인 기본 진단 항목이다. 각 항목에 대한 개요 및 성과점검을 위한 체크리스트를 제시하고 있다.

〈표 7-4〉 K-ESG 지배구조 항목과 성과점검 내용

범주(영역)	항목 성과점검	항목 설명
이사회 구성	이사회 내 ESG 안건 상정 - ESG 안건 보고/심의/의결 - 운영 규정상 권한과 역할 ESG 관련 항목 명시 확인	- 이사회 및 산하 위원회의 ESG 관련 안건 보고 여부, 심의 · 의결 확인 - 조직의 ESG 경영활동 내용과 운영 규정의 관리 · 감독 점검

		- 이사회 산하 ESG위원회 설립 또는 이사회 또는 기존의 산하 위원회(사회책임위원회, 투명경영위원회, 거버넌스위원회, 경영위원회, 감사위원회 등) 운영 가능
	사외이사 비율 - 조직과 독립적인 사외이사 비율 측정	- 경영진 · 지배주주 견제, 기업경영 투명성 제고, 소액주주 권리보호 등 목적 달성 확인 - 독립적 시각 보장, 경영진의 의사결정 행위 견제 사외이사 비율 충분 점검
	대표이사 이사회 의장 분리 - 이사회 의장과 대표이사 분리 여부 확인	- 이사회 역할 수행 독립성 확보 여부 확인 - 이사회 의장과 경영진 대표, 대표이사의 분리 여부 및 선임사외이사 임명 점검
	이사회 성별 다양성 - 여성 이사 비율 측정	- 이사회 구성원 다양한 배경 여부 확인 - 남성 대비 여성 비율(여성 대비 남성 비율) 점검
	사외이사 전문성 - 동종산업 업무 경험 보유한 사외이사 비율 측정	- 사내이사와 사외이사 정보 비대칭 해소, 사외이사 전문성 확인 - 사외이사 전문적 의견 제시 환경 점검(동종산업 업무경력 보유 확인)
이사회 활동	**전체 이사 출석률** - 이사회 개별 이사 참석률 측정	- 이사회 참여 제언 및 의사결정 행위 확인 - 이사회 구성원별 출석률 평균 참석 여부 점검
	사내이사 출석률 - 이사회, 개별 사내이사 참석률 측정	- 사업 운영 총괄 사내이사 참여 여부 확인 - 전체 사내이사 출석률 일정 수준 이상 점검
	이사회 산하 위원회 - 운영 규정 도입, 구성원 중임, 구성 독립성, 개최 횟수, 상정 안건 점검	- 이사회 권한 · 역할 일부 위임 여부, 산하 위원회 위임받은 권한 · 역할 검토 여부 확인 - 이사회 산하 위원회 수와 종류 여부, 체계적 · 효과적 운영 여부 점검
	이사회 안건 처리 - 활동 내용, 회의록 전체 안건 중 수정, 보완 및 반대의견, 안건 비율 측정	- 상정된 안건 독립적 · 전문적 · 다양한 시각 수정 · 보완 의견 제시, 리스크 안건에 반대 의견 제시 가능 여부 확인 - 원안대로 가결되지 않은 안건, 반대한 이사, 가결되지 않거나 안건 반대 사유 점검

주주 권리	**주주총회 소집 공고** - 소집 공고 방법 측정	- 개최 일자, 장소, 안건, 기타 재무 사항 등 주주총회 소집 공고 다양한 채널 전달 확인 - 조직의 주주총회 소집 공고 방법 점검
	주주총회 개최일 - 개최일 지정, 조직 고려 요소 측정	- 총회 안건 검토·분석 충분한 시간·여건 확보 개최 여부 확인 - 주주총회 개최일 지정, 주주 포함 주주총회 관련 내·외부 이해관계자 의견수렴 과정 점검
	집중/전자/서면 투표제 - 정관에 서면 투표제/전자투표제/집중투표제 도입 여부 - 전자투표제 이사회 결의로 장려 점검	- 주주 의결권 용이 한 행사, 소액주주 이해관계 대변 이사 선임 기회 제공 확인 - 자율적 의사결정 선택 소액주주 보호장치, 서면 투표제, 전자투표제, 집중투표제 도입 여부 점검
	배당정책 및 이행 - 주주 대상 배당정책, 배당계획 통지 여부 - 통지한 배당 내용과 실제 배당 집행 점검	- 배당 관련 정보 적시 안내, 적절 배당 시행 여부 확인 - 주주에게 배당정책·계획 통지 및 실제 배당 진행 여부 점검
윤리 경영	**윤리 규범 위반 사항 공시** - 윤리 규범 위반 건수, 구성원 수, 내용, 처벌·처분, 재발 방지, 개선 활동 공시 여부 측정	- 윤리 규범 위반 행위(부당한 이익·뇌물 수수, 불공정 경쟁 및 거래, 제품/서비스 책임 소홀, 구성원 상호 간 모독 및 비하, 기타 사회적 책임 등) 관리·감독, 내부 개선 행위 확인 - 윤리 규범 위반 행위, 개선 활동 대외 공시 점검
감사 기구	**내부감사 부서 설치** - 독립적 내부 감사부서 설치, 감사위원회 지원 부서, 업무분담 지정 여부 측정	- 재무, 회계, 감사 관련 부정 사안, 기타 내부통제 관련 현안 상시적 점검, 감사위원회 보고 거버넌스 체계 구축 확인 - 내부감사 부서 설치, 독립성, 책임·역할 규정 여부 점검
	감사기구 전문성(감사기구 내 회계/재무 전문가) - 「상법」, 「금융회사의 지배구조에 관한 법률」 규정 회계·재무 전문가 비율 측정	- 감사위원회(감사) 관련 법률 소양, 회계·재무·감사 전문적 지식 보유 여부 확인 - 회계·재무 전문가 감사위원 선임 여부 점검

지배구조 법/규제 위반	지배구조 법/규제 위반	- 법/규제(주주권리 보호, 이사회나 경영진 거버넌스 운영, 상호출자 등 소유구조, 특수관계인 거래 등) 인식, 지배구조 리스크 해결 제도 도입 및 활동 여부 확인 - 지배구조 관련 법/규제 위반, 사법상 형벌, 행정상 처분(금전적, 비금전적) 가중치 달리 적용 여부 점검
	- 5개년 간 조직의 지배구조 관련 법/규제 위반 건수, 처벌 수위별 감점 기준 및 종합한 감점 확인 측정	

자료: 산업통상자원부(2021) 관계부처 합동 "K-ESG 가이드라인 V1.0", 내용 요약 정리함.

제 2 절 | 지배구조(G) 성과관리

1 공공기관의 ESG 대응 미흡

2020년 1월 21일, 스위스 다보스 세계경제포럼에서 ESG경영에 대한 논의가 있었다. 핵심 키워드는 거버넌스, 지구, 사람, 번영 중 거버넌스에 관한 관심이 가장 많았다. 최근 대기업을 중심으로 ESG경영으로 지속 가능한 경영을 해야 한다는 목소리가 높다. 환경요소를 고려하고 사회 내에서의 공헌 등을 이야기하지만 정작 가장 중요한 거버넌스(Governance)에 대해서는 목소리가 들리지 않는다.

정부는 2022년 2월, 공기업과 준정부기관뿐만 아니라 기타공공기관도 ESG 경영 현황 항목을 공시하도록 했다. 2023년 4월부터는 장애인 고용률, 중소기업제품 구매 실적, 비상임이사 활동 내용, ESG 운영위원회 등 ESG 항목을 신설했다. 지배구조(G) 관련해 이사회 효율화를 위한 비상임이사 활동 내용과 ESG 관련 운영위원회를 포함했다. ESG 경영 현황 항목은 ESG 운영위원회 항목과 함께 2023년까지 알리오 시스템에 자율 공시 후 2025년부터 단계적으로 의무화를 추진한다.

공공기관 중에서 기업공개(IPO: Initial Public Offering)를 진행한 시장형 공기업 등은 민간기업의 지배구조(G)를 대부분 적용할 수 있다. 하지만 영리활동을 하지 않는 준정부기관의 지배구조(G)는 민간기업과 같게 적용하기에 무리가 있다(손수득 외, 2021).

2023년도 기준 「공공기관의 운영에 관한 법률」 적용하고 있는 공공기관은 공기업 32개, 준정부기관 55개, 기타공공기관 260개 등 총 347개다. 공기업(9.2%), 준정부기관(15.9%), 기타공공기관(74.9%)으로 공공기관이 ESG에 임하는 태도는 공기업을 제외한 90% 이상의 기관이 소극적이다. 영리활동을 하지 않고 있는 기관이 K-ESG 등의 주주 권리가 왜 필요하냐는 입장이 저변에 깔려 있다. 이는 ESG가 민간기업 중심의 투자 및 평가의 하나로 도입되고 확대되는 것으로 이해하고 있기 때문이다. 이러한 인식이 공공기관의 ESG 확대 및 활성화가 이루어지지 못하고 있는 원인으로 작용하고 있다.

정부 산하기관의 ESG 몰입이 더딘 상황이지만 지방자치단체 산하 지방공기업의 경우는 빠른 속도로 ESG 경영을 준비하고 있다. 지방공기업의 경우는 지방공공기관 혁신 방안(2022.07), 혁신 가이드라인(2022.09), 관리체계 개편방향(2022.11) 등을 통해 평가 체계를 재정립했다. 공공성과 효율성(수익성)을 동시에 추구하는 공기업 특성을 살리기 위해 지표 분류체계를 기존 3 분류에서 2 분류체계로 통합 조정하였다(행정안전부, 2022.12.19. 보도자료).

현 정부의 국정과제와 연계된 지표 항목 총 29개 중 신규로 반영된 ESG 관련 과제 17번은 성장지향형 산업전략 추진이다. 평가 항목은 지역상생일자리로 '지역 문제해결 플랫폼, 지역기업 ESG 경영지원 등'

이다. 이외 조직 인사관리 지표로 '양성평등 및 균형 인사를 위한 노력과 성과', 안전 및 환경 지표로 '탄소중립을 위한 계획 수립 및 협력 등 노력과 성과'다.

2023년도 지방공기업 경영평가 편람에 따른 ESG 관련 경영평가 기본 방향은 'ESG 경영 원칙 등 사회적 역할과 책임 강화'다. 세부적으로는 경영층의 리더십, 전략경영 등 ESG 실천 노력을 반영하는 ESG 실행계획 등 ESG 경영 실천 노력과 성과 평가다. 또한 일자리 확대, 소통·참여, 윤리경영, 재난안전관리, 지역 상생발전 등 사회적 역할과 책임을 강화하는 것이다.

〈표 7-5〉 지방공기업 ESG 관리목록 중 지배구조(G) 영역 내용

세부 지표	ESG	정성	정량	ESG 관련 내용
경영층의 리더십	E/S/G	○		ESG 경영원리 구현을 위한 기관장의 노력과 성과
전략경영	E/S/G	○		ESG를 반영한 경영계획의 수립
조직 인사관리	G	○	○	인사관리의 합리성·공정성을 확보하기 위한 노력 채용 비리 방지의 적정성
재무관리	G	○		중장기 재무 관리계획 수립 관리 등(공사·공단) 회계담당자의 전문성(상·하수도) 예산편성 및 집행관리 기준 준수 여부 등 공사채 발행 절차 및 승인 목적 사용 여부 적정성
소통·참여	G		○	통합경영공시 업무 매뉴얼 등 준수 - 공시 충실성, 잡플러스, 사전정보공표
윤리(인권)	S/G	○		윤리 경영체제 구축 운영의 노력 및 성과 인권 경영 체계 구축의 노력과 성과 인권 경영의 실행·공개 노력과 성과 및 구제 절차 제도화 공정사회 구현을 위한 노력과 성과

자료: 2023년도 지방공기업 경영평가 편람, ESG 관리목록, 2023.1. 요약 정리함.

K-ESG의 정보공시(형식, 내용, 검증)는 공공기관의 경우 경영정보 통합 알리오(ALIO) 공시, 공공데이터 개방 및 활용 등이다. 정보공시의 경우 환경(E), 사회(S), 지배구조(G) 항목과 별도인 진단 항목으로 되어 있다. 기관의 투명 운영 관련하여 정보공시는 지배구조(G) 항목 영역에 포함해도 무난할 것 같다. 현재 공공기관 경영평가 편람 및 지방공기업 경영평가 편람이 ESG 측정 항목에 바로 적용하기 어려운 측면이 있다. 공공기관 경영평가는 경영관리와 주요 사업, 공공기관 혁신계획 실행 노력과 성과 가점으로 구성되어 있다. 반면 지방공기업은 경영관리와 경영 성과로 되어 있다. 해당 항목에서 ESG 관련된 항목을 별도

〈표 7-6〉 공공기관 경영평가 지배구조(G) 평가 항목

경영관리 범주	평가지표	세부 평가 내용
경영 전략	리더십	- 이사회 활성화와 실질적인 역할 강화 및 운영 투명성 제고를 위한 기관장과 경영진의 노력과 성과
	전략기획 및 경영혁신	- 효율성과 공공성의 균형, 핵심 업무와의 연계성, 국정과제 반영, ESG 등을 고려한 경영 목표 및 경영 전략 수립
사회적 책임	일자리 및 균등한 기회	- 여성 임원·관리자와 여성 채용 확대 등 여성인력 활용, 여성 대표성 제고 및 양성평등 실현을 위한 노력과 성과 ※ 여성 임원: 기관장, 이사, 감사(이사회 성별 다양성)
	윤리경영	- 자체 감사기구 운용 등 내부 통제시스템 구축 및 운영 성과 - 준법·윤리경영 체계의 구축·운영 및 준법·윤리경영 실현을 위한 노력과 성과 - 이해충돌방지법 제2조 제4호에 따른 이해충돌 방지를 위한 노력과 성과 - 사업추진, 조직·인사관리 등 기관 운영 전반의 투명성 제고 노력 - 인권 교육, 인권침해 구제 절차 등 인권 존중을 위한 노력과 활동(청렴도 평가)

로 표시해야 하는 번거로움도 있다.

2 공공기관 비상임이사 역할 증대

거버넌스(G) 지표에서 이사회 운영 효율화를 위한 비상임이사의 실질적인 활동이 중요해졌다. 기관의 주요 정책 및 경영활동 내용을 결정하는 이사회 역할에 대한 기대가 높아졌기 때문이다. 비상임이사를 포함한 이사회 인원, 임기와 종료 이후 후임자 선임될 때까지 역할, 이사회 개최 요구의 다양한 채널, 개최 횟수, 기능, 대리 위임, 노동이사 등 구조 파악이 필요해졌다.

경영공시를 통해 이사회 회의록을 살펴보면 내용 파악이 가능하지만, 정제된 상태로 작성된 이사회 내용으로는 실체 파악에 한계가 있다. 따라서 기본적으로 해당 기관의 이사회 등 경영 측면의 조직 관련한 제도 분석이 우선이다.

정부의 ESG 관련 부서는 전 부처에 해당하는 내용이다. 2023년 2월 21일, ESG 관련 정책을 통합 조정할 '민관합동 ESG 정책협의회'가 출범했다. 정책협의회는 8개 부처와 민간 전문가 참여로 민관합동 ESG 컨트롤타워 역할을 하게 된다. 관련 부처는 기획재정부, 행정안전부, 고용노동부, 산업통상자원부, 중소벤처기업부, 환경부, 금융위원회, 공정거래위원회다. 8개 부처 차관급과 민간 전문가 12명 등 20명으로 구성했다.

이날 대한상공회의소가 기업들을 대상으로 조사한 ESG 현안 결과를 발표했다. 자료에 따르면 핵심 현안은 공급망 실사(40.3%), ESG 의무 공시(30.3%), 순환 경제(15.7%), 탄소 국경 조정제도(12.0%)(기획재정부, 2022) 등이다. 기업의 경우 공급망 실사 대응에 있어 비용 부담과 인력의 부족이 가장 큰 애로사항으로 나타났다.

공공기관의 경우 이사회 구성과 비상임이사의 실질적 활동 등 G(지배구조) 부분의 경영공시 내용의 확대가 예상된다. 이에 정책협의회에 참가하고 있는 기획재정부와 고용노동부 산하기관의 비상임이사 등 이사회 운영 관련 정관을 살펴보았다.

기획재정부 4개 산하기관의 이사회 정원은 4인부터 15인 이내까지 다양했다. 통상 정부 산하 공공기관 이사회가 15인 이내로 정해져 있는 것을 생각하면 한국투자공사 4인 이내, 한국수출입은행 5명 이내, 한국재정정보원 7인 이내 등 적은 숫자로 구성되어 있다. 이사회 인원이 많다고 해서 공정함을 유지할 것이라는 판단은 어렵지만 공적 영역을 고려하면 다양한 전문가 참여가 바람직스럽다. 이사회 의장이 사장, 은행장, 원장을 겸직하는 상황에서 이사회 개최는 대부분 기관장이 소집하고 있다. 임원 추천위원회 구성은 비상임이사와 이사회에서 선임한 외부 전문가 참여로 이루어지고 있다. 다만 외부 참여가 1/2을 초과하지 않은 상태에서 내부 이사진 주도의 결정이 이루어질 가능성이 높다고 판단된다. 비상임이사 등 이사의 임기가 만료되어도 후임자가 결정될 때까지는 전임자가 역할하고 있다. 업무 연속성 차원에서 긍정적으로 판단할 수도 있으나, 후임자 선정이 늦어지는 경우 악용할 가능성이 있다.

4개 기관 중 한국조폐공사는 정관에 노동이사제도 도입이 명시되어 있고, 경영공시를 의무적으로 할 수 있게 되어 있다. 임원 추천위원회 경우도 임기 만료 2개월 전에 진행할 수 있게 되어 있어 이사회 공백을 최소화하려는 노력이 보인다.

고용노동부는 기금관리형 준정부기관인 근로복지공단, 위탁집행형 준정부기관인 한국고용정보원, 한국산업안전보건공단, 한국산업인력공단, 한국장애인고용공단이 있다. 7개 기타공공기관을 포함해 총 12개 산하기관이 있다.

고용노동부 12개 기관의 이사회 숫자는 10명에서 20명 이내로 되어 있다. 8개 기관이 15명 이내로 가장 많다. 노사발전재단은 노사정 20명 이내, 한국장애인고용공단은 10명에서 15명 이하, 한국기술교육대학교는 13인이며 이 중 4인은 개방형 이사로 되어 있다. 한국고용정보원은 11인 이내로 가장 적은 이사 숫자를 정관에 담고 있다.

정부 산하기관의 기관장의 임기가 3년, 비상임이사의 임기가 2년으로 알려져 있다. 하지만 고용노동부 산하기관의 비상임이사 임기를 보면 정관 내용에 따라서 다양한 형태로 운영되는 것을 알 수 있다.

12개 기관 중 비상임이사 임기가 2년이며 1년씩 연임할 수 있는 기관이 6개, 임기 3년으로 1년씩 연장, 기관이 2개, 4년 중임 1개, 3년 연임 1개, 2년 연임 1개, 임기 내용이 없는 기관도 1개 있다. 한국기술교육대학교는 대학 특성상 총장 선출을 참작했는지 4년 중임제를 채택하고 있다. 한국사회적기업진흥원은 3년 연임, 한국잡월드는 2년 연임으로 되어 있다. 실제로 한국사회적기업진흥원 비상임이사 5명은 3년 연임으로 2023년 7월 기준으로 6년째 이사직을 수행하고 있는 것으로 조사되었다. 통상 2년 또는 3년 임기에 이사회 활동 실적 등을 고려해 1년씩 연임이 되는 것을 생각하면 이례적이다.

이사회 개최의 경우 기관장이 소집하거나 이사 1/3 이상이 요구하면 진행하게 되어 있다. 학교법인한국폴리텍과 한국기술교육대학교의 경우는 이사 1/2 또는 과반수 요구로 소집한다. 이사회 개최 채널이 기관장과 이사의 요구 등 2개 채널이 정관에 명시되어 있는 기관은 5개 기관, 여기에 감사를 포함한 3개 채널 운영기관은 노사발전재단, 학교법인한국폴리텍, 한국기술교육대학교 등 3개다. 고용부 장관의 요청을 포함한 4개 채널로 이사회 개최를 할 수 있는 기관은 한국산업안전보건공단, 한국산업인력공단, 한국장애인고용공단, 한국고용노동교육원 등 4개다. 정관상 이사회 개최 횟수를 정한 기관은 노사발전재단이 매년 2회로 유일하게 나타났다.

기획재정부나 고용노동부 산하기관 대부분 이사회 개최 횟수는 정관에 포함하지 않고 있다. 반면 국무총리 산하 경제인문사회연구회의 경우는 정관에 연 3회(3월, 5월, 12월)로 명시하고 있다. 정관, 자체 규범 등을 중시하고 있는 공공기관의 환경을 고려한다면 정관에 이사회 개최 횟수 등이 명시되지 않으면 이사회 개최는 의무 사항이 아닐 수도 있다.

기관장 및 상임이사와 비상임이사를 추천하기 위한 임원추천위원회 구성은 비상임이사와 이사회가 선임한 외부 위원으로 구성하고 있다. 즉 새로운 임원을 선임하는 데 있어 비상임이사와 이사회가 지정한 위원들로 구성된 임원추천위원회의 권한이 절대적이다. 건설근로자공제회의 경우 비상임이사 4명을 포함한 7명으로 구성하게 되어 있다. 이사회 임원이 임기가 만료되어도 후임자가 임명될 때까지 이사의 직위로 활동을 할 수 있게 되어 있는 상황에서 새로운 임원을 현 이사회가 추천하는 시스템이다.

상황에 따라서는 임기 종료된 비상임이사들이 새롭게 임명이 되어야 할 후보들의 추천을 안 하거나 본인들의 판단에 따른 후보들만 추천하는 최악도 가능하다. 해당 부서 장관의 경우 복수 또는 3배수 추천자 중에서 선임하는 절차이기 때문이다. 이러한 문제는 정권이 변경되었을 경우, 악의적으로 이용될 가능성이 예상된다. 대부분 임기가 만료된 비상임이사들이 "후임자가 임명될 때까지 직무를 수행할 수 있다"라는 정관의 내용을 악용할 수 있어 개선의 필요성이 있어 보인다.

2023년 6월 말 기준 고용노동부 산하 12개 기관 중 정관에 노동이사를 규정하고 있는 곳은 한국고용정보원이 유일하다. 2022년 9월 7일 정관 개정을 통해 노동이사를 시행하고 이사회 참여시 실비 지급을 하고 있다. 5개 기관이 준정부기관으로 상임이사가 3명 또는 4명이다.

정관에 경영공시와 고객헌장 제도를 명시하고 있는 기관은 한국산업안전보건공단, 한국산업인력공단, 한국장애인고용공단, 한국고용노동교육원, 한국잡월드 등 5개 기관이다. 나머지 기관의 경우 알리오 시스템에 경영공시를 하고 있지만, 정관에 규정하고 있는지에 따른 진정성이 엿보인다. 일례로 모 기관은 2023년 상반기에 2회 이사회가 개최되었지만, 이사회 회의록은 2022년까지만 공개되어 있다. 기관 운영의 투명성에 대한 대응이 빠르지 못함으로써 기관 신뢰성에 의문을 줄 수 있다.

〈표 7-7〉 기재부 · 고용부 산하기관 비상임이사 운영 현황

<table>
<tr><th rowspan="2">부처</th><th rowspan="2">기관</th><th colspan="3">비상임이사(이사회)</th><th rowspan="2">정관 개정</th><th rowspan="2">비고</th></tr>
<tr><th>임기</th><th>이사회 개최</th><th>임기 만료</th></tr>
<tr><td rowspan="2">기획재정부</td><td>한국조폐공사</td><td>2년
1년씩
연임</td><td>이사회
사장 소집</td><td>후임자
임명까지</td><td>임원추천위
20220729</td><td>노동이사
경영공시
추천위 2개월 전</td></tr>
<tr><td>한국수출입은행</td><td>3년
중임</td><td>이사회
은행장 소집</td><td>결원 시
새로 임명</td><td>-</td><td></td></tr>
</table>

	한국재정정보원	2년	이사회 원장 소집	후임자 임명까지	–	비상임이사 장관 직접 임명
	한국투자공사	3년 1년씩 연임	이사회 사장 소집	후임자 임명까지	–	운영위원회
고용노동부	근로복지공단	2년 1년씩 연임	이사장 개최 이사 1/3 이상	후임자 임명까지	–	상임이사 4명
	한국고용정보원	2년 1년씩 연임	이사회 의장 이사 1/3 이상	후임자 임명까지	노동이사 실비 20220907	직무 수행 실적 평가 노동이사
	한국산업 안전보건공단	2년 1년씩 연임	이사장 이사 1/3 이상 고용부장관 감사 소집	공단 규정	–	비상임이사 의결권 위임 가능 경영공시 고객헌장 제정
	한국산업 인력공단	2년 1년씩 연임	이사장 이사 1/3 이상 고용부장관 감사 소집	이사장 구성·운영 이사회 규정	비위행위 등 의원 면직 제한 20130916	자문위원회 후원제 경영공시 고객헌장 제도
	한국장애인 고용공단	–	이사장 이사 1/3 이상 고용부장관 감사 소집	공단 내규	–	비상임이사 의결권 위임 가능 자문위원· 후원회 경영공시
	건설근로자 공제회	3년 1년씩 연임	이사장 이사 1/3 이상	후임자 임명까지	전문 이사 2년 1년씩 연임 2020221	보궐 선임 잔여임기
	노사발전재단	3년 1년씩 연임	매년 2회 대표이사장 이사 1/3 이상 감사 소집	후임자 임명까지	임기 만료 후임자 임명까지 20180622	이사 변동/등기 이사대리인 위임 운영위원회 정치운동의 제한

	학교법인 한국폴리텍	2년 1년씩 연임	이사장 이사 1/2 이상 감사 소집	후임자 임명까지	-	지역대학장, 교육원장 3년, 1년식 연임
	한국고용 노동교육원	2년 1년씩 연임	원장 이사 1/3 이상 감사 소집 고용부장관	후임자 임명까지	-	비상임이사 대리인 위임 가능 경영공시
	한국기술 교육대학교	4년 중임	이사장 재적자 과반수 감사 소집	-	개방 이사 선임 15일 이내 추천	대학평의원회 11인 이사회 회의록 10일 이내 공개 결원 2월 내 보충
	한국사회적 기업진흥원	3년 연임	원장 이사 1/3 이상	후임자 임명까지	사회적 경제조직 정책개발 등 20181224	원장 연임 (1년씩)
	한국잡월드	2년 연임	이사장 이사 1/3 이상	후임자 임명까지	-	이사장연임 (1년씩) 경영공시 고객헌장 제도

3 거버넌스(G) 성과관리 방안

공공기관의 책임경영과 청렴 윤리경영을 위해서는 ESG 성과관리가 중요하다. 투명 공시, 이사회 역할 강화, 리스크 관리, 기록물 관리, 감사 및 시정조치, 기관 윤리, 정보보호, 신원 보호 등 다양한 관리가 필요하다.

거버넌스(G) 영역의 성과관리는 이사회의 구성과 활동, 지속가능경영 인프라 구축, 정보의 투명성 등이다. 이를 위한 핵심성과지표(KPI:

Key Performance Indicator), 평가 개요와 기준을 바탕으로 운영해야 한다.

거버넌스(G) 부분의 성과관리에서 부패 문제와 인사제도 및 운영 과정의 투명성 등이 보장되어야 한다. 이사회의 구성 및 활동은 공시 등에서 가장 표면적으로 공개되는 항목이다. 이사의 선임 방식, 선정 과정, 독립성 유지, 전문가 확보, 실질적 기능을 하고 있는지 등이다. 감사위원회 기구와 독립적 활동이 보장되어 있는지에 대한 관리도 필요하다.

공공기관이 투명한 지배구조 운영을 하기 위해서는 실질적인 예방

〈표 7-8〉 거버넌스(G) 영역의 KPI 지표 및 평가 기준(안)

지배구조(G)	KPI	평가 개요 및 기준
이사회의 구성과 활동	이사의 선임	이사 선임 방식과 이사 후보 선정 과정이 투명하고 객관적인가?
	이사회의 구성	이사회의 구성에 있어서 독립성과 적정성을 갖추고 있는가?
	이사회의 활동	이사회가 직무를 충실히 이행하고 실질적인 기능을 다하고 있는가?
	감사 또는 감사위원회	감사위원회가 마련되어 있는가? 감사위원회의 독립성을 확보되었는가?
지속가능경영 인프라	지속가능경영 거버넌스	지속가능경영의 이행을 위한 조직을 구축하였는가?
	지속가능경영 보고	지속가능경영 관련 공시 의무를 투명하게, 충실히 이행하고 있는가?
	윤리경영	윤리 문제 예방을 위해 전사적인 윤리 규범 및 프로그램을 수립하였는가?
정보의 투명성	공정공시	기관의 정보 공시 의무를 충실히 이행하고 있는가?
	공시 위반	공시 규정을 위반한 사례는 없는가?
	회계 투명성	회계 기준을 위반한 사례나 회계 감사의 독립성이 훼손될 가능성은 없는가?

기구와 제도가 필요하다. 특히 부패 관련한 내용은 표면적으로 알려지지 않지만, 내부 구성원 처지에서는 가장 혁신이 필요한 항목이라 할 수 있다. 공공기관이 공익에 맞는 활동을 할 수 있는 첫걸음은 투명경영과 윤리경영의 실천이다.

이러한 관점에서 지배구조 성과관리는 다음과 같은 내용에 대한 준비가 필요하다. 첫째, 부패 위험성 관리 시스템을 구축해야 한다. 국민권익위원회의 준법·윤리 프로그램 도입으로 기존 부패 사례 및 직무 프로세스를 분석한다. 조직별, 직무별 부패 위험을 도출하고, 발생 가능성과 심각성을 고려한 고위험군 리스크에 대해 개선안을 마련해야 한다. 개선 방안으로는 조직 내 학교별, 출신별 등 사조직 금지, 부패 행위자 명예퇴직 제한, 청렴인 포상 등 제도 또는 규범을 신설하는 등 청렴 윤리경영 추진 시스템이 필요하다.

둘째, 부패행위에 대한 내부신고자 보호제도가 마련되어야 한다. 신고 방법은 온라인과 오프라인 24시간 신고할 수 있는 시스템이 필요하다. 신고자 보호 매뉴얼 제정 및 홍보를 통해 구성원의 인식을 높인다. 신고자는 청탁, 갑질 피해, 불법하도급 등에 대해 국민신문고, 모바일 신고센터, 익명 제보시스템인 레드휘슬(Redwhistle, 비위행위, 선행에 대해 익명으로 제보하는 것) 등 어디서든 신고할 수 있도록 안내한다. 신고된 사건이 조직 내 감사 담당자에게 실시간으로 통보되어 처리할 수 있도록 시스템을 구축한다.

셋째, 부패행위 예방 및 통제를 강화해야 한다. 조직 구성원의 금품과 향응 수수 또는 공금횡령 등 비위행위 근절을 위한 제도 마련이 필요하다. 재무, 공급, 구매 등 부패 취약 분야에 대한 감사를 중점적으로 실시하여 부패 발생 위험을 선제적으로 제거해야 한다. 조직 내

비위행위가 발생하게 되면 해당자는 물론 관리자에게도 연대책임을 물어 역량평가에 반영하고 주요 보직에서 배제한다. 징계처분 유형에 따라 사회봉사 활동에서부터 직급 강등은 물론 해고 등 엄벌 처단을 강화해야 한다.

넷째, 조직 구성원이 모두 신뢰할 수 있는 인사제도가 필요하다. 채용 과정의 비리를 차단하기 위해 채용 전형 감사시스템을 구축, 채용 절차를 표준화하여 채용의 공정성과 개방성을 강화해야 한다. 인사제도의 투명성을 위해 승진 대상자 외부 평가를 확대하고, 개방형 보직 비율을 확대할 필요가 있다.

다섯째, 외부 전문가 활용한 윤리경영 감사를 강화한다. 내부 자체 감사의 전문성과 신뢰를 확보하기 위해 외부 전문가의 참여를 보장하고 확대해야 한다. 청렴옴부즈만 제도를 운용하고 감사 전문위원회 또는 감사자문위원회 등의 기구를 설치한다. 이를 통해 내부 전문성과 업무의 한계를 극복하고 기관운영과 효율적인 경영 견제를 위한 실효성을 확보해야 한다.

결론적으로 중앙부처, 지방자치단체, 공공기관 등 공공영역의 ESG 도입과 발전은 거버넌스(G)의 인식과 대응 노력 여하에 달려 있다고 해도 과언이 아니다. 기관 운영은 사람이 주체이기 때문이다. 기관경영 활동에 있어 조직 구성원의 공감대 형성을 통한 원활한 운영은 기본사항이다. 기관장과의 협력과 견제 의무를 이행하는 이사회 구조가 얼마나 투명하고 공정하게 운영되는지에 따라 달라질 수 있다. 특히 상급기관의 과도한 경영개입은 자칫 공공기관의 부실한 경영으로 이어질 수 있다. 기관의 감시와 통제의 수준 여하에 따라 독립적인 운영이 보장되지 않으면 지배구조의 수준은 저평가될 수밖에 없다.

참고문헌

관계부처 합동(2021). K-ESG 가이드라인 v1.0.

경기연구원(2022). 『경기도의 기업 ESG 도입 방안 연구』. 정책연구 2022-10.

경기연구원(2022). 공공기관 ESG 첫걸음은 맞춤형을. 이슈&진단 NO.511.

경기도지속가능발전협의회(2023). ESG KOREA 경기네트워크 정책 브리프.

기획재정부(2022). 『2022년도 공공기관 경영평가 편람』.

대한상공회의소 · 삼정KPMG(2021). 『중소, 중견기업 CEO를 위한 알기 쉬운 ESG』.

산업통상자원부(2021). 『관계부처 합동 K-ESG 가이드라인 V1.0』.

성동구(2022). 성동형 E+ESG 지표개발 및 활용 방안 연구 용역. 서울대학교 산학협력단.

인천연구원(2022). 『인천 ESG 지표 개발 연구』.

전국경제인연합회 · 김앤장(2021). 『글로벌 기준으로 본 ESG 경영 사례집』.

행정안전부 · 지방공기업평가원(2023). 『2023년도 지방공기업 경영평가 편람』.

한국거래소(2020). 『2020 ESG 정보 공개 가이던스』.

산업통상자원부 국가기술표준원 · 한국표준협회(2021). 『ISO · IEC 국제표준 100선 가이드』.

한국기업데이터(2021) 『한국원자력원료 ESG 보고서』.

손수득 외(2021). 공공기관의 ESG 지배구조(G) 추진 전략: 대한무역투자진흥공사 사례를 중심으로. 『서비스경영학회지』, 22(5): 159-183.

조대형(2021). ESG 글로벌 추진 현황과 사례 분석. 『인문사회21』, 12(3): 2651-2662.

광명시(2022). 광명시 지속가능발전 기본계획 수립보고.

광명시(2023). 제2기 광명시 지속가능발전위원회 2023년 제1차 정기총회, 2023. 4. 5. 광명시 정책기획과 내부자료

광명시(2023). 광명시 지속가능발전 사업 2022년 성과 및 2023년 계획 보고, 지속가능발전위원회 회의자료, 2023. 5. 4.

광명시지속가능발전협의회, https://www.gm21.or.kr/gm21/g12/209

다우존스 지속가능경영지수(DJSI), https://www.spglobal.com/esg/csa/

대한상공회의소, http://www.korcham.net/nCham/Service/Main/appl/Main.asp
서스틴베스트(Sustinvest) ESG 평가, https://sustinvest.com/
에코바디스(EcoVadis) 평가, https://support.ecovadis.com/hc/ko
톰슨 로이터(Thomson Reuters) ESG 스코어, https://solutions.refinitiv.com/esg-data/175
탄소정보공개프로젝트(CDP) Reporting, https://www.cdp.net/en/info/about-us/what-we-do
한국ESG기준원 ESG 평가, http://www.cgs.or.kr/business/esg_tab01.jsp

AGGA(Asian Corporate Governance Association), https://www.acga-asia.org/
FTSE4Good Index, https://www.ftserussell.com/products/indices/ftse4good
MSCI ESG Ratings, https://www.msci.com/our-solutions/esg-investing/esg-ratings
https://www.hani.co.kr/arti/economy/economy_general/997344.html, 2021.5.31

제8장

ESG와 리스크 관리

제 8 장

ESG와 리스크 관리

제 1 절 | ESG 적용과 생존

1 공공기관 ESG 현실적 환경

공공기관의 ESG 리스크는 무엇을 말하는 것인가? 민간기업처럼 이익 창출에 매몰되지 않고 외국의 통상압력에 휘둘릴 일도 없고 공공의 이익에 충실한 운영이라면 무엇이 문제인가? 하지만 ESG경영이라는 새로운 환경이 기업활동은 물론 공공기관의 운영 과정에 거부할 수 없는 부담으로 작용하고 있다. 새 정부의 ESG 추진에 따른 경영활동과 경영평가에 대한 압박, 내부적으로는 조직 구성원의 혁신과 변화에 대한 저항과 ESG 도입과 실천에 대한 소극적 태도의 해결이다.

구체적으로는 ESG 추진을 바라보는 공공기관 임직원의 견해 차이는 없는지, 같은 생각과 상호 간 지속적인 소통을 통해 기관의 리스크를 줄여 나가려는 의지가 있는지 등에 관한 판단이 필요해졌다. 정부의 혁신 요구, 기관의 통폐합 논의, 선진화 정책, 공공부문의 체질 개선 요구, 평상적인 업무의 민간이양, 지배구조 운영의 투명성과 공시 의무화 등 대비하고 관리해야 할 리스크가 많아진 것이다.

각 부처 산하기관 중 시장형 공기업은 민간기업과 같은 운영구조를 보인다. 반면 투자 관점의 ESG가 필요 없는 준정부기관과 기타공공기관, 지방공기업과 출자 출연기관의 경우, ESG경영이 왜 필요한지, 어떻게 수행해야 하는지 다양한 고민이 있다. ESG 관련 부서의 처지에서는 기관의 지속가능경영에 대한 기관장 등 임원의 ESG 인식이 높지 않아 어려움을 겪고 있다. 조직원의 참여 유도를 위한 설득 과정도 원활하지 못하다. 공공기관의 입장에서 새로운 정책은 항상 또 다른 리스크로 인식되고 있다.

공공기관의 사회적 가치(Social Value) 실현을 위한 CSR 및 CSV는 물론 ESG 경영활동은 단기간에 그 성과를 보여주기도 측정하기도 쉽지 않은 영역이다. 친환경 요소를 생각해야 하고, 인권을 중시하는 정책과 조직 운영, 이해관계자는 물론 언론의 감시 등으로부터 비판과 비난의 목소리까지 고려해야 한다. 공공기관의 투명한 운영과 정보 공개는 고려 사항이 아닌 필수 항목이 되었고 ESG 리스크를 어떻게 관리해야 하는지가 관건이다.

공공기관의 가장 큰 리스크는 중앙부처 또는 지자체 산하기관으로서 인력 운영 및 자금조달에 있어 독립적이지 못하다는 것이다. 공공기관의 기관장은 물론 이사회 구조와 운영조차 감독기관인 행정의 당연직 이사의 목소리와 힘이 크게 작용한다. 그동안 관행적으로 유지됐던 방식의 변화가 필요한 시대가 된 것이다. 기관의 지속가능성을 논하려면 실천적 의지와 혁신의 마음자세가 필요하다. 공공기관의 비상임이사 역할은 참석 횟수 및 발언, 의사결정 등에 있어 큰 역할을 해내지 못했다는 비판이 있다. 거수기 역할에서 적극적인 이사회 활동을 요구받고 있다. 회의안건에 대한 개인 발언 내용까지 공개해야 하는 현실이다.

하지만 공공기관의 운영에 있어 거버넌스(G)는 환경(E)과 사회(S) 영역 대비 쉽게 혁신하기 어려운 구조로 되어 있다. 공공기관은 개별 법인체이지만 운영상 상위기관의 외부 통제를 받아야 하는 이중적 운영구조를 탈피하기 쉽지 않다. 독립적인 경영을 할 수 없는 현실이 리스크 그 자체다. 공공기관이 ESG 도입과 실행 과정에 있어 가이드라인에 부합하는 형식을 갖추는 것은 어렵지 않다. 정량적인 수치를 맞추거나 ESG 관련 기구를 신설하거나 부서명을 변경하는 등의 조직 대응은 수월하다.

외형적으로 ESG를 실현하는 것처럼 꾸미는 '그린워싱(Greenwashing)이 문제가 된다. 그린워싱은 실제로는 친환경적이지 않지만 마치 친환경적인 것처럼 홍보하는 '위장환경주의'를 가리키는 말이다. 예컨대 기업이 제품 생산 전 과정에서 발생하는 환경오염 문제는 축소시키고 재활용 등의 일부 과정만을 부각시켜 마치 친환경인 것처럼 포장하는 것을 말한다. 따라서 그린워싱이 아닌 내용적 충실함을 요구받고 있다. 이를 위해서는 ESG를 대하는 조직 구성원의 공감대 형성이 가장 중요하다. 내부 통제 강화를 반기는 조직의 구성원은 없을 것이다. 형식적 반응이 아닌 진정성 있는 내용으로 응대해야 한다. 기관의 조직문화

변화가 필요하다. 협력적인 노사관계, 보건 및 안전, 이사의 선임과 이사회 구성, 감사 및 감사위원회 등 기본적인 ESG 가이드라인에 주목해야 한다. 이를 위해 기관의 핵심성과지표(Key Performance Index, KPI) 설정 및 관리계획을 수립하는 것도 중요하다.

2 기업의 생존과 ESG 불가분의 관계

ESG 도입과 실천은 거스를 수 없는 시대적 화두라고 말한다. 하나뿐인 지구가 인간 세상을 위한 유기체로 공존하려면 더 이상 방치할 수 없다는 위기감에서 비롯되었다. 기후 이상이란 단어가 기후 위기로 더 나아가 지구 훼손이 지구파괴로 이어질 수 있다는 불안감이 엄습하고 있다. 불안은 현실로 나타나고 있기에 공포감마저 느끼는 상황이라 할 수 있다.

지구의 지속가능성이 화두로 등장한 것은 에너지원의 다양성을 통해 이산화탄소 배출을 최대한 억제하고 환경을 보호하려는 노력이 있었기 때문이다. 하지만 환경 관련 일부 의식 있는 단체들의 담론으로만 치부한 덕에 지구는 지속해서 병들어 갔다.

평년값을 현저히 벗어난 이상고온과 저온 현상인 폭염과 한파의 발생빈도가 잦아졌다. 잠 못 이루는 열대야 현상은 물론 폭우로 인한 홍수 피해로 도시파괴도 많아졌다. 폭설로 인한 도시의 고립 현상, 오랜 가뭄으로 인한 식량 위기에 이르기까지 다양한 형태로 지구는 몸살을 앓고 있다. 지구 곳곳에 순차적으로 때로는 동시다발적으로 나타나는 이상기후 현상은 상호 악영향을 미치며 발생하고 있다.

적도 부근의 수온이 올라가는 현상인 엘니뇨(el Niño)와 해수면 온도가 평년보다 0.5도 이상 낮은 저수온 현상이 5개월 이상 일어나 생기는 이상 현상인 라니냐(La Nina) 문제는 매년 심각해지고 있다. 2023년 6월 세계기상기구(World Meteorological Organization, WMO)는 엘니뇨 현상이 더 심각해질 것이라 내다봤다. 미국 해양대기청(National Oceanic and Atmospheric Administration, NOAA) 산하 기후 예측센터(CPC)도 2024년 말까지 점점 강한 형태로 엘니뇨 현상을 예측한다.

이러한 엘니뇨로 인해 기후가 상승하면서 모기에 의해 전파되는 질병이 많아질 것이다. 뎅기열, 지카 바이러스 등과 같은 바이러스성 질병이 확대될 가능성이 농후하다. 실제로 남미 지역과 태국, 말레이시아, 캄보디아 등 아시아에서 뎅기열 환자가 증가하고 있다.

이러한 엘니뇨 현상은 단순히 기후 이상과 질병 문제에 그치지 않는다. 기온상승과 폭우는 농작물에 큰 영향을 미치면서 농산물 가격 인상으로 인한 먹을거리 경제에 타격을 준다. 옥수수, 콩, 밀 작물을 하는 기업 및 관련된 주식의 수익률은 상승하는 반면 손해보험사들의 주식은 하락세를 면치 못한다. 기후 이상 현상은 기업의 성패와 생존의 문제로 이어지고 있다.

최근 몇 년 사이에 빠르게 진행되는 기후 이상과 변화의 형태는 다양하며 그 여파는 커지고 있다. 이러한 기후 이상은 지구인들의 보금자리인 지구를 보는 시선과 인식을 바꾸는 계기로 작용했다. 지구를 보호해야 하는 것 아니냐는 소극적 생각에서 환경을 파괴하는 그 무엇에 대해서는 적극적인 행동에 나서는 시민 인식 전환이 시작되었다. 기업이 생산하는 재화 및 서비스에도 영향을 미치기 시작했다. 환경을 중시하지 않은 기업에 대한 불신은 제품구매 반대, 상품 불매운동이라는 소비자의 용기 있는 행동으로 나타났다. 이런 여파는 자연스럽게 기업의 생존에 절대적인 영향을 미치는 요소로 작용하기 시작한 것이다.

그동안 물불 가리지 않고 매출의 확대와 이익만 추구했던 기업, 이익 창출이 기업의 가치라 믿고 성장을 추구해 온 기업으로서는 전환점이 필요해졌다. 환경을 중시하는 기업, 친환경 기업의 이미지 전달을 시작으로, 지역사회와의 교감, 인권과 안전을 중시하고 투명한 경영을 하는 기업으로 변신해야 하는 상황이다.

3 CSR, CSV, ESG 고도화

지난 정부에서 '기업의 사회적 책임'을 나타내는 CSR(Corporate Social Responsibility)과 '사회적 가치 추구'가 정부 운용의 중요한 이슈였다. CSR은 선행을 통해 기업의 이윤 중 일부를 사회에 환원하는 방식으로 기업의 수익 추구 방식과는 직접적으로 관련이 없다. 하지만 기업의 사회에 대한 공헌 및 기여에 따른 긍정 이미지는 기업의 직·간접적인 매출 증대로 이어지는 경우가 많았다. 또한 사회적 가치 추구는 기업의 투자평가와 공공기관의 경영평가 항목에 중요한 배점으로 작용하였다. 이후 현장에서는 공유가치 창출을 의미하는 CSV(Creating Shared Value) 실천으로 나아갔다. CSV는 단순히 기업의 사회적, 경제적, 환경적 책임을 비즈니스 모델로 추구하는 것에 멈추지 않았다. 기업의 가치사슬과 공급망 활동을 촉진했다. 비즈니스 기회와 지역사회의 욕구가 결합하여 다양한 형태의 이익을 동시에 추구한 것이다.

CSR에서 CSV로 현 정부에서는 더 나아가 ESG를 국정과제로 추진하고 있다. 선한 영향력 추구에서 사회적 가치를 추구하면서 상호 이익을 추구했다면 기업의 영리 추구 단계를 넘어 생존을 위한 수단으로써 ESG를 추구하고 있다. 또한 SDGs(Sustainable Development Goals, 지속가능발전목표)의 17개 추진 과제 목표로 출발한 지속가능경영이라는 큰 틀에서 더 구체적이고 실천적인 ESG로의 전환과 실행이 이루어지고 있다.

지구의 건강한 환경보호와 생태계 보전을 위한 목적에서 출발한 지구 살리기는 기업의 이익 추구 단계를 넘어 공생 공존하는 생존 수단으로 ESG가 활용되고 있다. 이렇듯 민간 부문의 ESG 추진은 다양한 목적을 가지고 구체적 실천 형태로 발전하고 있지만 공공부문의 ESG는 예열하는 시간이 더디다. 민간기업처럼 생존을 위한 수단으로 인지하지 못함은 물론 필요성에 대한 공감도 못 한 것처럼 보인다. 다만 경영평가를 위한 새로운 정책으로 받아들이고 있을 뿐이다. 그것도 평가 관련된 부서만 애를 태우는 상황이다.

그나마 공공기관 중 조직 규모가 크거나 제품을 생산하는 시장형 공기업 등은 관심도 많고 준비도 착실히 하고 있다. 서비스하는 기관의 경우는 "환경 물질을 배출하지 않는 우리가 왜?"라는 수준에서 크게 벗어나지 못하고 있다. 특히 이해관계자가 적거나 대민서비스 접점 빈도가 높지 않은 기관일수록 도외시하는 분위기가 있다.

정부의 국정과제로 추진되고 있지만 중앙부처와 지방자치단체 공무원의 인식은 높지 않고 준비도 미흡한 상태다. 정부 산하기관과 지자체 산하 지방공기업은 평가받기 위한 수단으로 집중도가 높은 편이다. 예를 들어 서울특별시 25개 자치구에서 ESG에 대한 대응력은 낮지만, 산하 공기업인 시설관리공단의 경우 ESG 전략 수립 준비에 적극적이다. 물론 지방공기업은 수익성과 공공성을 추구하는 처지에서 평가받아야 하는 현실이 작용했을 것이다.

그런데 이러한 산하기관들이 ESG를 이해하고 준비하는 반면 중앙 부처와 직속 기관, 그리고 지방자치단체, 지방의회의 인식은 상당히 낮다고 볼 수 있다. ESG 정책이 성공적으로 이루어지고 전 국민적으로 확산하고 지속할 수 있는 사회를 만들기 위해서 가장 관심을 기울여야 할 공공영역의 현실이다. ESG를 기업이 준비하고 정부 산하기관이 평가받는 데 필요하다는 시각 자체가 ESG 리스크다. 정부나 지방자치단체 등 공무원 조직이 ESG를 기획하고 정책을 마련하고 평가하고 지원하는 역할에 그쳐서는 안 된다. 선도적이며 선행적으로 모범을 보이지 않고 관리자의 입장만을 견지한다면 소극적인 생각이다. ESG 정책의 확대 및 국가의 지속가능한 발전을 가로막는 장애물로 인식되어서는 안 될 것이다.

제 2 절 | 지방자치단체 조례

1 ESG 법률과 조례 제정

공공기관은 사기업처럼 오너 중심이 아니다. 소위 '주인 없는 기관의 구성원' 인식이 강하다. 정부 산하기관 기관장일지라도 임기가 정해져 있어 해당 기간 내에 보일 수 있는 것에만 몰두하게 되어 있는 구조다. 단기간 성과만을 고려하고 있다. 따라서 공공부문의 ESG 리스크 관리는 제도와 조직의 설치로 대응해야 한다.

법률, 자치법규 등 ESG를 계획하고 정책을 수립하고 보고서에 따라 순차적으로 집행하는 형식적이지만 필수적인 절차가 중요하다. 기관 평가, 감사 등을 통한 방법이 가장 빠르고 확실한 수단이라 할 수 있다. 따라서 해당 기관에 관련된 법 규정과 정관 및 조례가 제정되어 있는지, 위원회가 설치되어 있는지, 전담 조직은 마련되어 있는지, ESG 실천에 따른 보고서가 발간되고 있는지 등을 중심으로 관리해야 한다.

현재 ESG 관련 법률은 없다. ESG 기본법(안) 제정을 위한 간담회를 통해 내용을 정리하고 있다. ESG가 무엇이고 왜 필요하고, 국가적으로 어떤 방식으로 대응해야 하는지 등 논의가 부족하다. 준비하지 않으면 어떠한 결과가 초래되는지, 중장기적으로 어떤 제도를 구비하고 전략적으로 임해야 하는지 등에 대한 공감대가 형성되어 있다고 보기 어렵다. 대기업 중심 지속가능경영의 일환으로 인식하고 이산화탄소를 배출하지 말아야 한다는 탄소중립 차원의 인식 수준에 머물러 있다. 기업의 재정지출 등 민원에 따른 부담도 있을 것이다. ESG 관련 법률 제정이 더딘 이유다.

전국 243개 지방자치단체의 조례 제정이 시작되었다. 2021년 7월 광주광역시의 「광주광역시 ESG 경영지원 조례」 제정을 시작으로 2021년에 3건, 2022년에 9건, 2023년 10월 말 기준으로 35건, 전라남도교육청과 충청남도교육청 포함 총 37건의 조례가 제정되었다. 2021년과 2022년은 대부분 11월과 12월에 조례 제정이 몰려있었다면 2023년은 1월부터 매월 이뤄지고 있다. 지방자치단체가 본격적으로 관심을 가지기 시작했다.

2023년 10월 말 기준으로 ESG 조례 제정 현황을 보면 17개 광역시도 중 13곳(경기, 강원, 충북, 충남, 전북, 전남, 경북, 경남, 광주, 대구, 울산, 부산, 세종)이다. 반면 기초지방자치단체는 226개 중 23년 7월 말까지는 16곳(서울 강남구, 서울 금천구, 서울 동작구, 서울 관악구, 서울 마포구, 수원시, 부천시, 인천 남동구, 인천 서구, 진천군, 창원시, 구미시, 김천시, 진주시, 양산시, 나주시) 7.1%에 그쳤다. 이후 8월부터 10월까지 3개월 사이에 19건의 조례가 추가로 제정되면서 15.5%가 되었다. 지자체의 ESG 조례 제정이 본격화되는 양상을 보인다.

8월에는 전북 고창군, 대구 달서구, 경기 성남시, 광주 서구, 충북 충주시, 전라남도의회, 9월은 충남 아산시, 전남 여수시, 서울 성동구, 전남 완도군, 울산 동구, 10월은 경북 경주시, 대구 북구, 광주 남구, 대전 유성구, 서울 서대문구, 서울 영등포구가 조례를 제정했다. 교육청은 전남교육청과 충남교육청 2곳이다. 광역시도는 서울, 인천, 대전, 제주만 남았다.

〈표 8-1〉 전국 49개 지방자치단체와 교육청 ESG 조례 제정 현황

(2022.10.31. 기준)

제정	조례 명	대상	위원회	지원 내용
21년 7월	광주광역시 ESG 경영지원 조례	민간기업 공공기관	ESG경영지원 위원회	–
21년 12월	충청남도 중소기업·소상공인 ESG 경영 활성화 지원 조례	중소기업 소상공인	ESG경영활성화위원회/자문단	포상
21년 12월	충청북도 기업 ESG 경영 지원 조례	기업	ESG경영지원 위원회	평가등급진단 컨설팅 비용
22년 3월	경상북도 기업 ESG 경영 지원 조례	기업	ESG경영지원 위원회	경영홍보/교육 컨설팅비용 지원

22년 7월	경기도 ESG 경영 활성화 지원 조례	중소기업 공공기관	관련기관 협력체계구축	중소기업육성 기금 및 보증
22년 11월	서울특별시 강남구 이에스지(ESG) 경영 활성화에 관한 조례	공공기관 중소기업	경영발전협의회	보조금 지원
22년 11월	전라북도 중소기업 ESG 경영 활성화 지원 조례	중소기업	관련기관 협력체계구축	중소기업융자 및 보증
22년 12월	서울특별시 동작구 ESG 경영 활성화 지원에 관한 조례	공공기관/ 중소기업 사회적경제 기업	ESG경영발전 협의회	성과평가 표창
22년 12월	부천시 기업 ESG 경영 활성화 지원 조례	기업	ESG경영지원 위원회	컨설팅비용지 원 포상
22년 12월	울산광역시 ESG 경영 지원 조례	기업 지역기업	ESG경영지원 위원회	민간기업지원
22년 12월	구미시 기업 ESG 경영 지원 조례	기업	관련기관 협력체계구축	컨설팅비용지 원 단체위탁
22년 12월	대구광역시 ESG 경영 활성화 지원 조례	(지역)기업 공공기관	전문가 자문단	신용보증지원 포상
23년 1월	서울특별시 금천구 이에스지(ESG) 경영 활성화에 관한 조례	중소기업 공공기관	-	인증, 포상 지원사업우선
23년 2월	진천군 이에스지(ESG) 경영 활성화 지원 조례	기업	-	보조금 지원 포상 우대
23년 3월	수원시 이에스지(ESG) 경영 활성화 지원에 관한 조례	공공기관 중소기업	관련기관 협력체계구축	성과관리 중점관리목표
23년 4월	진주시 이에스지(ESG) 활성화 지원 조례	공공기관 중소기업	관련기관 협력체계구축	경영홍보/교육 컨설팅지원
23년 5월	남동구 ESG 경영 활성화에 관한 조례	중소기업 공공기관	관련기관 협력체계구축	경영홍보/교육 컨설팅지원
23년 5월	부산광역시 기업 ESG 경영 지원 조례	기업	전문가 자문단	경영홍보/교육 컨설팅지원 융자 및 보증

23년 5월	창원시 중소기업 ESG 경영 활성화 지원 조례	중소기업	관련기관 협력체계구축	경영홍보/교육 컨설팅지원
23년 6월	전라남도 이에스지(ESG) 경영 활성화 지원 조례	중소기업 공공기관	ESG경영활성화 위원회	경영홍보/교육 컨설팅지원
23년 6월	전라남도교육청 이에스지(ESG) 교육 및 실천 조례	교육기관	ESG교육발전 위원회	ESG교육센터 설치운용
23년 6월	김천시 기업 ESG 경영 지원에 관한 조례	기업	관련기관 협력체계구축	경영홍보/교육 컨설팅비용 지원
23년 6월	강원특별자치도 환경·사회·지배구조(ESG) 경영 활성화 지원 조례	중소기업 공공기관	관련기관 협력체계구축	경영홍보/교육 컨설팅지원 융자 및 보증
23년 6월	경상남도 ESG경영 확산 및 지원 조례	기업	협력체계구축 전문가 자문단	경영홍보/교육 컨설팅지원
23년 7월	양산시 기업 ESG 경영 활성화 지원 조례	기업	ESG경영지원 위원회	경영홍보/교육 평가등급 및 컨설팅지원
23년 7월	서울특별시 관악구 중소기업 이에스지(ESG) 경영 활성화 지원 조례	중소기업	관련기관 협력체계구축	경영홍보/교육 컨설팅지원
23년 7월	인천광역시 서구 ESG 경영 활성화 지원에 관한 조례	중소기업 공공기관	관련기관 협력체계구축	경영홍보/교육 컨설팅지원
23년 7월	서울특별시 마포구 이에스지(ESG) 경영 활성화에 관한 조례	중소기업 공공기관	관련기관 협력체계구축	경영홍보/교육 보조금 및 컨설팅지원
23년 7월	경상북도 공공기관 ESG 경영 지원 조례	공공기관	관련기관 협력체계구축	경영홍보/교육 컨설팅지원 인증 및 포상
23년 7월	나주시 ESG 경영 활성화에 관한 조례	중소기업 공공기관	관련기관 협력체계구축	경영홍보/교육 컨설팅지원
23년 8월	고창군 기업 ESG 경영 확산 및 지원 조례	기업	관련기관 협력체계구축	경영홍보/교육 컨설팅지원/ 포상

23년 8월	전라남도의회 이에스지(ESG) 실천 조례	의회	관련기관 협력체계구축	실천홍보/교육 평가지표/포상
23년 8월	성남시 중소기업 ESG 경영 활성화 지원 조례	중소기업	관련기관 협력체계구축	경영홍보/교육 컨설팅지원
23년 8월	대구광역시 달서구 ESG 경영 활성화 지원 조례	산하 공공기관 중소기업	관련기관 협력체계구축	경영홍보/교육 컨설팅지원/ 포상
23년 8월	충주시 이에스지(ESG) 경영 활성화 지원 조례	기업 산하 공공기관	관련기관 협력체계구축	기본계획수립 실태조사
23년 8월	광주광역시 서구 이에스지(ESG) 경영 지원 조례	중소기업 공공기관	ESG경영지원 위원회	경영홍보/교육 컨설팅지원/ 포상
23년 9월	아산시 ESG 경영 활성화 지원에 관한 조례	중소기업 공공기관	관련기관 협력체계구축	경영홍보/교육 컨설팅지원
23년 9월	여수시 이에스지(ESG) 경영 활성화 지원 조례	중소기업 공공기관	ESG위원회	경영홍보/교육 컨설팅지원/ 포상
23년 9월	서울특별시 성동구 이에스지(ESG) 활동 지원에 관한 조례	주민 이해관계자	관련기관 협력체계구축	실증사업 홍보/교육 인증/포상
23년 9월	완도군 ESG 경영 활성화 지원 조례	완도군 기업	ESG경영활성화 위원회	경영홍보/교육 컨설팅지원/ 포상
23년 9월	울산광역시 동구 ESG 경영 지원 조례	기업	ESG경영지원 위원회	경영평가/포상 홍보/교육
23년 10월	경주시 기업 ESG 경영 활성화 지원 조례	기업	ESG경영지원 위원회	경영홍보/교육 컨설팅지원
23년 10월	대구광역시 북구 ESG 경영 활성화 지원 조례	공공기관 중소기업	관련기관 협력체계구축	경영홍보/교육 컨설팅지원/ 포상

23년 10월	세종특별자치시 기업의 환경사회지배구조(ESG) 경영 지원 조례	기업	전문가자문단	경영홍보/교육 컨설팅지원/ 포상
23년 10월	서울특별시 서대문구 이에스지(ESG) 경영 활성화 및 지원에 관한 조례	기업 산하 공공기관	관련기관 협력체계구축	경영홍보/교육 컨설팅지원/ 포상 성과평가/표창
23년 10월	서울특별시 영등포구 이에스지(ESG) 경영 활성화에 관한 조례	중소기업 산하 공공기관	관련기관 협력체계구축	경영홍보/교육 컨설팅지원/ 인증 포상/표창
23년 10월	대전광역시 유성구 이에스지(ESG) 경영 활성화에 관한 조례	유성구 산하 공공기관 기업	관련기관 협력체계구축	경영홍보/교육 컨설팅지원
23년 10월	충청남도교육청 이에스지(ESG) 경영 활성화 지원 조례	직속기관 교육지원청	관련기관 협력체계구축	기본계획수립
23년 10월	광주광역시 남구 ESG 경영 활성화에 관한 조례	중소기업 산하 공공기관	관련기관 협력체계구축	경영홍보/교육 컨설팅지원/ 포상

2 ESG 조례 특징 비교

교육청을 제외한 지방자치단체 47건의 조례를 살펴보면 몇 가지 특징이 보인다. 첫째, 기업이 많은 지역의 조례 제정이 많다. 본사 중심의 건물보다는 생산시설이 있는 공장 소재지가 있는 지역의 기업 요구가 많다는 간접증거로 해석할 수 있다. 또한 수출 중심의 기업이 많은 곳도 조례가 우선으로 제정되는 양상을 보인다. 광역시도 중에서 조례 미제정 지역인 소비도시 모습을 보이는 서울, 제주, 대전은 위의 맥락에 부합되는 상황이다. 반면 인천광역시의 경우는 수출 중심의 기업이 많음에도 불구하고 조례 제정은 더디다. 기초지자체의 경우는 다양한 형태를 보인다. 서울시가 ESG를 처음 화두에 꺼낸 것은 제10대 의회인 2021년 3월 4일 운영위원회다. '서울특별시의회 2050 탄소중립과 정의로운 전환을 위한 특별위원회 구성결의안'에 대한 수석전문위원의 검토보고서에 "글로벌 기업과 금융사의 RE100 참여 및 ESG 투자 확대"라는 말이 처음 등장했다. 총 12번의 회의에 ESG가 등장한다. 제11대 의회에서는 2022년 7월 5일 교통위원회에서 서울교통공사의 업무보고 자리였다. "ESG 경영을 위해서 본격적으로 ESG 경영 선포식을 하고 여기에 대한 준비 작업을 진행하고 있다"라는 서울교통공사 사장의 보고를 시작으로 2023년 6월 말 기준으로 총 44건의 회의에서 ESG 키워드를 확인했다. 2023년 10월 ESG 조례 제정을 위해 서울시의회 환경수자원위원회에서 조례를 발의했다. 하지만 ESG가 기업을 대상으로 하는 업무라는 내부 논의로 발의한 조례를 철회하고, 2024년 초에 기획경제위원회에서 다시 발의 준비를 하는 것으로 알려졌다.

서울시 25개 자치구 중 강남구, 동작구, 금천구, 관악구, 마포구, 서대문구, 성동구, 영등포구는 조례 제정이 이뤄졌다. 강남구는 도시디자인을 중심으로 동작구는 사회적경제기업을 포함하는 유일한 지자체로 금천구는 인증과 포상, 지원 사업에 관한 내용이 핵심이다. 관악구와 마포구는 ESG 관련 실태조사 및 지원 사업 일부를 외부 단체에 위탁할 수 있도록 했다. 서대문구와 영등포구는 공로자에게 포상과 표창을 부여할 수 있도록 하고, 성동구는 지자체 최초로 ESG 관련 지표를 만들어 발표했다.

두 번째 특징은 조례 적용할 대상이 공공과 민간 부문의 구별이 명확하다. 전국 49개 ESG 조례 중 중소기업과 공공기관 두 곳 모두 적용하고 있는 지자체는 19곳(38.8%)이다. 기업과 공공기관은 대구, 충주, 서대문구 등 3곳(6.1%)이다. 기업만을 대상으로 12곳(24.5%), 중소기업은 4곳(8.2%)으로 조사되었다.

ESG 지원 대상은 다양하다. 울산시는 기업과 지역기업, 충청남도는 중소기업과 소상공인, 경북은 공공기관과 기업 각각 별도 조례를 제정했다. 동작구의 경우는 공공기관, 중소기업, 사회적경제기업까지 대상으로 정했다. 성동구는 주민과 이해관계자, 완도군은 완도군과 기업, 유성구는 유성구, 공공기관, 기업이다.

전남도의회는 의회를 대상으로, 전남교육청은 교육기관, 충남교육청은 직속기관과 교육지원청을 적용 대상으로 삼고 있다.

지자체가 ESG 조례를 제정하면서 27곳(55.1%)만이 공공기관을 포함했다. ESG를 지역 내 기업 또는 중소기업의 영역으로 인식하고 있다는 반증이다. 이 자체가 공공부문의 ESG 리스크라 할 수 있다. 지방자치단체 및 산하 공공기관은 법률 또는 조례로 정하지 않는 정책에 대해서는 소극적이다. 해당 사안이 아니라고 판단하면 ESG에 관한 관심은 멀어진다. 필자는 이 자체가 공공부문이 가장 조심해야 할 ESG 리스크 관리의 첫걸음이라 생각한다. 2050 탄소중립을 달성하기 위해서라도 기업의 ESG 경영지원을 위한 행정의 관점에서도 공공기관의 ESG 인식은 중요하다.

현재 국내외 어려운 경제환경에서 ESG에 대한 공공의 인식 전환과 정책 수립 및 정책지원은 시급하다. 정부나 공공기관에서 관리하는 다양한 기금이 대기업 중심, 환경과 거리가 먼 기업이나 기관에 투자되는 문제에 대해 논란이 많다. 대기업 및 외국기업 납품과 수출하고 있는 중소기업부터 순차적으로 ESG 연착륙을 할 수 있도록 지원하는 것도 공공의 영역이다. 현 정부의 핵심 공약 중 하나인 ESG 저변확대에 따라 실행되는 정책을 뛰어넘는 정도의 적극적인 자세가 필요한 시기다. 이런 시스템 구축을 위한 첫 단계가 법률과 조례 제정이다.

세 번째 특징을 보이는 것은 최소한의 운영 기구인 ESG 관련 위원회 설치 여부다. 49개 지자체 조례에서 ESG위원회, ESG경영지원위원회, ESG경영활성화위원회, ESG경영발전위원회 등 다양한 위원회명으로 운영하도록 정한 곳은 15곳(30.5%)에 불과하다. 나머지는 관련기관 협력체계 구축 또는 전문가 자문단을 운영하겠다는 수준에 머물러 있다. ESG 조례가 상징적이고 형식적인 조례로 그칠 수 있는 상황이다. 향후 조례 개정을 통해서 보완해야 할 부분이다. 현실적으로 ESG 관련 전문가를 찾기 어려워 ESG위원회 구성이 부담스러워 명시하지 못했다는 이야기도 전해진다. 그런데도 ESG의 G 부분인 지배구조의 기본이라 할 수 있는 ESG위원회 설치와 운영을 할 수 있는 근거를 마련하지 못하고 있는 것은 공공부문의 ESG 리스크다.

네 번째 특징은 조례 제정을 통한 목적이 불분명하다는 점이다. ESG 조례가 지향하는 내용이 경영 홍보 및 교육인지, 컨설팅 지원인지, 보조금 지원인지, 인증 및 평가 등급 진단인지, 포상인지, 성과관리 달성인지 제각각이다. 경영 홍보와 교육, 컨설팅 지원이 중심을 이루고 있지만 지자체가 보증 및 보조금, 컨설팅 비용을 지원할 수 있는 곳도 있다. 기업의 인증지원과 공공기관의 몰입도를 높이기 위해 포상 및 표창 제도를 도입한 지자체도 있다.

반면 컨설팅을 지원하는 단체위탁에 관련 내용이나 기업보다는 공공기관의 성과관리에 중심을 두고 있거나 조례 제정 자체에 의미를 둔 듯한 곳도 있다. 전라남도교육청의 경우는 ESG교육센터를 설치하고 운용하는 등 구체적인 내용을 적시하고 있다.

다섯 번째 특징은 조례의 내용이 지역의 환경을 고려하지 않는 형식에 그치고 있다는 것이다. 기업이 많은 지역도 있고, 기업은 없고 학교 중심의 지자체도 있고, 도심지역과 농산어촌 지역의 차이도 있을 것이다. 재정자립도 상황도 다르고 광역과 기초지자체 산하기관 숫자도 다르다. 이러한 다양한 변수를 생각하지 않고 타 지자체 조례에 조례 명만 바꾸는 소위 '표지 갈이' 조례가 보인다. 일부 지자체는 ESG 관련 지원을 받은 기업과 공공기관에 경영 활성화를 위해 지속 가능한 발전을 위한 '지속가능경영보고서 발간'의 이행을 촉구하고 있다. 여전히 현장에서는 지속가능경영보고서와 ESG 보고서의 차이를 이해하지 못하고 있다는 평가다. 재무적 평가인 경영실적 및 비재무적 평가 요소인 지배구조 내용이 어느 보고서에 담아야 하는지 판단하지 못하고 있는 것으로 보인다. ESG 보고서는 투자 및 평가를 받기 위한 목적이 강하고, 기업 내 활동 중에 환경, 사회, 지배구조만을 영역으로 다루고 있다. 반면 지속가능경영보고서는 자산, 부채 등 경영 내용이 핵심이고 환경과 사회 부문을 다루고 있다. 지속가능경영보고서도 외부 평가를 받기 위한 수단으로 활용된다. 최근에는 지속가능경영보고서 안에 ESG 리포트 내용을 담은 통합 보고서 형태로 발간하는 기업이 많아졌다.

49곳 중 지속가능경영보고서를 발간 할 수 있도록 한 지자체는 12곳(24.5%)이다. 이 중 인천 남동구와 서울 마포구는 '지속가능발전 기본 조례'가 없다. ESG 관련 조례만 제정된 상태다.

ESG 조례 제정을 마친 13개 광역시도 중 충청남도, 경상북도, 부산광역시, 전라남도는 ESG 관련 조례가 2개 이상이다. 충청남도는 중소기업과 소상공인을 대상으로 한 조례와 충청남도교육청이 교육청 직속

기관과 지역교육청에 적용하고 있다.

경상북도의 경우는 2022년 3월 '기업 ESG 경영지원 조례'에 이어 동년 7월 '공공기관 ESG 경영지원 조례'를 제정, 기업과 공공기관 별도로 조례를 제정했다. 기업뿐만 아니라 경상북도 산하 공공기관의 ESG 경영 필요성에 따라 추가로 정했다.

부산광역시는 조례 명으로는 ESG를 표현하지 않았지만, 2022년 7월 6일 자로 공공기관을 대상으로 ESG 실천을 강조, 2023년 2월에는 벤처와 창업기업을 대상으로 ESG 선도기업 지원 업무협약을 체결했다. 동년 5월에 '기업 ESG 경영지원 조례'를 제정했다.

전라남도는 2023년 6월 1일 자로 기업과 공공기관을 대상으로 조례를 제정, 같은 날 전국 교육청으로는 최초로 '전라남도교육청 이에스지(ESG) 교육 및 실천 조례'를 제정하였다. ESG 교육이 성공할 수 있는 조건 중의 하나가 미래세대가 탄소중립 등 환경보호, 지역사회 기여, 조직 운영의 투명성 등에 관한 관심과 실천력을 얼마나 담보하느냐에 있다. 이런 측면에서 교육청의 ESG 조례 제정은 의미가 있다. 2023년 8월에는 '전라남도의회 이에스지(ESG) 실천 조례'까지 등장했다.

결론적으로 지방자치단체가 ESG 정책을 대하는 태도는 조례 제정 여부에 달려 있다. 조례 내용에서도 중소기업 등 지역 내 기업의 ESG 도입 지원을 위한 다양한 방법이 포함되어야 한다. 또한 정책 수립 및 실행, 검토 등을 위한 ESG 위원회 설립이 필수적이어야 하며 일회성 위원회가 아닌 정기적이고 상시로 개최될 수 있는 실용적 위원회가 되어야 할 것이다. 위원회 위원 참여의 다양성은 말할 것도 없다. 주민 대표인 지방의회 의원의 위원회 참여는 필수사항이다. 조례 제정과 실용적 운영과 적극적 실천 행동이 공공부문의 ESG 리스크 관리를 하는

〈표 8-2〉 광역시도 ESG 조례 제정의 다양한 유형 현황

지방정부	ESG 관련 내용	제정 · 협약일	주체 (대상)
충청남도	충청남도 중소기업 · 소상공인 ESG 경영 활성화 지원 조례	2021.12.30	중소기업 소상공인
	충청남도교육청 이에지(ESG) 경영 활성화 지원 조례	2023.10.10	직속 기관 지역교육청
경상북도	경상북도 기업 ESG 경영 지원 조례	2022.03.03	기업
	경상북도 공공기관 ESG 경영 지원 조례	2023.07.13	공공기관
부산 광역시	부산광역시 공공기관의 공공성 강화와 민주적 운영을 위한 조례	2022.07.06	공공기관
	부산 벤처 · 창업기업 ESG 선도기업 지원 업무협약	2023.02.24	시의회 동의
	부산광역시 기업 ESG 경영지원 조례	2023.05.17	기업
전라남도	전라남도 이에스지(ESG) 경영 활성화 지원 조례	2023.06.01	기업 공공기관
	전라남도교육청 이에스지(ESG) 교육 및 실천 조례	2023.06.01	교육청
	전라남도의회 이에스지(ESG) 실천 조례	2023.08.03	의회

최고의 방법이다.

제 3 절 | 공공기관 리스크 관리

1 기타공공기관 ESG 평가 확대

윤석열 정부 110대 국정과제 중 ESG 강조 부문은 기재부, 산업부,

환경부, 방통위 등 4개 부처, 5대 과제에서 정책적 방향이 나타났다. 2022년도 실적 기반 경영평가에서 ESG 계획 및 실천에 대한 공기업과 준정부기관의 평가 가이드가 마련되었고, 기타공공기관까지 확대되었다. ESG에 대해 상대적으로 소극적이었던 기타공공기관도 사전 준비를 했던 일부 기관을 제외하고는 전체적으로 발등에 불이 떨어진 형국이다. 2023년 2월 1일 자로 공기업 36개에서 4개 항만공사가 법상 요건에 따라 기타공공기관으로 지정되었다. 준정부기관 기준을 정원 50명에서 300명 이상, 수입액 30억 원에서 200억 원 이상, 자산 10억 원에서 30억 원 이상으로 상향 조정되었다. 이에 기타공공기관은 220개에서 40개 증가한 260개로 전체 공공기관의 74.9%를 차지하게 되었다.

기타공공기관의 경우 경영관리 주체가 기재부에서 주무부처로 변경되어 운영상 자율성 확대는 물론 주무 부처의 관리·감독 권한과 책임이 강화된다. 또한 조직의 정원과 총인건비 관리는 기재부와 주무부처가 공동으로 관리·감독을 하며, 경영평가도 알리오(ALLO: 공공기관 경영정보 공개시스템)에 공시하여 투명성을 담보하도록 했다.

기타공공기관으로서는 공기업과 준정부기관에 있던 기관들이 기타공공기관으로 변경되면서 2024년 경영평가에서 내부경쟁을 하는 부담이 버겁다. ESG 관련해서도 사전 준비에 적극적이던 다른 기관과 차이를 줄이고 벽을 넘기 위해서는 큰 노력이 필요하게 되었다.

2023년도 공공기관 지정이 발표된 후 ESG 대응을 위한 노력이 요구되고 있다. 산업자원부는 국정과제로 성장지향형 산업전략을 추진하고 그 목적으로 지속 가능 성장을 위해 ESG 등 기업 성장과 사회적 가치 연계 모델을 확산하는 목표를 수립했다. 또한 중소·중견기업의 ESG 경영 확산, K-ESG 가이드라인 고도화, 공급망 실사 대응지원 사업 신설, 소셜 택소노미 마련 등 ESG 정책추진에 앞장서고 있는 것으로 알려졌다.

기업 등 민간 부문의 ESG를 지원하거나 연계 또는 주도적으로 ESG를 추진하는 산업통상자원부 산하 41개 공공기관의 ESG 현황을 살펴보았다. 2023년 6월 말 기준으로 시장형 공기업 11개, 준시장형 공기업 6개, 기금관리형 준정부기관 1개, 위탁집행형 준정부기관 10개, 기타공공기관 13개 등 총 41개 산하 공공기관이다. 이들 기관의 ESG 관련 부서가 존재하는지, ESG 관련 위원회가 운영되고 있는지, 지속가능경영보고서가 발간되고 있는지, ESG 보고서를 별도로 작성해서 발표하고 있는지 등 4가지 항목을 조사했다. 해당 기관 홈페이지와 경영평가 공개자료, 언론 기사 등에서 보인 내용을 조사했기 때문에 필자가 찾지 못한 예도 있을 것을 참작해서 판단하면 된다.

41개 기관 중 11개 시장형 공기업의 경우는 ESG 담당 부서와 위원회, ESG 내용을 포함한 지속가능경영보고서를 발간하고 있었고, 한국가스공사와 한국지역난방공사는 지속가능경영보고서 이외 별도로 ESG 보고서가 준비되어 있었다.

준시장형 공기업 6개 기관의 형태는 다양했다. ESG 관련 부서명이 보이지 않는 기관, 위원회가 없거나, ESG 보고서는 물론 지속가능경영보고서도 찾을 수 없었다. 대한석탄공사의 경우는 ESG 관련하여 아무런 준비를 하지 못하고 있는 것으로 나타났다. 한전KPS의 경우는 ESG 보고서로 되어 있지만 내용은 ESG Report 지속가능경영보고서로 조사되었다. 이렇게 기관의 홈페이지에는 ESG 보고서로 표시되어 있지만 자료를 보면 지속가능경영보고서로 되어 있는 기관이 41개 중 3개 기관이다.

〈표 8-3〉 산업자원부 산하 공공기관 ESG 조직 및 위원회 현황

(2023.06.30. 기준)

구분	기관명	ESG 용어 사용	ESG 위원회	SDGS (ESG포함)	ESG 보고서 (단독)
시장형 공기업	한국가스공사	–	○	○	○
	한국남동발전	–	○	○	–
	한국남부발전	ESG경영 기획처	○	○	–
	한국동서발전	–	○	○	–
	한국서부발전	ESG실무 추진단	○	○	–
	한국석유공사	ESG추진실	○	○	–
	한국수력원자력	–	○	○	–
	한국전력공사	–	○	○	–
	한국중부발전	ESG경영처	△	○	–
	한국지역난방공사	–	○	○	○
	강원랜드	ESG상생 협력실	○	○	–
준시장형 공기업	한국가스기술공사	ESG경영처	○	–	–
	대한석탄공사	–	–	–	–
	한국광해광업공단	ESG경영처	–	○	–
	한국전력기술	–	○	○	–
	한전KDN	ESG경영처	○	○	–
	한전KPS	ESG혁신부	○	○	△
기금관리형 준정부기관	한국무역보험공사	ESG혁신실	○	○	–
위탁집행형 준정부기관	대한무역투자진흥공사	ESG경영실	△	○	–
	한국가스안전공사	ESG경영처	○	○	–
	한국산업기술진흥원	ESG경영실	○	–	–

	한국산업기술평가관리원	ESG경영팀	○	○	△
	한국산업단지공단	ESG소통실	-	○	△
	한국석유관리원	-	○	-	-
	한국에너지공단	-	○	-	-
	한국원자력환경공단	-	○	-	-
	한국전기안전공사	ESG경영부	○	-	○
	한국전력거래소	-	○	○	-
기타 공공기관	한국에너지재단	-	-	-	-
	전략물자관리원	-	-	-	-
	한국디자인진흥원	-	○	-	-
	한국로봇산업진흥원	-	-	-	-
	한국산업기술시험원	ESG홍보실	○	-	-
	한국세라믹기술원	-	-	-	-
	한국에너지기술평가원	ESG경영실	-	-	○
	한국에너지정보문화재단	-	-	-	-
	한국전력국제원자력대학원대학교	-	-	-	-
	한국제품안전관리원	-	-	-	-
	한국탄소산업진흥원	-	-	-	-
	한전MCS	-	-	-	-
	한전원자력연료	ESG전략팀	○	-	○

기금관리형 준정부기관인 한국무역보험공사가 ESG 준비에 착실하지만 10개 위탁집행형 준정부기관의 경우 ESG 담당 부서 명이 보이지 않는 곳이 4곳이나 되었다. ESG 위원회가 보이지 않은 곳은 1개, 지속가능경영보고서가 보이지 않는 곳이 5개로 나타났다. 한국산업기술평가관리원과 한국산업단지공단의 경우 ESG 보고서로 표시하지만, 내부

자료는 지속가능경영보고서로 조사되었다. 한국전기안전공사의 경우 지속가능경영보고서가 없는 대신에 ESG 보고서로 재편하여 발간했다.

13개 기타공공기관의 경우는 전반적으로 ESG 대응에 있어 미흡한 상태다. 2023년 위탁집행형 준정부기관에서 기타공공기관으로 유형 변경된 한국디자인진흥원과 한국에너지기술평가원의 경우도 크게 다르지 않았다. ESG 관련 부서명이 존재하는 기관은 3곳, ESG 위원회 3곳, 지속가능경영보고서는 한 군데도 보이지 않았다. 다만 한국에너지기술평가원과 한전원자력연료가 ESG 보고서를 발간했다.

기관별로 세부 내용을 살펴보면 다음과 같다. 한국지역난방공사는 소통채널관리위원회, COP보고서를 발간했다. KOTRA(대한무역투자진흥공사)는 지속가능경영위원회를 중심으로 대내외 이해관계자의 요구사항을 고려한 KOTRA형 지속가능경영 프로세스 구축, GRI Standards, UN Global Compact, K-ESG 가이드라인에 제시된 기준 및 원칙을 반영했다고 발표했다. 지속가능경영보고서 내용은 CSR을 포함한 CSR+ESG 성과보고서다. 한국산업기술진흥원(KIAT)은 지속가능경영보고서는 없고, 2021년 노사 공동으로 ESG 경영을 선언, 2022 KIAT ESG 성과보고서로 대체했다. 한국원자력환경공단은 ESG경영실무위원회, 1인 업무 담당을 하고 있다. 한국석유관리원은 ESG경영자문위원회, 한국디자인진흥원은 사회적가치ESG위원회란 이름으로 운영하고 있다. 한국에너지기술평가원은 ESG경영위원회, ESG 경영보고서를 발간했다.

한국가스공사는 상생기획부에서 ESG 경영을 담당하고 있다. 한국남부발전은 ESG경영기획처 신설, ESG 행동규범을 제정하였다. 한국지역난방공사는 2015년부터 지속가능경영보고서를 COP 보고서로 대체 발간하며, UNGC(유엔글로벌콤팩트) 본부에 COP 보고서를 제출하였다.

강원랜드는 한국ESG기준원(구 한국기업지배구조원)에서 공표한 2021년 ESG 평가에서 종합 A등급을 받았다고 발표했다. 그러나 환경 부분은 2020년은 B, 2021년은 B+로 환경 부분 개선이 요구되었다. 서스틴베스트 평가는 A, MSCI(모건스탠리 ESG Rating)은 B등급으로 나타났다. 평가 기준에 따라 기관별로 차이가 있다. 대한석탄공사는 사회공헌 석공사랑봉사단의 단장 인사말에서 ESG 표현이 한번 나온다. 홈페이지상으로는 ESG 단어가 없다.

한국가스기술공사는 경영전략본부장을 위원장, 비상임이사나 외부전문가 등 5명으로 2022년 1월 ESG위원회 개최 이후 추가 위원회 개최가 보이지 않는다. 한전KDN은 2021년 6월 이사회 내 독립기구로 비상임이사 3명으로 구성된 ESG위원회를 1차 개최했고 추가 내용이 없다.

한전KDN ESG위원회는 지난 4월 이사회 의결을 거쳐 이사회 내 독립기구로 공식 신설되었으며, 3명의 비상임이사로 구성되어 있다. 한전KPS는 ESG 보고서를 클릭하면 지속가능경영보고서가 나온다. 공기업의 경우 지속가능경영보고서를 ESG 보고서로 이해하는 경우가 많다.

한국무역보험공사는 K-SURE ESG 공급망 자가 진단 서비스를 시행한다. EU 역내로 수입되는 물품의 제조·생산·가공 과정에서 발생하는 노동, 인권, 환경 등 ESG 분야에 대한 실사를 의무화하는 '기업 지속 가능한 공급망 실사 지침'을 발표했다.

한국산업단지공단은 ESG위원회는 없고, ESG 경영보고서로 표시했지만, 실제 보고서 제목은 지속가능경영보고서다. 한국산업기술평가관리원은 ESG경영위원회 운영, ESG Report라는 보고서 발간했으나 내용은 지속가능보고서다.

공공기관이 지속가능경영보고서와 ESG 보고서를 혼용하여 사용하는 경우가 많이 나타나고 있다. 지속가능경영보고서는 주로 GRI Standards 등을 적용한다. 개요(Overview), 경제성과, 환경성과, 사회성과, 부록(Appendix)으로 내용 구성이 된다. 지속가능경영보고서는 재무적 성과를 보여주는 경제성과가 핵심을 이루지만, ESG 보고서는 비재무적 성과를 보여줘야 한다. 경제성과는 제외되고 지배구조(Governance) 내용을 채워야 한다. 따라서 기존 지속가능경영보고서로 ESG 보고서로 대체하려면 비재무적 요소인 환경, 사회, 지배구조 내용이 충실히 기록되어야 한다.

K-ESG를 주도적으로 추진하고 있는 산업통상자원부의 ESG 담당은 산업정책과에 1명의 사무관이 '회의체(비상 경제 장/차관 회의 등), 지속가능경영(ESG) 등' 업무를 맡고 있다. 41개 산하기관의 ESG 대응체계는 에너지 관련 시장형 공기업이 전반적으로 준비를 하고 있으나, ESG 전담 부서명이 없는 곳이 절반이 넘었다. 준시장형 공기업은 전반적으로 관리가 안 되고 있다는 인상을 주고 있다. 준정부기관의 경우 ESG 부서, 위원회, 지속가능보고서 등 준비는 하고 있지만 내부적으로 들어가 살펴보면 형식적으로 운영되는 곳이 많았다. 기존 부서명 앞에 ESG만 붙여서 ESG를 표방하고 있지만 관련 담당자의 숫자 및 해당 업무를 보면 형식적이며 기존의 업무에 ESG 단어만 추가한 기관도 적지 않다.

이런 상황에서 노동이사제 도입은 쉽지 않다. 노동이사제는 유럽 19개국에서 시행하고 있다. 노동이사제 도입으로 기관은 참여적 노사관계를 구축할 수 있다. 이사회 등 경영진의 인사권 및 경영권 독점을 근로자에게 개방하여 협력적이며 신뢰적인 노사관계 공유와 이해를 통한 효율화를 도모할 수 있다. 또한 정부가 공공기관의 운영 철학, 인력

운용, 재정 등 전반에 대해 통제하는 수준에서 거버넌스 변화를 불러올 수 있다. 임명권자로부터 종속적인 공공기관 경영진의 한계를 보완하고, 공공성 강화와 자율·책임·투명 경영체제로 전환되어야 한다.

기타공공기관의 경우 2023년도에 ESG 검토가 의무 사항이 아니었다고는 하지만 정부 산하기관으로 준비와 대응은 상당히 미흡한 실정이다. ESG는 기업이 해야 할 일이고, 공공기관이 왜 해야 하는지 등에 대한 공감대 형성이 이루어지지 않았다는 현실을 보여주고 있다.

2 기업의 의지와 ESG 리스크관리

현장에서 ESG 리스크 관리를 말할 때 대부분은 민간기업의 관점에서 보는 시각이 많다. 기업으로서는 ESG를 준비하고 실천하기 위한 경제적 부담이 가장 크다. 그동안 도외시했던 환경의 문제에 대응하기 위해서는 원재료, 설비 등 친환경적으로의 교체가 필요하다. 당연히 아이템 유형에 따라서 제품 생산설비 규모 등에 따라서 당장 투입될 비용이 기업의 재정을 힘들게 한다. 자금압박을 받은 기업일수록 ESG 필요성을 느낀다 해도 결정하고 시행하기에는 고민에 빠질 수밖에 없다.

두 번째는 ESG를 전담하는 부서 및 인력이 필요하다. 공장 시스템 하나 교체하는 수준이 아니기 때문이다. 환경 대응, 안전시설 구축 및 강화, 인권 경영 등 준비하고 처리하고 개선해야 할 일이 한둘이 아니다. 대기업은 기존 유사한 업무를 했던 부서에서 조금 더 관심을 가지면 충분히 대처할 수 있다. 이미 오래전부터 준비를 해왔고, 적극 대응체제를 구비하고 있다. 반면 중소기업의 경우는 그러한 여력이 얼마나 있을까 싶다.

대기업의 공급망관리 차원에서 대기업에 납품하거나 수출에 목을 매고 있는 중소기업의 경우 ESG 준비되지 않고서는 경영하기 힘든 시대가 도래했기 때문이다. 다국적 기업에 납품하고 있는 국내 중소기업은 당장 발에 불이 떨어진 양상이다. ESG 준비가 안 되면 거래 선을 끊겠다는 통보를 받은 상태다.

EU, 미국 등 선진국에서 수입 제품에 대해 대기업에 납품하는 회사의 ESG 실행 여부를 체크하고 자료를 요구하고 있다. 이에 대기업의 입장에서도 공급망 관리 차원에서 대응해야 한다. 코로나19 엔데믹이라 말하지만 지난 3년간의 기업을 둘러싼 환경은 최악 그 자체였다. 다시 상승곡선을 그리기 위한 단계에서 ESG 대응하기 위한 예산과 인력이 필요하다.

세 번째는 기업의 자금 유입이 어려워진다는 것이다. 공공부문, 민간 부문 투자사, 은행, 기금 등은 펀딩 기준으로 ESG 준비 현황 등을 점검하고 조사하기 시작했다. 친환경적이지 못한 원재료, 탄소배출 환경, 재생수 사용에서부터 오너의 갑질에 이르기까지 ESG 지표 항목에 표시를 해나간다. 점수를 부여하고 낮은 등급을 받으면 투자하지 않거나 기존 투자금도 회수해 가는 극단적인 방법도 보여주고 있다.

그동안 영업이익이 크고 순익이 보장되고 언제든지 대출 상환이 가능한 기업의 신용에 따라 자금 대출 및 기금투자가 이루어졌었다. 하지만 ESG 항목에 부합하지 않은 노력하지 않고 실천하지 않은 기업에 외부 자금 유입은 요원한 상황이 된 것이다. 기업에 피 같은 자금이 중단되면 바로 쓰러질 수밖에 없는 상황이 올 수 있다. 기업으로서는 ESG가 단기적으로 필요악이 되는 것이다.

네 번째는 경영주의 강한 의지가 선행되어야 한다. 민간기업의 경우 오너의 생각과 의지가 가장 중요하다. ESG를 준비하고 실천하기 위해서는 자금투입, 인력보완 등 쉽지 않은 결정을 해야 한다. 대기업의 경우 충분한 자금확보와 조직 구성원과 기업의 브랜드 이미지를 생각한다면 오너의 판단은 빨라질 수밖에 없다.

반면 중소기업의 오너는 깊은 고민에 들어간다. ESG에 대한 이해가 충분하더라도 준비하기 위해 무엇이 필요한지, 현재 상황에서 가능한지를 판단해야 하기 때문이다. ESG 준비할 수 있는 전문인력 확보, 투입할 수 있는 자금 여력이 있는지 등 고민이 많아진다. 현재 기업을 둘러싼 환경을 고려하면 절대 쉽지 않은 결정을 해야 한다.

공급망관리 차원에서 압박이 있지만 도움받을 수 있는 출구가 보이지 않으면 더욱 그러하다. 장기적으로는 안전한 거래 확보, 기업의 이미지 개선, 구성원의 자긍심 등을 높일 수 있는 전환의 시점이다. 시대의 흐름에 순응하고 때에 따라서는 선도적 기업으로 발돋움할 수 있는 절호의 기회이기도 하다. 이 모든 사항은 조직 구성원과의 교감, 경영진과의 의논 등이 필요하지만 최종적으로는 오너의 고민과 판단, 실천력이 가장 중요하다.

다섯 번째는 조직 구성원의 공감대 조성과 실천하려는 노력이 필요하다. 기업의 경우 오너의 생각이 가장 중요하다고 인식하고 있는 구성원의 경우 ESG는 무관심 대상일 수 있다. 환경시설을 교체하거나 지역사회 기부, 노조와의 관계, 이사회 운영 등 모든 영역이 오너 중심으로 돌아가기 때문이다. 조직 구조상 구성원이 능동적으로 알아서 적극적으로 ESG 전략을 수립하고 실행하기 어렵다.

반면 오너의 지시대로 ESG 준비하고 실천하는 단계에서 행동은 진정성 있게 진행하느냐에 있다. 상의하달식(Top-down) 의사전달 방식의 업무로 생각하고 지시하는 일이라 판단하여 실행하는 태도에서는 형식주의에 머물러 있을 가능성이 크다. 흉내를 내는 그린워싱(green-washing)이 될 우려가 있다. 보이는 것에 집중하고 보이지 않는 중요한 것들에 대해서는 소홀히 하는 행태로 나타날 수 있다. 기업의 운명과도 연결될 수 있다는 위기 인식과 공감대 형성을 통해 자발적으로 행동해야만 가능한 일이다. 이렇게 기업의 처지에서는 ESG 관리를 위해 리스크를 방지하기 위한 명확한 설정이 가능하다.

3 공공기관 ESG 리스크 관리

기업을 대상으로 하는 ESG 리스크 유형의 형태는 7가지로 구분(CERES, 2019) 할 수 있다. 물리적 리스크, 공급망 리스크, 평판 리스크, 규제 리스크, 소송 리스크, 이행 리스크, 인적자본 리스크다.

물리적 리스크는 기후변화로 인해 실물에서 발생하는 직·간접적인 물적 피해다. 폭우 등으로 인한 시설공장 손상 등을 들 수 있다. 공급망 리스크는 제품 및 서비스가 생산되고 전달되는 과정에서 발생할 수 있는 협력업체 직원의 안전사고 등의 리스크다. 평판 리스크는 기업 평판이 악화함에 따라 발생하며 사주 일가의 갑질로 인한 평판 하락을 말한다.

규제 리스크는 규제 변화에 적절히 대응하지 못해 발생한 상황으로 변경된 리스크를 준수하지 못해 부담하게 되는 제재 및 벌금 등을 지칭한다. 소송 리스크는 소송 발생으로 부담하게 되는 직·간접적 비용으로 공사 소음 등 지역사회 주민과의 분쟁 등을 들 수 있다. 이행 리스크는 기후변화에 대응하기 위해 저탄소 경제로 이행하는 과정에서 발행하는 리스크다. 정부의 탄소배출 억제 정책 시행으로 화석연료 관련 자산의 가치 하락을 예로 볼 수 있다. 인적자본 리스크는 업무와 관련된 데이터 확보 여부로 인적자본과 관련된 리스크를 말한다.

반면, 공공기관의 ESG 리스크는 정부가 경영평가 등 제도적으로 구체적 지침을 내려주고 점검해야만 관심을 가지는 곳에서 출발한다. 일반기업과 경쟁체제에 있거나 ESG 관련한 탄소중립 등 아이템과 밀접한 경우에는 집중 관심을 보이는 형국이다.

한국의 ESG가 성공하기 위해서는 민간 부문은 물론이고 먼저 공공부문의 인식이 전환되어야 한다. 글로벌기업과의 경쟁과 대기업과 중소기업의 공생관계, 공공기관으로의 조달, 정책 수요자인 국민 서비스 강화는 공공기관의 자세에 달려 있다.

민간기업의 경우 이익 추구라는 같은 목표하에 운영되는 시스템이라 ESG 경영을 위한 대응체계가 유사하다. 재화 또는 서비스 관련 기업인지에 따른 환경(E) 부문에 대한 전략이 다를 뿐 대동소이하다 할 수 있다.

그러나 공공기관의 경우 민간기업 구조를 보이는 시장형 공기업을 시작으로 준시장형 공기업, 기금관리형 준정부기관, 위탁집행형 준정부기관, 기타공공기관으로 구분한다. 연구개발 목적기관인 경제인문사회연구회 및 소속기관 25개, 국가과학기술연구회 및 소속기관 22개, 부처 직할 연구원 등 기타 기관 24개의 경우 환경(E)에 대한 대응은 소극적일 수밖에 없다. 지방자치단체의 산하 공공기관은 지방공기업과 출자·출연기관이 있다.

따라서 정부나 지자체 산하 공공기관은 ESG에 대한 반응 및 대응이 다양한 형태로 획일적인 실행방법을 적용할 수 없다. 민간기업처럼 절박한 상황에 내몰린 경우도 많지 않다. 임원은 경영평가를 잘 받기 위해 조직원은 정책이 결정되면 마지못해 따라가거나 형식만 채우는 모습을 보이기 다반사다. 정부가 바뀔 때마다 쏟아지는 새로운 정책 실행은 해당 분야에서 1등으로 실천하여 언론의 주목을 받거나, 평가를 받기 위한 최소한의 구색만 갖추는 경우가 있다. 이러한 공공기관의 내부 환경으로 ESG 정책에 대한 충분한 공감과 공유가 선행적으로 이뤄져야 한다.

공공기관의 ESG 추진이 원활히 이루어지기 위해서는 다양한 형태와 조직에 부합하는 추진 전략 가이드가 마련되어야 한다. 기관의 개별적인 전략 수립을 통해 해당 공공기관의 환경을 고려한 실행전략이 도출되어야 한다. ESG 추진을 위한 내부 구성원들이 공감할 수 있도록 동기부여를 위한 인센티브 등의 방법도 필요하다. 평가를 받기 위한 담당 부서만의 업무 진행이 아닌 전 부서가 함께 추진해야 하는 마음가짐과 우선이다.

새 정부 공약 이행을 위한 본격적인 점검이 시작되는 순간이 공공기관의 ESG 리스크 시작이라 할 수 있다. E 영역은 아이템에 따라서는 준비하고 시스템 교체하는 시간이 상당히 소요될 수 있다. S 영역은 급조한 행사 사진으로 한계가 있다. G 영역은 국가 최고 의사결정권자의 의지가 반영된 각 부처의 적극적인 자세와 행동으로 해결할 수 있다. 각 산하기관이 독립적으로 운영되는 것처럼 보이지만 실제 조직 구조상 그렇지 못하기에 때로는 상의하달식(Top-down) 방식이 유효할 때가 있다.

공공기관은 ESG 이슈로 인한 내·외부 압력과 새로운 정부의 경영평가 적용 등을 고려한 이사회 등 경영진의 역할과 노력이 점점 더 중요해지고 있다. ESG 이슈에 대한 기관의 전략과 성과에 어떤 영향을 미치는지에 대한 관심도에 따라 기관의 내부는 물론 외부 평가 및 지속 가능한 기관 운영이 가능해질 수 있다. 따라서, 이사회 등 경영진은 ESG 이슈에 대해 잘 대응하고 ESG 요소에 따른 위험을 이해하고 평가·관리해야 할 필요성이 있다.

참고문헌

강원랜드, https://kangwonland.high1.com/kangwonland/index.do

대한석탄공사, https://www.kocoal.or.kr/main/index.php#sec=top

법제처 국가법령정보센터, https://www.law.go.kr/LSW/main.html

산업통상자원부, http://www.motie.go.kr/www/main.do

서울특별시의회 회의록, https://ms.smc.seoul.kr/kr/assembly/late.do

전략물자관리원, https://www.kosti.or.kr/web/main/index.do

한국광해광업공단, https://www.komir.or.kr/

한국가스공사, https://www.kogas.or.kr:9450/site/koGas/main

한국가스기술공사, https://kogas-tech.or.kr/kor/index.do

한국가스안전공사, https://www.kgs.or.kr/

한국남동발전, https://www.koenergy.kr/kosep/fr/main.do

한국남부발전, https://www.kospo.co.kr/sites/kospo/index.do

한국동서발전, https://www.ewp.co.kr/kor/main/

한국디자인진흥원, https://kidp.or.kr/?menuno=773

한국무역보험공사, https://www.ksure.or.kr/

대한무역투자진흥공사, https://www.kotra.or.kr/index.do

한국로봇산업진흥원, https://www.kiria.org/

한국산업단지공단, https://www.kicox.or.kr/index.do

한국산업기술시험원, https://www.ktl.re.kr/main.do

한국산업기술진흥원, https://www.kiat.or.kr/front/user/main.do

한국산업기술평가관리원, https://www.keit.re.kr/

한국석유관리원, https://www.kpetro.or.kr/index.do

한국수력원자력, https://www.khnp.co.kr/main/index.do

한국세라믹기술원, https://www.kicet.re.kr/main.web

한국서부발전, https://www.iwest.co.kr/sites/iwest/index.do

한국석유공사, https://www.knoc.co.kr/

한국에너지공단, https://www.energy.or.kr/web/kem_home_new/new_main.asp

한국에너지기술평가원, https://www.ketep.re.kr/
한국에너지재단, https://www.koref.or.kr/web/user/main.do
한국에너지정보문화재단, https://www.keia.or.kr/main/main.php
한전원자력연료, https://www.knfc.co.kr/
한국원자력환경공단, https://www.korad.or.kr/korad/index.do
한국전기안전공사, https://www.kesco.or.kr/main/main.do
한국전력공사, https://home.kepco.co.kr/kepco/main.do
한국전력거래소, https://new.kpx.or.kr/
한국전력기술, https://www.kepco-enc.com/portal/index.do
한국전력국제원자력대학원대학교, https://www.kings.ac.kr/home.do
한국중부발전, https://www.komipo.co.kr/kor/main/main.do
한국제품안전관리원, https://kips.kr/index.do?menuNo=2001110&nttId=null
한국지역난방공사, https://www.kdhc.co.kr/kdhc/main/main.do
한국탄소산업진흥원, https://www.kcarbon.or.kr/
한전MCS, https://www.kepcomcs.co.kr/
한전KDN, https://www.kdn.com/
한전KPS, https://www.kps.co.kr/index.do

제9장

공공기관의 경영평가와 ESG 전략

제 9 장

공공기관의 경영평가와 ESG 전략*

제 1 절 ESG시대의 도래

최근 기업의 ESG경영이 화두로 등장하면서 공공기관도 ESG경영을 해야 한다는 논의가 증가하고 있다. ESG는 환경(Environmental), 사회(Social), 거버넌스(Governance)의 앞 글자를 딴 약자로 "기업의 지속가능경영을 위한 환경, 사회 및 거버넌스에 관한 요소들을 포괄하는 비재무적 정보"를 말한다. 즉, 기업의 사회적 책임 이행을 통해 기업가치를 증대시키기 위한 비재무적 경영활동을 총칭한다. 이러한 ESG경영은 공기업 등 공공기관에도 적용되어야 하며(사득환, 2021; 오수길, 2021),

* 이 글은 사득환(2023), "공공기관의 경영평가와 ESG 전략", 「한국공공관리학보」, 37(4): 125-143을 수정 · 보완한 것이다.

특히 정부와 공공기관은 ESG 표준을 만드는 관리자이기도 하지만 스스로가 ESG경영을 추구함으로써 사회적 선도기관으로서 역할을 수행해야 한다.

일반적으로 공공기관은 공공성과 수익성을 동시에 추구하는 기관으로서 다양한 분야에서 국민생활에 필요로 하는 공공서비스를 제공하는 역할을 수행한다. 공공기관은 사업의 위험성으로 인하여 민간기업이 진출하기를 꺼리거나 투자비용이 과도한 경우와 사회 간접자본에 대한 투자를 통하여 지속적 성장을 위한 기반을 마련할 필요가 있거나 국가재정을 충당할 필요가 있는 경우에 지정·운영하고 있으며(황수덕·김희범·이영재, 2022: 90), 기관의 경영을 합리화하고 운영의 투명성을 높임으로써 국가 및 주민복리의 증진에 기여한다.

우리나라 공공기관은 국가공공기관과 지방공공기관으로 나뉘며, 국가공공기관은 2007년 '공공기관의 운영에 관한 법률'을 제정·시행하면서 기획재정부장관이 공공서비스 제공을 위해 정부가 설립하였거나 재정을 지원해 주는 기관을 말한다(공공기관의 운영에 관한 법률 제4조). 국가공공기관은 공기업, 준정부기관, 기타공공기관 등으로 구분되며, 2023년 1월 30일 현재 347개의 기관이 국가공공기관으로 지정되어 있고, 매년 국가공공기관으로 새롭게 지정되거나 혹은 기관이 해산됐거나 법률상 지정요건을 미충족해 해제되는 경우가 발생하고 있다.

지방공공기관 역시 1969년 '지방공기업법'이 제정된 이래 현재까지 지방직영기업, 지방공사 및 지방공단으로 운영되고 있으며, 2014년에 '지방자치단체 출자출연기관의 운영에 관한 법률'이 제정·시행되면서 지방자치단체가 출자하거나 출연하여 설립한 기관이 지방공공기관으로 추가되었다. 2023년 1월 말 현재 411개의 지방공기업, 849개의 지방출자출연기관이 설립 · 운영되고 있으며, 특히 지방공공기관의 경우, 최근 구조개혁이 추진되면서 공공기관간의 통 · 폐합이 추진 중에 있다.

공공기관에서의 ESG경영은 '할 수도 있는 것', '하면 좋은 것'에서 이제는 '하지 않으면 안되는 것', '하지 않으면 이 지구상에서 사라진 공룡신세가 되는 것"으로 변화하였다(사득환, 2021). 공공기관은 공공의 이익을 위해 서비스를 제공하는 기관이기 때문에 시장적 · 기업적 속성을 본질적으로 내포하고 있다. 공공기관이 갖는 목적으로서의 공익성과 수단으로서 효율성은 비재무적 리스크 관리의 문제이면서 동시에 재무적 혹은 투자적 문제이기도 하다. 이에따라 해외의 선도적인 공공기관들은 ESG경영을 앞다투어 선언하고 있다(Henderson, 2021).

공공기관의 존립이유이자 목적인 '공익실현'은 ESG를 만나면서 '환경과 사회, 사람 중심의 가치창출'을 도모할 수 있게 되었다. 즉, 공공기관의 본질적 가치가 ESG와 연계되고 있다. 특히 사업성(수익성)이 강한 공공기관일 수록 ESG경영이 불가피하며, 공공성을 갖는 대행 · 위탁적 공공기관일지라도 ESG경영은 필요하다는 것이다. 따라서 공공기관은 ESG경영을 통해서 지속가능한 발전(Sustainable Development, SD)을 도모하여야 하며(김판석 · 사득환, 1998: 71-88; 사득환, 2021),[1] 특히 민간기업을 선도해야 하는 역할을 수행해야 한다(Rajesh, R., 2020; 사득환, 2023c).

본 장에서는 이해관계자 자본주의 관점에서 ESG 요소가 국가 및

---

1) 지속가능한 발전(Sustainable Development)은 "미래세대의 필요를 충족시킬 수 있는 능력을 저해하지 않으면서 현 세대의 필요를 충족시키는 발전"(Meets the needs of the present without compromising the ability of future generations to meet their own needs)으로 정의된다(WCED, 1987).

지방공공기관의 경영평가에 어떻게 반영되고 있고, 그것의 문제점은 무엇이며, 또한 ESG 전략은 어떠해야 하는지를 탐색하는 데 그 목적이 있다.

제 2 절 | 공공기관의 ESG경영 및 이해관계자 자본주의

1 공공기관의 ESG경영 필요성

ESG 도입이 공공부문에서 필요하다는 논의가 거세다. ESG는 기업이 투자대상을 선정할 때 재무제표나 현금흐름과 같은 재무적 이익뿐만 아니라 기업의 도덕성, 신뢰성, 투명성 등 비재무적 정보까지 고려해서 투자하겠다는 것에서 출발하였다. 그러나 최근에는 단순히 금전적 투자의 범위를 넘어 ESG경영이 기업전략으로 일상화되어 가는 추세에 있다.

2020년 코로나19로 세계경제가 어려운 가운데서도 기업의 ESG투자는 증가하였다. ESG를 지표로 삼는 ETF[2]는 2015년 60개에서 2020년 400개 이상으로 증가하였다. ESG를 투자지표로 활용하는 ESG관련 글로벌 투자금액은 2016년 21.4조 달러에서 2020년에는 2배 규모인 40.5조 달러로 늘어났다. 세계적인 투자은행 도이치뱅크(Deutsche Bank)는 글로벌 ESG 투자규모가 2030년까지 100조 달러가 넘을 것으로 예상한 바 있다(김재필, 2021: 33).

---

2) ETF(Exchange Traded Fund)는 말 그대로 인덱스펀드를 거래소에 상장시켜 투자자들이 주식처럼 편리하게 거래할 수 있도록 만든 상품을 말한다.

투자자들의 기준이 바뀌면서 기업들에게 ESG는 이제 선택이 아닌 필수가 되었다. 불확실성이 높아져가는 오늘날의 경영환경에서 환경·사회·거버넌스 구조를 혁신함으로써 미래 가치를 창출해 나갈 필요가 있다(Yu, E., Guo, C., Luu, B., 2018: 987-1004; Fatemi, Glaum, Kaiser, 2018: 45-64).

공공기관은 민간기업과 달리 공익성 서비스를 비즈니스 방식으로 판매하는 조직이기 때문에 ESG경영과 불가분의 관계에 있다. 공공기관에서 ESG경영이 필요한 이유는 다음과 같다. 첫째, 정부와 공공기관은 다양한 사회적 쟁점에 대해 해결할 책임이 있다. ESG경영을 통해 정부정책이나 프로젝트, 프로그램이 친환경성과 사회적 책임 및 좋은 거버넌스(good governance)를 증진시킬 수 있는 이점이 있다. 둘째, 공공기관은 ESG경영을 통해 투명성과 책임성 증진 및 고객들로부터 신뢰와 자신감을 얻을 수 있다. 셋째, 공공기관은 직원, 납세자, 투자자, 시민 등 이해관계자들의 요구에 적극 반응해야 한다. 따라서 ESG경영은 이러한 이해관계자들의 요구에 적합한 방향으로 체질을 개선하는 중요한 수단이 된다. 넷째, 공공기관의 ESG경영은 기관의 평판(reputation)을 높이는데도 필요하다. 다섯째, 공공기관도 정부의 규제 속에서 운영해야 하고 환경보호법, 노동법, 인권관련법 등의 지배를 받는다.

이러한 ESG경영은 기업들에게 긍정적 효과를 가져오는 것으로 평가되고 있다.[3] 첫째, ESG경영으로 인해 기업매출이 증대되는 효과

---

3) ESG가 바람직한 방향인 것은 맞지만, 특히 'S'의 경우 정치의 기업영향력이 높아지거나 부실한 기업이 사회적 책임을 다한다며 '워싱'(washing)할 우려도 있다는 지적이 있다. 따라서 ESG는 절대적인 지향점이 아닐 수도 있다는 비판도 있다(김화진, 2021).

(top-line growth)가 있다(Brogi & Lagasio, 2019: 576-587). 맥킨지(Mckinsey & Company)의 연구에 따르면, 소비자들은 환경친화적인 기업에 대해 더 많은 구매비용을 지불할 의사가 있는 것으로 조사되었다. 둘째, ESG경영을 통한 비용절감 효과(cost reductions)가 뒤따른다. 맥킨지에 따르면, 운영이익의 최대 60%가 에너지, 물, 폐기물 등을 포함한 자원의 효율적 운영에 영향을 받는 것으로 보고되고 있다. 셋째, ESG경영을 통해 정부의 규제 및 법적 개입(regulatory & legal interventions) 비용을 감소시킬 수 있다. 기업의 강력한 ESG 시행으로 각종 규제 및 법적 개입으로부터 자유로울 수 있는 장점이 있다. 넷째, 직원들의 사기가 높아지고 생산성 향상(productivity uplift)에 기여할 수 있다. 다섯째, 투자 및 자산 최적화(investment & asset optimization) 효과를 기대할 수 있다. 자산 및 투자의 효율적인 운영을 통해 사업이 유망한 부문이나 기업에 자본을 더 투자함으로써 투자 회수율을 높이고, 궁극적으로 기업의 가치를 증진시킬 수가 있다(Aouadi, 2018: 1027-1047).

2 주주자본주의에서 이해관계자 자본주의로

기업의 지속가능경영을 위한 환경(environmental)에 관한 요소들을 포괄하는 비재무적 정보(사득환, 2023C)로서[4] ESG는 2004년 UNGC(UN

4) ESG의 개념에 대해서는 합의된 것은 없다. UN PRI에서는 ESG를 "위험을 더 잘 관리할 뿐만 아니라 지속가능하고 장기적인 수익을 창출하기 위한 투자결정에 영향을 미치는 요소"로 보고 있고, 나스닥(Nasdaq)에서는 ESG를 "장기적인 기업전략과 가치를 창출할 수 있는 기업능력에 영향을 미치는 일련의 환경, 사회, 기업거버넌스의 고려사항"으로 규정한다. 또한 RobecoSAM에서는 ESG를 "기업과 국가의 지속가능성 수준이 어느 정도인지 평가하는 요소"라고 폭넓게 정의한다. 따라서 ESG 개념에 대해서는 규범적 관점, 통합적 관점, 도구적 관

Global Compact)와 20여개 금융기관이 공동으로 발표한 'Who cares Wins'라는 보고서에서 처음으로 등장하였으며, 기업의 ESG 성과가 중장기적 가치창출 능력을 효과적으로 나타낼 수 있다는 것이다. 과거 기업의 활동과 평가가 주주자본주의(Shareholder Capitalism) 하에서 주주이익의 극대화를 위한 재무지표 중심의 경영체제였다면,[5)] ESG는 이해관계자 자본주의로의 변화를 촉진하면서 기업의 사회적 책임, 지속가능발전 등을 강조하면서 비재무적 요소를 강조하고 있다. ESG는 2020년 초 글로벌 자산운영사 블랙록(Blackrock) CEO인 래리 핑크(Larry Fink) 회장의 연례서신이 공개되면서 기폭제 역할을 하게 되었는데, 그는 '환경 지속성'(environmental sustainability)을 향후 회사운용의 핵심전략으로 삼겠다면서 'ESG 우선주의'를 천명하였다. 특히 전체 주주의 이익이 아닌, 이해관계자 전체의 이익을 위한 지속가능한 경영으로의 지배구조 개편이 불가피하고, 주주들도 이익이 다소 줄더라도 사회적 책임을 지향하도록 설득하면서 확산되었다.

최근 미국 내 200대 대기업으로 구성된 협의체인 '비즈니스 라운드 테이블'(BRT)에서는 주주자본주의가 종식되고 바야흐로 이해관계자 자본주의가 시작되었음을 선언한 바 있다. 여기서 선언한 협약사항을 보면, 고객에 대한 가치 제공, 종업원에 대한 투자, 협력업체와 공정하고 윤리적인 거래, 지역사회 공헌, 장기적인 주주가치 창출 등을 제시하

점, 정치적 관점 등 여러가지 관점에서 접근할 수 있다(한국거래소, 2023).

5) 미국의 경우, 1919년 미시간주 대법원의 판결에 의해 "영리회사는 원칙적으로 주주들의 투자이익을 위해 조직되고 운영된다"는 원칙과 시카코대학 자유방임주의 경제학자인 프리드먼(Milton Friedman)이 제시한 "이익을 많이 내는 것이 기업의 사회적 책임"이라는 이념적 좌표가 결합해 100여년간 공고한 원칙으로 이어져 내려왔다(김화진, 2021).

고, 모든 이해관계자에 대한 사회적 책임을 강화하도록 하고 있다(https://www.businessroundtable.org/).

이해관계자 자본주의(Stake Capitalism)는 기업이나 조직이 다양한 이해관계자들과의 관계를 고려하면서 자본주의적 활동을 하는 것을 의미하며, 소유주인 주주의 이익을 극대화하기 위해 기업이 운영되고 존재한다는 협의의 관점을 넘어서, 기업의 영업활동에 영향을 받는 주주 외의 다른 이해관계자들의 이익까지 포함하는 광의의 관점이다(김동주, 2008). 이해관계자이론의 창시자인 Freeman(1984)은 경영자의 전략적 의사결정에 미치는 영향이 기업에 대한 다양한 이해관계자들의 기대로부터 유발되었다고 주장한다. 기업은 주주뿐만 아니라 고객, 종업원, 공급자, 지역사회 등 다양한 이해관계자들과 상호작용하며 이들과의 이익균형을 유지하도록 노력한다. 이러한 이해관계자 자본주의적 접근은 기업의 사회적 책임과 지속가능한 경영을 강조하며, 조직의 장기적인 관점을 지향한다. 이해관계자 자본주의는 2008년 글로벌 금융위기를 기점으로 소득의 양극화, 사회적 불평등, 환경오염 등의 문제가 발생하면서 기업활동의 지속가능성에 대한 문제가 제기되자 재조명받기 시작했다(Gersel & Johnson, 2020: 269-288; 조상미 · 김아영 · 박윤세, 2023: 1798).[6]

6) 이해관계자 자본주의 이론에서는 기업을 다양한 이해관계자 집단의 상호작용체제로 정의하기 때문에 경영자에게 부여하는 의미 측면에서도 주주 자본주의 이론에서와 차이를 나타낸다. 먼저 주주 자본주의 이론에서는 경영자를 소유와 경영의 분리에 따라 주주를 대신하는 의사결정자이며, 주주의 부를 증대시키기 위한 대리인으로 정의한다. 따라서 경영자는 주주를 기업의 전략 수립과 실행 및 이익 배분의 과정에서 최우선 순위로 고려해야 한다. 반면, 이해관계자 자본주의 이론에서는 기업의 가치창출 활동을 각각의 이해관계자의 이익을 증진시키는 공동의 과정으로 본다. 따라서 경영자는 보다 넓은 관점에서 기업의 활동

이해관계자 자본주의는 기업활동이 사회적 책임과 지속가능성에 근거해야 한다는 측면에서 ESG와 관련이 깊다고 할 수 있다(사득환, 2023a). 즉, 이해관계자 자본주의는 첫째, 기업이 단순히 주주가치만을 추구하는 것이 아니라 다양한 이해관계자들을 고려하여 조화로운 가치 창출을 목표로 하고 있다는 측면에서 기업의 장기적인 전략과 지속가능한 경영에 기여할 수 있으며, 둘째 ESG는 환경, 사회, 거버넌스의 세 가지 핵심요소에 초점을 맞추어 기업의 사회적 책임과 지속가능성을 평가한다는 측면에서 이해관계자 자본주의의 핵심가치에 부합된다고 볼 수 있기 때문이다. 따라서 다양한 이해관계자들의 가치를 반영하여 기업목표를 설정하고, 이를 추진하여 성과를 확보하는 일은 기업활동에서 핵심적 요소로 볼 수 있으며, ESG경영에서도 마찬가지라는 것이다.

제 3 절 | 공공기관의 ESG 경영평가 현황 및 문제점

1 공공기관의 ESG 경영평가 현황

ESG에 관한 논의는 그동안 주로 민간기업을 중심으로 확산되어 왔다. 정부는 2021년을 'ESG경영 확산의 원년'으로 설정하고, 포스트 코로나시대 지속가능성장을 위한 핵심 아젠다로서 ESG 인프라 확충방안

과 존속에 영향을 미치는 이해관계자들을 파악하고, 그들의 요구사항이나 욕구를 충족시키기 위해 상호간의 이해와 참여를 독려하고 관리하는 존재로서 정의된다(유재욱 · 이은화, 2021: 64).

을 마련하였다(관계부처 합동, 2021). 공공기관의 ESG경영을 선도하기 위해 경영공시에서 ESG 관련 항목을 순차적으로 확대한다는 방침 하에 공기업의 경우 2025년부터 ESG 공시를 의무화하도록 검토하고, 공공기관 및 지방공기업 경영평가에서 사회적 가치 배점 확대를 추진하였다(기획재정부, 2021). 이에따라 국민연금을 선두로 해서 한국도로공사, 한국환경공단, 한국가스공사, 강원랜드, 사학연금 등 많은 공공기관에서 ESG경영을 추진 중에 있다. 공공기관 외에도 광명시, 고창군, 해남군, 서울특별시내 9개 자치구, 전라남도교육청 등 243개 지방자치단체 중에서 48개(19.75%) 지방자치단체(2023년 11월 현재)가 ESG경영을 선언하고 나섰다(양세훈 외, 2023: 33-34).

일반적으로 공공기관이란 '공공서비스 제공을 위해 정부가 설립하였거나 재정을 지원해 주는 기관'을 말한다. 공공기관은 설립주체에 따라 중앙정부가 설립한 국가공공기관과 지방자치단체가 설립한 지방공

〈표 9-1〉 국가공공기관의 분류기준

<table>
<tr><th colspan="2">유형</th><th colspan="3">분류기준</th></tr>
<tr><td rowspan="2">공기업</td><td>시장형</td><td rowspan="4">직원 정원 300명 이상 총수입액 200억 원 이상 자산규모 30억 원 이상</td><td rowspan="2">자체수입이 총수입의 50% 이상</td><td>자산규모 2조 원 이상 자체수입이 총수입의 85% 이상</td></tr>
<tr><td>준시장형</td><td>시장형 공기업이 아닌 공기업</td></tr>
<tr><td rowspan="2">준정부기관</td><td>기금관리형</td><td rowspan="2">자체수입이 총수입의 50% 미만</td><td>국가재정법에 따라 기금관리 또는 위탁관리</td></tr>
<tr><td>위탁집행형</td><td>정부업무의 위탁집행</td></tr>
<tr><td colspan="2">기타공공기관</td><td colspan="3">공기업과 준정부기관을 제외한 공공기관</td></tr>
<tr><td colspan="2">연구개발목적기관</td><td colspan="3">연구개발을 목적으로 하는 기관</td></tr>
</table>

자료: 공공기관의 운영에 관한 법률.

공기관으로 나뉜다. 우리나라 국가공공기관은 '공공기관의 운영에 관한 법률'에 의거 법률에 의해 직접 설립되고 정부가 출연한 기관, 정부 지원액이 총수입액의 1/2을 초과하거나, 정부가 50/100 이상의 지분을 가지거나 30/100 이상의 지분을 가지고 임원임명 권한행사 등을 통하여 해당 기관의 정책결정에 사실상 지배력을 확보하고 있는 경우 지정되고 있다(공공기관의 운영에 관한 법률 제4조). 직원 정원이 300인 이상, 총 수입액이 200억 원 이상, 그리고 자산규모가 30억 원 이상인 국가공공기관 중 자체수입액이 총 수입액의 2분의 1 이상인 경우에 공기업, 2분의 1 미만인 경우에는 준정부기관, 그 외 기관은 기타공공기관으로 분류하고 있다.

〈표 9-2〉 국가공공기관의 유형 및 수

국가공공기관 유형		대상	
		2022년	2023년
공기업	시장형	15	13
	준시장형	21	19
준정부기관	기금관리형	13	11
	위탁집행형	81	44
기타공공기관		220	260
합계		350	347

자료: 기획재정부, 2023.

2023년 현재 국가공공기관은 총 347개로 2022년 대비 3개 기관이 감소하였다(기획재정부, 2023). 국가공공기관의 경우 매년 경영평가를 받고 있으며, 2023년도의 경우 공기업Ⅰ 10개, 공기업Ⅱ 26개, 준정부기관 94개(기금관리형 12개, 위탁집행형 45개, 강소형 37개) 등 총 130개 기관이 경영평가를 받았다. 경영평가의 지표와 배점 등은 정부정책과 국가공공기관의 지표개선 작업을 통해 매년 조정되고 있으나, 경영관리와 주요사업으로 구분하여 2023년의 경우 '재무성과' 평가 배점이 확대되고, 비정규직 전환 등 '사회적 책임 구현' 배점은 축소되었다.

〈표 9-3〉 국가공공기관 경영평가 지표

구분	2023년	
	항목	배점
경영관리	경영전략 9점(공기업 · 준정부 공통)	공기업 55점 · 위탁집행 45점 · 기금관리 50점
	사회적 책임 구현[공기업 15점 · 준정부 12점]	
	재무성과관리[공기업 20점 · 위탁집행 13점 · 기금관리 18점]	
	조직 및 인적자원 관리 4점 [공기업 · 준정부 공통]	
	보수 및 복리후생관리 7점[공기업 · 준정부 공통]	
주요사업	주요 사업계획 · 활동 · 성과를 종합평가[공기업 45점 · 위탁집행 55점 · 기금관리 50점]	공기업 45점 · 위탁집행 55점 · 기금관리 50점

자료: 기획재정부, 2023.

지방공공기관은 '지방공기업법'에 따라 지방자치단체가 직접 설치 · 경영하거나 법인을 설립하여 경영하는 기업으로서 지방직영기업과 지방공사, 지방공단으로 구분된다. 지방출자기관은 '지방출자출연기관의 운영에 관한 법률'에 따라 설치 · 운영되며, 지방출연기관의 경우 '민법' 또는 '공익법인의 설립 · 운영에 관한 법률'에 따라 운영되고 있다.

〈표 9-4〉 지방공공기관의 경영형태와 유형

<table>
<tr><th>경영형태
(지자체와의
관계)</th><th colspan="2">지방공기업 유형</th><th>지자체
출자비율</th><th>특성</th></tr>
<tr><td>직접경영</td><td colspan="2">지방직영기업</td><td>100%</td><td>• 정부조직 형태(상 · 하수도, 공영개발 등)</td></tr>
<tr><td rowspan="5">간접경영</td><td colspan="2">지방공단</td><td>100%</td><td>• 일종의 공공업무 대행기관
• 특정사업의 수탁(한정성)
• 수탁금으로 경영</td></tr>
<tr><td rowspan="2">지방
공사</td><td>전액출자</td><td>100%</td><td rowspan="2">• 일종의 회사
• 단독사업 경영(융통성)
• 판매수익으로 경영</td></tr>
<tr><td>반액출자</td><td>50% 이상</td></tr>
<tr><td rowspan="2">지방
출자
출연
기관</td><td>지방출자
기관</td><td>10/100
이상</td><td>• 지방자치단체 지분이 10/100 이상인 경우
• 지역경제활성화 또는 지역개발 촉진 목적</td></tr>
<tr><td>지방출연
기관</td><td>–</td><td>• 민법 또는 공익법인 법률
• 광범위한 사업</td></tr>
</table>

자료: 김세훈 2021; 사득환, 2023c.

지방공공기관은 2023년도 279개가 경영평가 대상이었으며, 행정안전부 평가 166개, 기초 지방자치단체 평가 113개(상수도)로서 매년 숫자는 증가하는 추세에 있다.

〈표 9-5〉 지방공기업 경영평가 대상기관

평가유형	도시 철도	도시 개발	특정 공사 · 공단	관광 공사	시설 공사 · 공단	환경 공사 · 공단	상수도	하수도	합계
광역	6	15	8	7	5	6	9	0	56
기초	–	–	9	0	91	10	113	0	223
합계	6	15	17	7	96	16	122	0	279

자료: 행정안전부 · 지방공기업평가원, 2023.

평가지표는 기획재정부 국가공공기관 평가지표와 유사하고, 크게 경영관리와 경영성과로 구분하고 있다. 우선, 경영관리 지표로는 경영층의 리더십, 전략경영, 혁신성과, 조직·인사관리, 재무관리, 일자리 창출 및 일·가정 양립, 사회적 책임(소통 및 참여, 윤리경영, 재난·안전관리, 지역상생발전)이 있고, 경영성과 지표에는 주요사업, 경영수지 관련지표, 고객만족도가 있다. 상·하수도의 경우 격년제로 평가하며, 혁신성과 지표만 제외하고 있다.

〈표 9-6〉 지방공공기관 경영평가 지표

구분	2023년	
	항목	배점
경영관리 (63점)	리더십 15점	혁신성과(6 → 5점) 재무관리(6 → 8점) 일자리 확대(9 → 6점)
	경영시스템 13점	
	일자리 확대 6점	
	사회적 책임 29점	
경영성과 (37점)	주요 사업 14점	주요사업(12 → 14점)
	경영효율성과 15점	
	고객만족성과 8점	

자료: 행정안전부·지방공기업평가원, 2023.

2 공공기관 경영평가의 문제점

공공기관 경영평가 상의 문제점을 살펴보면, 우선 공공기관 경영평가 지표에서 ESG지표를 체계적으로 도입하고 있지 않다는 점이다(기획재정부, 2023; 행정안전부·지방공기업평가원, 2023). 즉, 산업통상자원부 등 정부가 추진하고 있는 ESG정책이 산발적으로 평가지표에 반영되다

보니 공공기관에서는 중장기 전략계획 및 연간사업계획과 ESG 추진계획을 이중적으로 수립, 운영하고 있는 실정이다. 현재 공공기관 평가지표에는 기후변화와 대응, 사회적 가치, 일자리 창출, 재난·안전경영, 환경경영, 윤리경영, 지역상생발전 등이 포함되어 있다. 따라서 많은 공공기관들은 기존의 사회적 가치를 ESG 개념으로 대체하여 운영하고 있는 수준에 머물러 있다.

〈표 9-7〉 국가공공기관 경영평가와 ESG지표 반영현황

<table>
<tr><th>ESG범주</th><th></th><th colspan="4">기재부 공공기관 경영평가 지표</th></tr>
<tr><td rowspan="3">환경
(Environmental)</td><td rowspan="11">➡</td><td rowspan="3">국민소통</td><td colspan="2">국민 만족도 지수</td><td>전략기획</td></tr>
<tr><td colspan="2">사회적 가치 기여도 지수</td><td>리더십(이사회)</td></tr>
<tr><td colspan="2">경영정보공시</td><td>조직/인사 일반
(삶의 질 제고)</td></tr>
<tr><td rowspan="5">사회
(Social)</td><td rowspan="3">주요사업
(비계량/
계량)</td><td colspan="2">기후변화 대응</td><td>재무 예산 운영 성과</td></tr>
<tr><td colspan="2">친환경제품개발 등</td><td rowspan="2">보수 복리 후생
(총 인건비 관리)</td></tr>
<tr><td colspan="2">사회적 가치 제고 등</td></tr>
<tr><td rowspan="5">사회적 가치
구현</td><td colspan="2">일자리 창출</td><td>노사관계</td></tr>
<tr><td colspan="2">균등한 기회와 사회통합</td><td rowspan="2">혁신노력 및 성과
(국민참여와 소통,
정보공개)</td></tr>
<tr><td rowspan="3">거버넌스
(Governence)</td><td rowspan="2">안전 및
환경</td><td>환경보전</td></tr>
<tr><td>재난 및
안전관리</td><td rowspan="2">상임감사
직무수행질적
평가</td></tr>
<tr><td colspan="2">윤리경영</td></tr>
</table>

자료: 기획재정부, 2023.

〈표 9-8〉 지방공공기관 경영평가와 ESG지표 반영현황

구분	2023년	
	항목	배점
경영관리	경영층의 리더십(친환경, ESG경영원리 구현 등)	-
	전략경영(ESG를 반영한 경영계획의 수립 등)	개인정보보호 1점
	혁신성과	혁신구매 등 1점
	조직인사관리	채용비리 -3점
	재무관리	-
	일자리 창출 및 일·가정 양립	청년의무고용 1점
	소통·참여(주민의견수렴, 노사관계 등)	통합경영공시 1점
	윤리(인권)	-
	재난·안전	안전사고 5점
	지역상생발전(온실가스 감축, 사회적 약자 배려 등)	친환경 경영실적 1점, 지역상생구매 1점, 장애인 고용 1점, 성과 공유/협력이익공유 0.5점(선택), 산불, 수해, 감염병 등 재난구호지원 가점
경영성과	주요사업(유형별 상이)	-
	고객만족성과	고객만족도 조사결과 8점

자료: 행정안전부·지방공기업평가원, 2023.

둘째는, 공공기관의 경영평가 결과와 ESG 등급간에 일치하지 않는 특징을 보이고 있다는 점이다. 2022년도 공공기관 경영실적 평가결과를 보면, ESG등급과 경영평가 결과간의 상호 불일치한 결과를 나타내고 있다. 예를 들어, 강원랜드의 경우 경영평가에서 D등급을 받았으나 ESG평가에서는 A를 받았으며, 한국지역난방공사의 경우 경영평가에서 C등급을 받았으나 ESG평가에서는 A+를 받았고, 한국전력공사의 경

우 경영평가에서 D등급을 받았으나 ESG평가에서는 B를 받았다. 이처럼 경영평가 결과와 ESG등급간에는 차이가 나타나는데, 그 이유는 경영평가에서 상대적으로 ESG등급보다 재무성과 및 관리(부채), 사회적 물의(비리, 중대한 안전사고 등) 등을 강조하기 때문으로 풀이된다.

〈표 9-9〉 공공기관 경영평가 결과와 ESG 등급간의 비교(2022)

구분	경영평가 결과 (기획재정부)	SCGS
강원랜드	D	A
한국지역난방공사	C	A+
한국가스공사	C	B+
한국전력공사	D	B
한전KPS	B	A

주: 경영평가 결과는 S(탁월), A(우수), B(양호), C(보통), D(미흡), E(아주 미흡)로 분류함.
자료: 2022년도 공공기관 경영실적 평가결과 보도자료(기획재정부, 2023.6.16.); 한국거래소(KRX) ESG포털(esg.krx.co.kr)에서 공공기관만 발췌.

또한 ESG등급간에도 평가기관마다 점수가 상이하게 나타난다는 점이다. 가령, 2022년도 강원랜드의 경우 SCGS에서 A등급, 한국ESG연구소에서 A+등급, Moody's에서 25점, MSCI에서 BB등급, S&P에서 28점을 획득하였고, 한국가스공사의 경우 SCGS에서 B+등급, 한국ESG연구소에서 A+등급, Moody's에서 32점, S&P에서 78점을 얻었으며, 한전KPS의 경우 SCGS에서 A등급, 한국ESG연구소에서 B+등급, Moody's에서 28점, S&P에서 50점을 맞은 것으로 나타났다. 이는 평가기관마다 평가기준이 다르고, 평가데이터의 양과 품질이 다르고, 결과적으로 평가점수도 다르게 나타난 것이다.

〈표 9-10〉 공공기관 ESG등급(2023)

구분	SCGS				한국 ESG 연구소	서스틴베스트 (Sustinvest)	Moody's	MSCI	S&P	지속가능 경영보고서 공시 여부
	종합등급	환경	사회	지배구조						
강원랜드	A	B+	A+	A	A+	–	25	BB	28	Yes
한국지역난방공사	A+	A	A+	A+	–	–	–	–	29	Yes
한국가스공사	B+	B+	A	B+	A+	–	32	–	78	Yes
한국전력공사	B	B	B	B+	B+	–	38	BB	73	No
한전KPS	A	B+	A	A	B+	–	28	–	50	Yes

주: 각 평가기관간에는 한국ESG기준원 7등급, 한국ESG연구소 7등급, 서스틴베스트 4등급, Mood's 0–100, MSCI 7등급, S&P 1–100으로 분류함.
자료: 한국거래소(KRX) ESG포털(esg.krx.co.kr)

셋째는 공공기관이 ESG경영을 도입하기 위해서는 전략적 대응이 필요하며, 특히 기관장의 ESG에 대한 이해와 리더십이 필요하다. 특히 기업의 ESG위원회 설치, ESG경영 선포식, ESG 추진전략 수립 및 과제 도출 등 일련의 과정은 기관장의 의지와 설득력에 달려있다. 따라서 공공기관의 경우 기관장에 대한 필수 교육과정으로 ESG교육을 이수하도록 할 필요가 있다. 또한 실무차원에서는 ESG에 대한 이해부족, 경영전략과 연계 어려움, 가이드라인 부족 등 애로사항을 경험하고 있다(지방공기업평가원, 2022). 따라서 공공기관에 적합한 평가지표 제공[7)]

7) 기업이 지속가능경영보고서 작성시 참고하는 주요 가이드라인이 GRI(Global Reporting Initiative)이다. GRI 가이드라인은 최근 4번째 개정을 통해 '중대성 이슈'(Materiality)를 중심으로 비재무적 정보를 공개하도록 하고 있으며, 지속가

과 함께 공공기관 경영진단 및 컨설팅을 통해 ESG경영을 확산시켜 나가는 노력이 필요하다.

넷째는, 공공기관의 ESG 정보공시가 다소 늦게 추진되고 있다는 점이다. 공기업의 경우 2025년부터 ESG 공시를 의무화하도록 하고 있다. 다만, 기획재정부는 2022년 4월 공공기관 통합공시 대상 항목에 'ESG경영 분류'를 신설하고, ESG 관련 10개 항목을 추가한 바 있으며,[8] 행정안전부도 지방공기업 통합경영공시 기준에 따라 2022년 4월 ESG항목을 신설・추가하였다.[9]

끝으로, ESG경영을 뒷받침할 수 있도록 법제화가 필요하며, ESG를 전담하는 컨트롤타워로서 전담부처가 요구된다는 것이다. 현재 조해진 의원 등 10인이 기업에 대한 ESG 지원을 중심으로 '기업 등의 지속가능경영 지원을 위한 환경・사회・거버넌스 기본법안'을 2023년 11월 19일 국회에 발의한 바 있다.[10] 그러나 입법화 과정은 더디기만 하다. 그리고 산업통상자원부가 K-ESG의 주무부처로 되어 있으나 산업통상

능경영보고서 역시 ISO 26000과 마찬가지로 SDGs와 자연스럽게 연계되도록 하고 있다. 즉, 기업들에게 가장 영향력 있는 ISO 26000과 GRI 가이드라인 모두 SDGs의 틀 안에서 소통하도록 하고 있다.

8) 기획재정부 ESG 관련 10개 항목으로는 E부문 에너지 사용량, 폐기물 발생량, 용수 사용량, 환경법규 위반 현황, 저공해 자동차 현황을, S부문에는 개인정보위원회의 공공기관 개인정보보호 진단결과, 기관의 인권 경영체계 구축 및 이행현황, 중소벤처기업부의 공공기관 동반성장 평가결과 등이다.

9) 행정안전부 ESG 추가항목으로는 E부문에서 녹색제품 구매실적, 온실가스 감축실적을, S부문에서는 가족돌봄, 중증장애인 생산품 구매실적 등이다.

10) 국회 ESG포럼 대표인 조해진 의원은 2023년 11월 19일 '기업 등의 지속가능경영 지원을 위한 환경・사회・거버넌스 기본법안'을 국회에 발의하였다. 이 법안은 기업의 ESG경영과 투자를 활성화하기 위해 대통령 소속 국가ESG위원회 및 지방자치단체장 소속 지방ESG위원회를 설치할 수 있도록 하고, ESG 경영지원 전문기관을 지정할 수 있도록 하는 등 기업의 ESG 지원에 초점을 두고 있다(조해진 의원 등 10인 발의 법안).

자원부는 민간기업 및 무역·통상기업을 대상으로 하는 기관으로서, K-ESG는 상장 대기업을 대상으로 하는 가이드라인으로 공공기관에 적용하기에는 한계가 있다. 또한 공공기관 경영평가는 기재부와 행안부로 나누어 실시하고 있고, ESG 개념이 갖는 복잡성·다의성으로 인하여 이에 걸맞는 컨트롤타워가 필요하다는 것이다.

기후위기시대 정부는 ESG 확산을 통해 지속가능한 발전의 기반을 마련해야 하는 위치에 있고, 공공기관도 탄소중립과 그린뉴딜, 일사리 창출, 안전, 지역발전, 윤리경영 등을 통해 ESG경영을 선도해야 한다. UN의 ESG 이니셔티브 배경에는 기후변화 대응과 SDGs를 이룩하기 위한 목표가 자리잡고 있어서(사득환, 2011; UN, 2021) 기업들이 ESG를 단순히 이윤추구를 위한 비재무적 이익을 극대화하는 도구로만 생각해서는 안되며, 그린워싱(Green Washing)이나 평가결과에 대한 낮은 신뢰성 등의 문제 역시 극복해야 하는 과제로 대두되고 있다.

제 4 절 | 공공기관의 ESG 전략

1 SDG는 목표, ESG는 수단

ESG와 SD로 대표되는 지속가능한 발전의 관계를 보면, 지속가능 발전이 '목표'라면 ESG는 그 목표를 달성하기 위해 기업이 실행하는 '수단' 내지 '활동'이라고 할 수 있다. 즉, 목표로서 지속가능한 발전(SD)과 수단으로서 ESG경영이 상호 독립·대등한 관계라기 보다는 상호 보완 · 연계되어 있는 관계라는 것이다(Consolandi, C., Phadke, H. Hawley, J., Eccles, R., 2020; Khaled, Heba Ali, Ehab K. A. Mohamed, 2021: 7; 사득환, 2021). 이는 ESG경영이 지속가능경영과 이해관계자 자본주의, 그리고 민주주의를 바탕으로 하고 있음을 의미한다. 이런 측면에서 서울 성동구 등 대다수의 지방자치단체에서 ESG 지표 설계시 SDGs의 기준을 반영하고 있으며, SD를 공공부문이 추구해야 할 목표로 간주하고 있다.

2 전략적 ESG경영 도입 · 활동

공공기관은 궁극적으로 국민을 위해 봉사하는 공기(公器)이다. 따라서 우수한 국민 봉사자가 되기 위해서는 공공기관 본래의 가치를 창출하는 일에 충실하여야 한다. 공공기관은 자신의 비전과 미션, 전략과제를 통해 기관의 가치를 실현한다. 그러나 모든 것을 한꺼번에 이룰 수는 없다. 따라서 기관운영에서 ESG의 보편성에 기반하여 각 기관의 '특성'을 반영하고 우선순위에 따라 전략적으로 활동하는 것이 중요하다. Poter에 따르면, 전략이란 '유니크하고 가치있는 포지션을 만들어 내는 것'이다. 전략은 차별화된 경쟁우위 요소를 가지고 쉽게 모방할 수 없도록 오랫동안 자리를 차지하는 것이 핵심이다.

전략적 ESG는 공공기관이 자신의 특성에 기초하여 보편성 규준 바탕위에 우선순위에 따라 ESG과제를 선별해 추진하는 것을 말한다. 전략은 선택의 문제이기 때문에 공공기관이 보유하고 있는 보편적인 특성과 특수한 여건을 반영하는 방식으로 ESG경영을 도입하는 것이 바람직하다. ESG경영은 최소한의 필수조건이지 충분조건은 아니기 때문이다. 이처럼 전략적 ESG경영은 공공기관은 물론 고객, 협력사, 지역사회 등 모든 이해관계자에게 유익한 가치를 제공해 줄 것이다.

3 공공기관 ESG 지표 개발(안)

공공기관의 경우 ESG평가 지표로서 국제적 추세, 공공기관의 특성 및 여건, 정부정책 방향 등을 반영하여 설계하는 것이 필요하다. 우리나라의 경우 공공기관에 적합한 평가지표(안)로는 다음과 같이 제시할 수 있으며(사득환, 2023b; 2023c), 이는 경영평가 지표와 ESG 요소를 결합한 통합모델로서 31개의 필수(핵심)지표와 선택(특성화)지표로 구성되어 있다.

〈표 9-11〉 공공기관 ESG 평가지표

대분류	중분류	세부지표
ESG경영	환경(Environmental)	각 세부지표
	사회(Social)	각 세부지료
	거버넌스(governance)	각 세부지표 (재무 · 회계성과, 부채, 고객만족 등 포함)
ESG성과	주요 ESG사업	각 세부지표

〈표 9-12〉 공공기관 ESG 세부지표

구분	필수(핵심)지표	선택(특성화)지표
환경 (11)	• 기후변화 대응 • 온실가스(탄소배출감축) • 자원이용(토지, 숲, 해양, 생물다양성 등) • 에너지 사용량 및 믹스	• 자원순환 • 청정기술 • 자연서식지 복원 • 환경교육/훈련

	• RE100 • 친환경제품 및 서비스 • 용수사용량 • 폐기물 발생량 • 대기/소음/폐수/유해물질 배출 • 저공해자동차 현황 • 환경법규 위반 이력	
사회 (13)	• 일자리 창출(노동) • 근로환경 개선 • 인권경영 • 노동관행 • 결사의 자유 및 단체교섭(노사관계) • 지속가능소비/생산(경제성장 및 소득) • 산업안전/보건 • 공정거래 및 동반성장(협력사)/공급망 관리 • 공정채용/인적자원 개발 • 교육/훈련 • 개인정보보호 • 차별금지(다양성, 약자보호) • 지역사회 참여 및 발전	• 인구 • 사회공헌 및 기부(주거, 빈곤퇴치, 기아종식) • 혁신 및 인프라개선 • 기술개발 • 조세
거버넌스 (7)	• 의사결정체계(리더십, 이사회, 감사) • 투명경영(정보공개) • 윤리경영(청렴도, 부패관리, 고충처리, 갑질 척결) • 양성평등 • 고객만족도 • 이해관계자 소통 • 경영시스템(재정건전성〈부채〉, 전략경영, 조직·인사관리, 재무관리, 정책준수)	• 파트너십(협업) • 주요 사업

자료: 사득환, 2023b.

4 ESG 공시제도 확대 · 시행

공공기관 ESG 공시제도를 신속히 확대 · 시행할 필요가 있다. EU의 경우 일정규모 이상의 상장, 비상장 기업을 대상으로 2025년부터 단계적으로 ESG 공시제도를 의무공시로 도입·운영할 예정으로 있다. EU는 2014년 기업의 비재무 정보의 공개에 관한 지침을 제공하여 2018년부터 시행하고 있는데, 근로자 수 500인 이상, 자산총액 2,000만 유로 또는 순매출 4,000만 유로 이상의 기업에 대해서는 ESG 정보(환경, 사회, 노동, 인권, 반부패 등)를 공개하도록 의무화하고 있다. 물론 여기에는 공급업체 뿐만 아니라 하청업체 관련 준수 절차에 관한 정보도 포함하고 있다(사득환, 2021). 따라서 EU의 가치사슬 전반에 걸친 ESG 규율 강화는 유럽수출비중이 높은 우리나라 글로벌기업에 광범위하게 영향을 미칠 수 있으며, 사업장 및 공급망 ESG 리스크 관리가 요망되고 있다.

우리나라 역시 2025년부터 자산총액 2조 원 이상의 KOSPI 상장사를 시작으로 단계적으로 지속가능성 정보공시를 의무화하고 2027년

〈표 9-13〉 기업지배구조보고서 의무공시대상

<table>
<tr><th>상장시장</th><th>자산규모</th><th>2025</th><th>2026</th><th>2027</th><th>2028</th><th>2029</th><th>2030</th><th>2031</th><th>2032</th></tr>
<tr><td rowspan="4">KOSPI</td><td>2조 원 이상</td><td colspan="2">거래소 공시</td><td colspan="6">법정공시</td></tr>
<tr><td>1조 원 이상</td><td colspan="2">자율공시</td><td colspan="2">거래소공시</td><td colspan="4">법정공시</td></tr>
<tr><td>5천억 원 이상</td><td colspan="4">자율공시</td><td colspan="2">거래소공시</td><td colspan="2">법정공시</td></tr>
<tr><td>5천억 원 미만</td><td colspan="5">자율공시</td><td colspan="2">거래소공시</td><td>법정공시</td></tr>
<tr><td rowspan="2">KOSDAQ</td><td>5천억 원 이상</td><td colspan="4">자율공시</td><td colspan="2">거래소공시</td><td colspan="2">법정공시</td></tr>
<tr><td>5천억 원 미만</td><td colspan="8">자율공시</td></tr>
</table>

자료: 자본시장연구원, 2023.

법정공시로 전환한다는 방안을 발표하였다. 현재 우리나라 기업의 ESG 사항 공시는 사업보고서(의무), 거래소 지배구조보고서(자율/의무) 및 지속가능보고서(자율) 등으로 시행되고 있다.

공공기관의 경우, 기획재정부(2021)는 ESG 등 동향을 고려하여 공공기관의 사회적 책임과 관련된 공시항목을 확대하기로 하였는데 안전 및 환경, 사회공헌활동, 상생협력, 일·가정 양립, 계약정보 등의 항목이 그것이다. ESG 관련 항목을 순차적으로 경영공시에서 확대하기로 하여 공기업은 2025년부터 ESG 공시를 의무화하도록 검토하고, 공공기관 및 지방공기업 경영평가에 사회적 책임 배점을 확대한다는 방침이다.

5 총리실 산하 'ESG위원회' 설치 및 '한국ESG진흥원' 운영

공공기관 ESG경영을 활성화하기 위해 가칭 'ESG기본법'을 제정하고, 총리실 산하에 'ESG위원회'를 설치·운영하여 ESG컨트롤 타워로서 관리·감독해 나갈 필요가 있다(사득환, 2023c). 또한 '한국ESG진흥원'을 설치해 공공부문의 ESG경영 및 민간부문 평가결과의 신뢰성 검증과 지원, ESG관련 정부업무 수행 등을 담당하도록 하는 것이 필요하다. ESG 관련 정보 및 데이터 플랫폼을 구축하고 다양한 채널을 통해 기업, 소비자, 공공기관, 정부 등 이해관계자별 정보수집 역량을 높일 필요가 있다. 특히 공공기관의 ESG경영, ESG데이터의 신뢰성 문제, ESG 워싱 등에 대해서는 '한국ESG진흥원'에서 담당하도록 하는 방안이 바람직하다.

제 5 절 | 공공기관 ESG평가의 과제

일반적으로 공공기관은 공공성과 수익성을 동시에 추구하는 기관으로서 다양한 분야에서 국민생활에 필요로 하는 공공서비스를 제공하는 역할을 수행한다. 공공기관은 사업의 위험성으로 인하여 민간기업이 진출하기를 꺼리거나 투자비용이 과도한 경우와 인프라에 대한 투자를 통하여 지속적 성장을 위한 기반을 마련할 필요가 있는 경우 및 국가재정을 충당할 필요가 있는 경우에 설치 · 운영하고 있으며, 기관의 경영을 합리화하고 운영의 투명성을 높임으로써 국가 및 주민복리의 증진에 기여하고 있다.

공공기관에서의 ESG경영은 '할 수도 있는 것', '하면 좋은 것'에서 이제는 '하지 않으면 안되는 것', '하지 않으면 이 지구상에서 사라진 공룡신세가 되는 것"으로 변화하고 있다. 공공기관은 공공의 이익을 위해 서비스를 제공하는 기관이기 때문에 시장적 · 기업적 속성을 본질적으로 내포하고 있으며, 공공기관이 갖는 목적으로서의 공익성과 수단으로서 효율성은 비재무적 리스크 관리의 문제이면서 동시에 재무적 혹은 투자적 문제이기도 하다.

최근 해외의 선도적인 공공기관들은 ESG경영을 앞다투어 선언하고 있다. 이에따라 공공기관의 존립이유이자 목적인 '공익실현'은 ESG를 만나면서 '환경과 사회, 사람 중심의 가치창출'로 변화하고 있다고 볼 수 있다. 즉, 공공기관의 본질적 가치가 ESG의 특성을 내포하고 있다. 특히 사업성(수익성)이 강한 공공기관일 수록 ESG경영이 불가피하며, 공공성을 갖는 대행 · 위탁적 공공기관일지라도 ESG경영은 필요하다는 점이다. 따라서 공공기관은 ESG경영을 통해서 지속가능한 발전(SD)을 도모해야 하고, 특히 민간기업을 선도해야 하는 위치에 놓여 있다.

본 장에서는 이해관계자 자본주의 관점에서 ESG 요소가 공공기관의 경영평가에 어떻게 반영되고 있고, 경영평가의 문제점은 무엇이며, 또한 ESG 전략은 어떠해야 하는지에 대한 해답을 찾고자 하였다. 우선, 공공기관의 ESG경영이 효과적으로 운영되기 위해서는 현재의 공공기관 경영평가제도를 ESG 중심으로 통합할 필요가 있다. 현재, 부분적으로 경영평가 지표에 ESG 요소가 포함되어 있으나 이것을 ESG경영지표로 전면 개편하는 것이 바람직하다. 이렇게 했을 때 경영평가 결과와 ESG 등급간의 불일치 문제를 해소할 수 있다.

둘째, 공공기관 입장에서는 각 기관의 실정에 맞게 전략적으로 ESG를 도입하는 것이 필요하다. 공공기관의 경영평가보고서는 국제적인 기준에 따라 작성하게 하고, 이를 반드시 UN SDGs와 연계되도록 함으로써 목표와 수단 사이의 정합성을 높여야 한다. 특히 석탄, 카지노 관련 공기업, 규모가 작은 공공기관에는 경영진단 및 컨설팅을 실시하고, CEO에 대해서는 리더십과 ESG 교육을 이수하도록 하는 것이 필요하다.

셋째, 각종 ESG 관련 제도개선이 요구된다. 우선, ESG경영을 효율적으로 수행하기 위한 'ESG기본법'을 제정하고, 컨트롤타워로서 국무총리 산하에 'ESG위원회'를 설치하며, ESG플랫폼을 만들어 관련 정보를 공유하는 것이 필요하다. 정부 및 공공기관의 ESG에 대해서는 '한국ESG진흥원'을 설치하여 관련 업무를 담당토록 할 필요가 있다.

그렇다면 ESG경영이 만능인가? 그렇지는 않다고 본다. ESG경영은 더 나은 세상을 만들기 위한 하나의 운동이자 패러다임으로 보는 것이 보다 타당하다고 할 것이다. 물론 이 운동으로 세상을 확 바꾸어놓을 것이라고는 생각하지 않는다. 그러나 ESG운동은 인간이 살아가기에 '더 따뜻한 자본주의'와 '더 좋은 기업관행'을 만들므로써 자본주의를 고도화하고, 국민에 대한 공공서비스의 질을 높임으로써 '더 나은 사회'로 발돋움하며, 궁극적으로 인류가 희구하는 지속가능한 발전(SD)을 가져올 촉진제이자 활동인 것만은 분명하다.

참고문헌

관계부처 합동(2021). 친환경・포용・공정경제로의 대전환을 위한 ESG 인프라 확충 방안.

기획재정부(2021). 공공기관 공시항목에 ESG 대폭 확대한다.

기획재정부(2023). 『2023년도 공공기관 경영평가편람』.

김동주(2008). 기업지배구조와 고용관계: 이해관계자 관점과 주주 관점의 비교와 향후 연구방향의 제언. 『기업경영연구』, 15(3): 165-188.

김세훈(2021). 『한국판 뉴딜 정책실현을 위한 지방공공기관의 역할과 과제』. 지방공기업평가원.

김양민・박지현(2021). ESG 또는 기업의 사회적 책임, 그리고 기업 재무성과: 실증연구 고찰과 향후 발전방향. 『전략경영연구』, 24(2): 75-114.

김재필(2021). 『ESG 혁명이 온다』. 서울: 한스미디어.

김판석・사득환(1998). '지속가능한 발전'에 대한 이해와 개념정립. 『한국정치학회보』, 32 (4): 71-88.

김화진(2021). ESG는 유행인가. 통일평화연구원 평화학포럼 강연.

사득환(2011). 한국기업의 CSR활동 평가: 전략적 사회공헌(Strategic Philanthropy 을 넘어서. 『한국행정과 정책연구』, 9(1): 1-28.

사득환(2013). 선진국의 기후변화 대응정책과 정책적 함의. 『한국행정과 정책연구』, 11(2): 41-62.

사득환(2021). 공공기관의 ESG경영과 지속가능한 발전. 2021 한국행정학회 동계학술대회 발표논문집.

사득환(2023a). S영역의 주요 지표와 성과관리. 2023 한국정책학회 하계(국제)학술대회 발표논문집.

사득환(2023b). 공공기관 ESG 평가지표의 고려사항. 한국ESG학회 제12회 학술대회 발표논문집.

사득환(2023c). 공공기관의 ESG경영과 정책방향. 2023년 한국행정학회 추계학술대회 발표논문집.

양세훈・김현정・김성균・고광용・마희정・지선진・김연・안수시・박금옥・박연숙 · 박명분(2023). 『11개 키워드로 알아보는 지방정부 ESG』. 서울: 이담북스.

오수길(2021). ESG경영의 중요성과 공공부문 활용방안. 2021년 한국정책학회 하계학술대회 발표논문집.

유재욱 · 이은화(2021). 이해관계자 자본주의 관점의 기업지배구조 연구현황 및 발전방향. 『전략경영연구』, 24(3): 61-95.

자본시장연구원(2023). 『국내 ESG 공시제도 개선방안』.

조상미 · 김아영 · 박윤세(2023). 국내 기업의 ESG 실천 현황: 'S(Social)'를 중심으로. 『인문사회21』, 14(2): 1795-1810.

지방공기업평가원(2022). 『지방공기업 유형별 ESG 도입수준 및 경영 대응 실태조사』.

한국거래소(KRX)(2023). esg.krx.co.kr.

황수덕 · 김희범 · 이영재(2022). 공공기관 ESG 경영을 위한 평가제도 개선에 관한 연구: K-ESG 가이드라인에 따른 경영공시 개편을 중심으로. 『한국지적학회지』, 8(2): 87-105.

행정안전부 · 지방공기업평가원(2023). 『2023년도 지방공기업 경영평가편람』.

Aouadi, A., Marsat, S.(2018). Do ESG controversies matter for firm value? Evidence from international data. *Journal Business Ethics*, 151(4): 1027-1047.

Brogi, M., Lagasio, V.(2019). Environmental, social, and governance and company profitability: are financial intermediaries different? Corp. Soc. Responsib. *Environment Management*, 26(3): 576-587.

Fatemi, A., Glaum, M., Kaiser, S.(2018). ESG performance and firm value: the moderating role of disclosure. *Global Finance Journal*, 38: 45-64.

Gersel, J. & R. Johnsen(2020). Toward a Novel Theory of rational Managerial Deliberation: Stakeholders, Ethical Values, and Corporate Governance. *Academy of Management Learning & Education*, 19(5): 269-288.

Henderson, Rebecca(2021). *Reimagining Capitalism in a World on Fire*. 임상훈 옮김. 자본주의 대전환. 서울: 어크로스.

Rajesh, R.(2020). Exploring the sustainability performances of firms using environmental, social, and governance scores. *Journal Clean*. Prod. 247.

UN(2021). *Sustainable Development Goals.*

Yu, E., Guo, C., Luu, B.(2018). Environmental, social and governance transparency and firm value. *Business Strategy Environment*, 27(7): 987-1004.

WCED(1987). *Our Common Future.*

찾아보기

저자 소개

홍형득(洪熒得) University of Manchester(UK)에서 박사학위(Meta-Evaluation of National Large-Scale R&D Programmes)를 취득하고, 현재 강원대학교 행정학과 교수로 재직중이다. 주요 관심분야는 과학기술정책, 연구개발 평가 및 정보화 정책분야이며, 최근 연구논문으로는 "글로벌 과학기술지식 네트워크의 지형변화에 관한 연구: G20 국가를 대상으로"(2013), "Operational-Efficiency Improvement of Public R&D Management Agencies in South Korea"(2019), "지역혁신체제와 혁신클러스터의 역동성 변화분석"(2023) 등이 있다(hdhong@kangwon.ac.kr).

박보식(朴普植) 국민대학교에서 행정학 박사학위를 취득했으며, 국정관리전략연구소 박사급 연구원과 수원과학대학 비서행정과 겸임교수를 역임하였다. 현재 경동대학교 행정학과 강사와 한국연구재단 인문사회학술연구교수로 있다. 관심분야는 다문화 정책, 리더십, 거버넌스, 환경정책, ESG 등이며, 주요 저서로는 『리더십 5판』(2023), 『지적 대화를 위한 품격의 스피치』(2015), 『사회복지실천기술론』(2013) 등이 있고, 논문으로는 "지방자치단체의 다문화정책과 상호문화주의"(2022), "의성군의 교통약자이동편의 증진에 관한 연구"(2013) 등이 있다(bosik0514@hanmail.net).

사득환(史得煥) 고려대학교에서 행정학 박사학위를 취득하고, 현재 경동대학교 행정학과 교수로 재직중이다. 주요 관심분야는 정책학, ESG, 공공기관 등이며, 행정안전부 지자체 합동평가단 위원, 산림청 발전자문위원, 서울특별시 지속가능발전위원회 협력위원장, 물정책경제포럼 위원장, 한국행정학회 국토교통포럼특별위원장, 한국정책학회 부회장, 한국ESG학회 부회장, 한국정책분석평가학회 연구부회장 등을 역임했다. 저서로는 『정책학으로의 초대』(2019, 공저), 『환경정책론』(2017, 공저), 『사회복지행정론』(2012, 공저) 등이 있고, 논문으로는 "Analysis of Establishment of Domestic Public Institution Data Platform and Data Openness Status"(2023, 공저) 등이 있다(sdwhan@kduniv.ac.kr).

양세훈(梁世勳) 한국외국어대학교에서 행정학 박사학위를 취득하고, 현재 한신대학교 대학원 초빙교수로 재직중이다. 광운대, 경희대, 한국외대, 한세대 겸임교수와 한국정책분석평가원장을 역임했고, 주요 관심분야는 ESG, 사업평가, 성과관리, 생태환경이다. 저서로는 『지방정부 ESG』(2023, 공저), 『서울둘레길 숲이야기』(2022, 공저), 『마을기업 지역공동체 회복 정책수단』(2017), 『생산과 소비의 플랫폼 협동조합』(2017), 『마을기업과 사회적기업의 거버넌스』(2012), 논문으로는 "Building energy commons: Three mini-PV installation cases in apartment complexes in Seoul(2021, 공저) 등이 있다(kbc8927@naver.com).

오수길(吳洙吉) 성균관대학교에서 행정학 박사학위를 취득하고, 현재 고려사이버대학교 정보관리보안학과 교수로 재직하고 있다. 주요 관심분야는 지속가능발전, 거버넌스, 행정철학 등이며, 한국NGO학회 회장, 한국지속가능발전학회 부회장, 한국정책학회 연구위원장, 전국지속가능발전협의회 정책위원장, 한국환경민간단체진흥회 이사장, SDSN Korea 사무총장 등으로 활동했다. 『행정학개론』(2023, 공저), 『에코뮤지엄』(2022, 공저), 『공공가치』(2022, 공저), 『사회적 가치와 공기업 혁신』(2020, 공저) 등의 저서가 있다(soogiloh@cuk.edu).

공공부문 ESG 전략

펴낸날 제1판 제1쇄 2024년 2월 28일
지은이 홍형득 · 박보식 · 사득환 · 양세훈 · 오수길
펴낸이 임춘환
펴낸곳 도서출판 **대영문화사**
주소 (본사) 사무실: 경기도 고양시 일산서구 주화로 70
우신프라자 307호 (㊐ 10387)
(본사) 물류센터: 경기도 고양시 일산서구 덕산로
107번길 68–50 (㊐ 10205)
등록 1975년 12월 26일 제3–16호
전화 (031) 913–3062, (031) 914–3884~5
팩스 (031) 913–3839
홈페이지 http://www.dymbook.co.kr

ISBN 978–89–7644–930–6
값 23,000원